John McKay

DER WEG DES GEISTES

Einführender Kommentar für Bibelleser

Band 1

DIE BERUFUNG UND DAS KREUZ

Die 5 Bücher Mose
Das Markusevangelium
Der Hebräerbrief
Der Römerbrief

Verlag Gottfried Bernard
Solingen

Titel der Originalausgabe: The Way of the Spirit; Volume 1, The Call and the Cross
by John McKay

Übersetzung: Clemens Ickelheimer
Satz: CONVERTEX, Aachen
Grafik: image design, A. Fietz, Landsberg
Druck: Druckhaus Gummersbach

ISBN 3-925968-59-8

Ich danke Gott für alle,
die mich im Glauben an Christus unterwiesen,
im Dienst ermutigt
und im Gebet getragen haben.

Jetzt aber sind wir frei geworden vom Gesetz und dienen in der neuen Wirklichkeit des Geistes, nicht mehr in der alten des Buchstabens. Dank sei Gott durch Jesus Christus, unseren Herrn!
Röm 7,6.25

Wichtiger Hinweis

Ein Hauptanliegen von *Camp Josua* ist die feste Verankerung der geistlichen Aufbruchsbewegung (Erweckung) in der Bibel. Dieses Ziel verfolgen wir mit der Herausgabe dieser kommentierenden Anleitung zum Bibellesen von John McKay.

Wir wollen damit erreichen, daß möglichst viele Christen in Gemeinden, Bibelschulen, Hauskreisen, Seminaren usw. die *ganze* Heilige Schrift *systematisch* lesen und *gründlich* studieren.

Um dabei so effektiv wie möglich zu sein, haben wir nach dem bereits bewährten Vorbild des englischen Originals zu der Buchreihe *'Der Weg des Geistes'* einen *Arbeitszweig* unter demselben Namen eingerichtet, der bei der Konsequenz, Verbindlichkeit und Vertiefung des Bibelstudiums behilflich ist.

Zu diesem Zweck werden Arbeitsblätter angeboten, Fragen beantwortet, nach Möglichkeit Verbindungen geknüpft oder Treffen und Seminare arrangiert.

Leiter des Arbeitszweiges 'Der Weg des Geistes' ist *Clemens Ickelheimer*, der als evangelischer Theologe fachlich für diese Aufgabe kompetent ist.

– *Wenn* Sie also den inneren Zusammenhang der Bibel und die 'roten Fäden', die sie vom Anfang bis zum Ende durchziehen, erkennen wollen;
– *wenn* Sie wollen, daß Ihr Leben im Geist nicht nur auf einigen 'Lieblingsversen', sondern im Ganzen der Heiligen Schrift, in ihrem Geist gegründet ist;
– *wenn* Sie dazu beitragen wollen, daß die Bewegung des Heiligen Geistes sich kraftvoll und gesund entfaltet, indem sie eine Bewegung des Wortes Gottes bleibt,
dann sollten Sie sich zu einem konsequenten und verbindlichen Bibelstudium entschließen! 'Der Weg des Geistes' hilft Ihnen dabei.

Inhaltsverzeichnis

Liste der Landkarten, Darstellungen und Diagramme

Dank

Es wäre unmöglich, all die Leute zu nennen, die zum Entstehen dieses Buches beigetragen haben. Es erwuchs unmittelbar aus den Unterrichtsstunden, die ich im christlichen Ausbildungszentrum der Bethany Fellowship in Roffey Place/Sussex (England) gehalten habe. Natürlich ist vieles in diesem Buch dem zu verdanken, was ich in meiner akademischen Vergangenheit als Dozent am theologischen Seminar der Universität von Hull gelernt habe, aber viele Einsichten in die Bedeutung des Wortes Gottes kamen auch durch die Herausforderungen des Predigens, des pastoralen Dienstes und im Austausch mit anderen Dienern des Evangeliums. Vor allem anerkenne ich dankbar jene wunderbare Enthüllung des Geheimnisses der Schrift, die mir zuteil wurde, als Gott mich mit seinem Heiligen Geist erfüllte, und ich freue mich darüber, daß einige von den Segnungen, die ich empfangen habe und mit meinen Studenten teilen durfte, mit diesem Buch einem weiteren Kreis zugänglich werden.

Mein Dank gilt den Mitarbeitern und Studenten in Roffey Place, wie auch den Leitern und übrigen Mitgliedern der Bethany Fellowship, die dieses Werk ermöglicht und mich geduldig ertragen haben, während ich schrieb.

Besonders danke ich meiner Frau Marguerite, die meine Manuskripte und Entwürfe gelesen und viele hilfreiche Vorschläge gemacht hat, für ihre Geduld, ihre Gebete und ihre liebevolle Unterstützung. Auch meinen Söhnen James und Ian gebührt hierfür Dank. Ohne ihre beständige Hilfe und Ermutigung würde dieses Werk vieles vermissen lassen.

John McKay
7. März 1988.

Vorwort

Als ich jung war, liebte ich die Bibel und ihre Geschichten. Als ich älter wurde, liebte ich sie immer noch, aber sie wurde mir immer mehr zu einem Rätsel. Ich konnte den Plan, der ihr zugrundeliegt, nicht begreifen; ich konnte den Schlüssel nicht finden, der mir ihre Geheimnisse erschließen würde.

Doch Jesus hatte seinen Jüngern diesen Schlüssel gegeben. Nachdem er von den Toten auferstanden war, legte er ihn den beiden Jüngern auf dem Weg nach Emmaus dar:

> *Und er legte ihnen dar, ausgehend von Mose und allen Propheten, was in der gesamten Schrift über ihn geschrieben steht.*
>
> (Lukas 24,27)

Kurz danach erklärte er es den elf Jüngern und einigen anderen, die bei ihnen waren, noch einmal:

> *Das sind die Worte, die ich zu euch gesagt habe, als ich noch bei euch war: Alles muß in Erfüllung gehen, was im Gesetz des Mose, bei den Propheten und in den Psalmen über mich gesagt ist.*
>
> *Darauf öffnete er ihnen die Augen für das Verständnis der Schrift. Er sagte zu ihnen: So steht es in der Schrift: Der Messias wird leiden und am dritten Tag von den Toten auferstehen, und in seinem Namen wird man allen Völkern, angefangen in Jerusalem, verkünden, sie sollen umkehren, damit ihre Sünden vergeben werden. Ihr seid Zeugen dafür. Und ich werde die Gabe, die mein Vater verheißen hat, zu euch herabsenden. Bleibt in der Stadt, bis ihr mit der Kraft aus der Höhe erfüllt werdet.*
>
> (Lukas 24,44-49)

Jesus lehrte seine Jünger ausdrücklich, daß die Bibel ein durchgängiges Thema hat, das sie von Anfang an durchzieht, das in seinem Dienst den Höhepunkt erreicht und das Herabkommen des Geistes auf jene, die ihm nachfolgen, vorbereitet.

Dieses zentrale Thema blieb mir lange Zeit verborgen. Ich wußte, daß es da sein muß, aber je mehr ich forschte und studierte, desto komplizierter wurde die Sache – das heißt, bis der Herr mich mit der Gabe des Heiligen Geistes segnete. Fast augenblicklich wurde die Bibel für mich lebendig und begann, einen ausgezeichneten und zusammenhängenden Sinn zu ergeben, Seite für Seite, Buch für Buch.

Natürlich war ich sehr betroffen und zugleich verblüfft, daß ich das nach vielen Jahren gelehrter Forschung nicht eher verstanden hatte. Dann entdeckte ich, daß anderen Christen dieselbe Erleuchtung widerfuhr, nachdem sie mit dem Heiligen Geist erfüllt worden waren, und ich erkannte, daß ich einen neuen Weg, die Bibel zu lesen, entdeckt hatte, den *Weg des Geistes.* Es gibt ja viele Wege, die Bibel zu lesen – den Weg des Historikers, des Literarkritikers, des Theologen usw.; sie alle hatte ich während meiner akademischen Laufbahn recht gründlich erforscht. Aber *der Weg des Geistes* verschaffte mir eine Befriedigung und Erleuchtung, wie ich es bisher nicht für möglich gehalten hatte.

Ich schreibe dieses Buch, um einiges von dem mitzuteilen, was ich auf diesem Weg gelernt habe, und um andere zu ermutigen, sich auch auf diesen Weg zu machen.

Der Studienplan

Dieser Band ist der erste von vier, die die gesamte Bibel abdecken. Jeder Band behandelt einen Abschnitt der alttestamentlichen Geschichte, konzentriert sich auf jene Bücher, die mit diesem Zeitabschnitt zusammenhängen und untersucht die besonderen Aspekte des Glaubens. Jeder Band verfolgt dann die Spuren dieser alttestamentlichen Geschichte in den Büchern des Neuen Testamentes, die sich am passendsten daran anschließen lassen. Dabei kommt jeweils eine der vier bekannten Betrachtungsweisen Jesu als Priester, König, Prophet und Herr in den Blick (siehe Übersicht).

	BAND 1 **Die Berufung und das Kreuz**	BAND 2 **Zeiten der Erneuerung**	BAND 3 **Erben der Propheten**	BAND 4 **Mein Herr und mein Gott**
ALTES TESTAMENT	2000-1230 v. Chr. **Pentateuch** (5 Bücher Mose) Glaube, Gehorsam und Opfer	1230-500 v. Chr. **Geschichtsbücher** Königtum, Erweckung und messianische Hoffnung	1050-400 v. Chr. **Die Propheten** Prophetie, Erweckung und charismatischer Glaube	600-0 v. Chr. **Die Schriften** Gott als HERR in der Geschichte, in der Anbetung und im Glauben
NEUES TESTAMENT	**Markus** Römer und Hebräer **Jesus als Priester**	**Matthäus** Apostelgeschichte und Missionsbriefe des Paulus **Jesus als König**	**Lukas** Auswahl aus der Apostelgeschichte und verschiedenen Briefen, Offenbarung **Jesus als Prophet**	**Johannes** 1.-3. Johannes, Gefangenschafts- und Pastoralbriefe des Paulus, Jakobus, Petrus u. Judas **Jesus als Herr**

Der Zweck der Reihe

Mit dieser kommentierenden Anleitung, die den Weg des Geistes durch die Bibel besser verstehen hilft, soll eine Lücke geschlossen werden. Es geht nicht darum, eine weitere Einleitung in die Bibel zu verfassen; davon gibt es schon genug, und manche decken viele Themen weit gründlicher ab als diese vier Bände. Wer beispielsweise Archäologie, Textkritik, Literarkritik, Judaistik usw. studieren will, der muß zu anderen Büchern greifen. Einige dieser Themenbereiche werden unvermeidlich im Durchgang angeschnitten, aber nicht in die Tiefe gehend untersucht, da wir hier ein anderes Interesse verfolgen.

Die Lücke, die geschlossen werden soll, wurde von vielen Christen empfunden, die in den letzten 20-30 Jahren von der charismatischen Bewegung beeinflußt worden sind. Die klassische Pfingstbewegung hat niemals eine eigene, umfassende biblische Theologie entwickelt, sie hat vielmehr bereits bestehende evangelikale und fundamentalistische Auslegungssysteme einfach übernommen. Die Charismatiker haben größtenteils das gleiche getan, waren damit jedoch mehr oder weniger unzufrieden, weil diese theologischen Systeme, ebenso wie die eher liberalen, versagen bei dem Bedürfnis, mehr über die Wirkungsweisen des Heiligen Geistes zu lernen, über die Kraft des Glaubens, über Erweckung, Heilungsdienst, Dynamik des Wortes usw., – kurz über alles, was mit der persönlichen Erfahrung Gottes im Leben des Gläubigen zu tun hat. Darum wollen wir hier, indem wir den biblischen Geschichten folgen, das Herz, das in ihnen schlägt und sie mit Leben erfüllt, freilegen, und ihre Kraftquelle erschließen, die kein anderer ist als der Geist Gottes selbst.

Beim Studium der Geschichte Israels werden wir feststellen, daß sie, anders als die übrige Weltgeschichte, hauptsächlich die Geschichte vom Handeln Gottes mit den Menschen ist. Wenn wir die einzelnen Lebensberichte anschauen, werden wir sehen, daß auch sie davon handeln, wie der Geist Gottes an den Menschen arbeitet und sie umwandelt. Außerdem werden wir in der ganzen Bibel genau die Dinge wiederfinden, von denen die Christen in den Gemeinden heute so gerne hören: Wunder, Prophetie, Visionen, Liebe und Gemeinschaft unter Gläubigen, die mit dem Heiligen Geist erfüllt sind, und so weiter.

Unser Ziel ist es darum, den Glauben, die Vision und die Erfahrung der Christen darzulegen, so wie sie in der Schrift begründet sind. Von daher ergibt sich neben der oben skizzierten zeitlichen und thematischen Anordnung des Inhalts noch ein weiterer Aufbau:

– Band 1 arbeitet die grundlegenden Prinzipien heraus, in denen jede christliche Lebensweise und Erfahrung verankert sein muß: der Glaube an die Verheißungen Gottes, der Gehorsam auf seinen Ruf hin und die Erkenntnis der rettenden Kraft des Opfers Christi.

– Band 2 geht den hauptsächlichen Erweckungsbewegungen der biblischen Geschichte nach, beleuchtet dabei die Grundsätze, nach denen im Reich Gottes gearbeitet wird und skizziert die

Herausforderungen und die Vision, von denen alle Menschen des Geistes inspiriert sind.

– Band 3 untersucht die Erfahrungen und Lehren von Propheten und anderen geisterfüllten Menschen in beiden Testamenten genauer und zeigt dabei auf, wie ihr Glaube und ihre Vision das Wesen der biblischen Hoffnung ausmachen.

– Band 4 betrachtet, wie die geisterfüllten Menschen gemäß der Bibel Gott lobpreisen, Gottesdienst feiern, Leitungsaufgaben wahrnehmen und die Herausforderungen des täglichen Lebens angehen und dergleichen.

Den Weg des Geistes in der Bibel entdecken

Diese Bücher sind gedacht als Anleitungen zum Bibellesen und sollten darum in Verbindung mit der Bibel gebraucht werden. Während Sie lesen, beten Sie, daß der Heilige Geist, der in alle Wahrheit leitet, Sie über das hinausführt, was ich hier geschrieben habe und seine Wahrheit Ihnen persönlich offenbart, ja mehr noch, daß er Sie zur Quelle seiner Wahrheit führt: in das Leben Gottes selbst. Denken Sie an das Wort Jesu: 'Ihr erforscht die Schriften, weil ihr meint, in ihnen das ewige Leben zu haben; gerade sie legen Zeugnis über mich ab. Und doch wollt ihr nicht zu mir kommen, um das Leben zu haben' (Joh 5,39f).

Wenn Sie die Bibel mit Hilfe dieser Anmerkungen lesen, dann beschäftigen Sie sich nicht zu sehr mit Einzelheiten, der spitzfindigen Auslegung einzelner Abschnitte, Worte oder Wendungen, komplizierten historischen oder theologischen Fragen, sondern sehen Sie sich selbst auf der Bühne der damaligen Welt, zuerst mit den Menschen der alttestamentlichen Zeit, dann mit Jesus und seinen Jüngern. Begleiten Sie Jesus in Galiläa, hören Sie ihm zu, nehmen Sie teil am Erstaunen und der Aufregung der Volksmenge, der Ratlosigkeit und Erleuchtung der Jünger, bekommen Sie ein Gefühl für das, was Sie lesen. Die Informationen in diesen vier Büchern soll Ihnen hauptsächlich zu dieser Wahrnehmung verhelfen, besonders was die Vision, die Kraft, das Leben aus Gott angeht, mit dem diese Menschen damals vertraut waren.

Man kann die Bibel lesen, um sich über die Sache mit Gott zu informieren; man kann sie auch lesen, um sich an ihrem Leben zu erfreuen. Ersteres ist Theologie, die für sich allein zu einem Buchstaben werden kann, der tötet; darum muß sie mit dem letzteren verbunden werden, 'denn lebendig ist das Wort Gottes, kraftvoll und schärfer als jedes zweischneidige Schwert; es dringt durch bis zur Scheidung von Seele und Geist ... es richtet über die Regungen und Gedanken des Herzens' (Hebr 4,12). Unsere Theologie muß lebendig sein, und es ist der Heilige Geist, der Leben gibt.

In 2. Kor 3,14-18 spricht Paulus davon, daß ein Unterschied besteht, ob man die Bibel unter der Erleuchtung durch den Heiligen Geist liest oder ohne sie. Wer ohne den Heiligen Geist liest, hat gleichsam eine Decke über den Augen. 'Aber', so fährt er fort, 'wenn sich jemand zum Herrn bekehrt, so wird die Decke weggenommen', und fügt hinzu: 'Der Herr ist der Geist ...', und dies geschieht 'von dem Herrn, der der Geist ist'. Daß die Decke beseitigt worden ist, entdecken die Christen gewöhnlich dann, wenn sie mit dem Heiligen Geist erfüllt worden sind. Es ist mein Gebet, daß auch Sie, lieber Leser, erfahren, wie sich die Decke weghebt, während Ihnen der Heilige Geist Gottes Wort beleuchtet.

Lesen Sie Ihre Bibel etwa so, wie Sie einen Roman lesen oder sich ein Theaterstück ansehen würden. Lassen Sie sich in die Lebendigkeit der Handlung hineinnehmen und Ihr eigenes Leben davon durchströmen, während Sie mit den Menschen Gottes von damals und vor allem mit Jesus zusammen sind und sich mit ihnen unterhalten. Ergreifen Sie ihre Vision und machen Sie sie sich zu eigen. Wonach sie strebten, danach sollen auch Sie streben, und schließlich soll Ihnen auch ihre Freude zuteil werden, denn darin besteht das Leben in Christus, das Gott Ihnen geben will.

Für die Bibelzitate wurden verschiedene deutsche Übersetzungen herangezogen, manchmal sind sie auch direkt aus dem Grundtext übersetzt worden.

ERSTER TEIL

EINFÜHRUNG

1

Gottes Heilsgeschichte

Es geht uns nicht einfach darum, Geschichte zu studieren oder Lehrsätze zu untersuchen, sondern darum, die Lebensweise des Glaubens zu lernen, die Kraft des Gehorsams zu entdecken und vor allem die Gnade Gottes zu genießen. Auf Geschichte und Lehrsätze kann nicht verzichtet werden, aber ohne die göttliche Dynamik des Glaubens sind sie unfruchtbar. Es ist der Geist, der lebendig macht! In unserer Geschichte geht es deshalb nicht einfach um einige Menschen, die sich himmlischen Dingen zugewandt haben, sondern um Gott und die Welt, die er geschaffen hat, und für die er sorgt. Es ist ebenso Gottes Geschichte wie die des Menschen.

Gott hat eine Absicht mit seiner Welt. Beim Anbruch der Zeit lud er die Menschen ein, am Erreichen dieser Absicht mitzuwirken, aber sie haben es verdorben. Zur gegebenen Zeit lud er einen einzelnen Menschen ein, mit ihm zusammenzuarbeiten. Dieser Mann bekam eine Vision und folgte ihr sein Leben lang treu. Seine Kinder bewahrten diese Vision, und obwohl sie schwere Zeiten durchlebten, wurden sie zur Keimzelle eines Volkes, in dessen Herzen die Vision weiter brannte, wenn auch trübe.

Gott rettete sein bedrängtes Volk, nahm es an sich und erneuerte die Einladung, die er seinem Stammvater gegeben hatte und versprach, es zu segnen, wenn es bei der Verwirklichung seines Planes mit ihm zusammenarbeiten würde. Zuerst willigten die Angehörigen des Volkes eifrig ein, aber dann verflog ihre Begeisterung schnell. Obwohl sie immer wieder unter den Folgen ihrer Widerspenstigkeit litten, hat Gott sie weiter erhalten. Er führte sie in das Land, das er ihnen versprochen hatte, und sie wurden dort zu einem Staat. Er tat alles, um die Vision in ihnen lebendig zu erhalten: er gab ihnen eine Gottesdienstordnung, Priester, die sie unterwiesen, Richter und Könige, die sie regierten, und Propheten, die ihnen sein Wort weitersagten.

Aber all das diente nur der weiteren Vorbereitung des nächsten Hauptschrittes bei der Verwirklichung der Vision, die er dem Stammvater des Volkes einst gezeigt hatte. Und so sandte er zur rechten Zeit seinen Sohn ... und durch ihn seinen Geist für alle, die glaubten ... um sie zu stärken, beim Erreichen seiner Absichten beständig mit ihm zusammenzuarbeiten, während sich sein Erlösungswerk unter der gesamten Menschheit ausbreitet.

1. ALS DIE ZEIT ERFÜLLT WAR ...

> *Als aber die Zeit erfüllt war, sandte Gott seinen Sohn, geboren von einer Frau und dem Gesetz unterstellt, damit er die freikaufte, die unter dem Gesetz waren, damit wir die Kindschaft empfingen.*
>
> (Gal 4,4-5)

Bevor wir der Frühzeit von Gottes Handeln mit seiner Welt im einzelnen nachgehen, wird es hilfreich sein, einen einfachen Überblick über die gesamte biblische Geschichte zu bekommen, damit wir die 5 Bücher Mose und die neutestamentlichen Bücher vor dem geschichtlichen Hintergrund und im Zusammenhang mit Gottes Gesamtplan lesen können.

Dazu nehmen wir uns das Zifferblatt einer Uhr mit seiner Einteilung in zwölf Stunden zu Hilfe. Dieses Schema ist eine vereinfachte Darstellung des Aufbaus und gibt nur einen Überblick aus der Vogelschau, ohne Rücksicht auf chronologische Genauigkeit. So ist beispielsweise der Zeitabschnitt zwischen 1.00 Uhr und 2.00 Uhr sehr viel länger als der zwischen 3.00 Uhr und 4.00 Uhr. Es geht hier nur darum, uns einen vorläufigen allgemeinen Überblick zu verschaffen.

12.00 (Mitternacht): SCHÖPFUNG (1. Mose 1-2)
Beachten Sie, daß mehrmals wiederholt wird: 'Gott sah, daß es gut war'. Der Garten Eden war genau so, wie Gott seine Welt gewollt hatte, ein Ort voll Frieden und Harmonie – zwischen Mann und Frau, Mensch und Tier, Mensch und Pflanzenwelt.

1.00 : DER SÜNDENFALL (1. Mose 3-11)
Als Folge der Sünde 'sah Gott auf die Erde, und siehe, sie war verdorben' (6,12). Die Geschichte vom Turmbau zu Babel zeigt die letzte Konsequenz der Sündenverdorbenheit auf der Erde: die Menschen sind einander und Gott entfremdet. Die Frage ist nun, was Gott tun kann, um das Werk seiner Hände zu retten und Eden wiederherzustellen.

2.00: DIE BERUFUNG ABRAHAMS (1. Mose 12-50; ca. 2000-1300 v. Chr.)
Gott erwählt einen einzelnen Menschen, Abraham, und verheißt, die Segnungen für die Menschheit durch seine Nachkommen wiederherzustellen, in einem Land, das er ihm zeigen werde. Aber während sich die Geschichte entfaltet, hören wir von einigen Problemen, mit denen Abraham und seine Nachkommen beim Leben aus dem Glauben an diese Verheißung konfrontiert waren. Jedenfalls enden sie als Fremdlinge in Ägypten!

3.00: MOSE UND DAS GESETZ (2.-5. Mose; Mitte 13. Jahrhundert v. Chr.)
Wieder erwählt Gott einen einzelnen Menschen, Mose, durch den er sein Volk aus der Gefangenschaft herausführt. Auf ihrem Weg zurück in das Verheißene Land gibt er ihnen am Berg Sinai sein Gesetz, die Ordnung, nach der sein erlöstes Volk leben soll. Aber weil sie rebellisch sind, müssen sie vierzig Jahre mit dem Herumwandern in der Wüste zubringen.

4.00: DIE LANDNAHME (Josua; ca. 1230 v. Chr.)
Nach dem Tod Moses führt Josua das Volk nach Kanaan hinein und kann einen großen Teil des Landes erobern.

5.00: DIE ANSIEDLUNG (Richter; 13.-12. Jahrhundert v. Chr.)
Weil sich die Israeliten durch Ungehorsam von Gott abwandten, gerieten sie unter die Zwangsherrschaft verschiedener Eroberer, aber auf ihre Umkehr hin sandte ihnen der HERR immer wieder Befreier ('Richter'), die die Fremdherrscher vertrieben und den Frieden wiederherstellten.

6.00: DIE KÖNIGE (1. Sam – 2. Kön; ca. 1050-597 v. Chr.)
Aufgrund der Angriffe durch die Philister forderte das Volk einen König. Saul wurde erwählt, aber er verdarb seine Herrschaft durch Ungehorsam, und so fiel die Wahl auf David, dessen Dynastie bis 597 v. Chr. regierte.

7.00: DIE PRIESTER (Chronik, Esra, Nehemia; 950 v. Chr. – 70 n. Chr.)
Salomo baute den Tempel in Jerusalem, der zum Zentrum der Religionsausübung und des Glaubens in Israel wurde. Von dort aus herrschten die Priester mit einer Autorität, die nur von den Königen noch übertroffen wurde, und die nach dem Exil praktisch unumschränkt war.

8.00: DIE PROPHETEN (Samuel, Könige, Jesaja – Maleachi; 1050-400 v. Chr.)
Anfangend mit Samuel gab es in Israel eine Reihe von Propheten, deren Wirksamkeit zu Krisenzeiten immer einen Höhepunkt erreichte. Es waren charismatische Enthusiasten, die Gottes Gericht gegen die Ungerechtigkeit ankündigten und Israel aufriefen, zu den Verheißungen und zum Glauben ihrer Stammväter zurückzukehren. Sie sagten auch einen neuen Bund voraus, daß ein Gesalbter (d. h. Messias) kommen und Gott seinen Geist ausgießen werde.

9.00: DAS EXIL (2. Kön 24ff, etc.; 597-538 v. Chr.)
Nach dem Tod Salomos zerfiel das Reich in Juda (im Süden) und Israel/Ephraim (im Norden). Israel wurde 722 v. Chr. von den Assyrern zerstört und Juda 597 v. Chr. von den Babyloniern eingenommen. Die Bewohner von Juda und Jerusalem wurden als Verbannte nach Babylon deportiert, durften aber 538 v. Chr. wieder zurückkehren, nachdem der persische König Kyrus Babylon erobert hatte.

10.00: DIE JUDEN UNTER DEN NATIONEN (597 v. Chr. bis heute)
Das Exil hatte zur Folge, daß viele Israeliten (nun bekannt als Juden) über die gesamte antike Welt hin zerstreut lebten. Einige kehrten zurück und bauten Jerusalem wieder auf; einige wenige

Propheten (z. B. Haggai, Sacharja, Maleachi) hielten den Glauben lebendig, aber nach und nach begnügten sich die Juden damit, zu leben und leben zu lassen und auf den Tag zu warten, an dem ihr Messias kommen würde. Zuerst herrschten die Perser über sie, dann die Griechen. Im zweiten Jahrhundert v. Chr. konnten sie sich eine Zeitlang unabhängig machen und wurden schließlich der römischen Herrschaft unterworfen.

11.00: DER RÖMISCHE FRIEDE (63 v. Chr. – 70 n. Chr.)
Das Römische Reich brachte der damaligen Welt relativen Frieden. Reisen war sicherer als jemals zuvor. Während des ersten Jahrhunderts n. Chr. herrschte religiöse Toleranz. Die Griechen hatten der Welt eine internationale Sprache und Kultur hinterlassen. Es gab Juden in jedem Landstrich und in jeder größeren Stadt, Menschen des Glaubens, die auf ihren Messias warteten. Im großen und ganzen hatte das Volk Gottes die Lektionen Moses und der Propheten gelernt. Wie nie zuvor war nun die Zeit reif für das Kommen Christi; die notwendige Vorbereitung war abgeschlossen.

11.55: DIE GEBURT JESU CHRISTI (7/6 v. Chr.!)
'Als die Zeit erfüllt war, sandte Gott seinen Sohn' (Gal 4,4).

11.57: DIE AUSBREITUNG DES EVANGELIUMS IM RÖMISCHEN REICH
Ein Blick auf die Liste derer, die nach Apg 2 in Jerusalem zugegen waren, zeigt, wie gut die internationale Szene für das Evangelium vorbereitet war.

12.00 (Mittag): DAS ENDE (70 n. Chr.)
Christus war als Opfer dargebracht worden, und die Zeit erlaubte es, daß die Nachricht davon überallhin, zu allen Angehörigen des alten Bundesvolkes Gottes, den Juden, gelangen konnte. Der alte Tempel und seine Opfer wurden nicht mehr gebraucht; die Römer zerstörten ihn im Jahre 70 n. Chr. Der 'Vormittag' von Gottes Weltgeschichte war vorüber. Der 'Nachmittag' der christlichen Geschichte ist eine andere Sache, auf die wir hier nicht eingehen können.

Es ist eine erstaunliche Geschichte, wie Gott aus einem einzigen Mann, aus Abraham, in Palästina ein ganzes Volk erstehen ließ und es dann über die gesamte antike Welt hin zerstreute, so daß es überall, sozusagen an allen strategisch wichtigen Orten, Menschen gab, die auf Christus vorbereitet waren. Auch die geistliche Vorbereitung verlief mit erstaunlicher Präzision: zuerst war da die Lehre, daß es nur einen einzigen Gott gibt, zu dem man durch den Glauben in Beziehung treten muß; dann wird im Gesetz die Gerechtigkeit Gottes hervorgehoben und die Notwendigkeit, ihm gehorsam zu sein, beides Themen, die im Neuen Testament für die Erlösung und das Leben in Christus von wesentlicher Bedeutung sein werden. Drittens weckte Gott durch die Könige der Davidsdynastie in seinem Volk die Hoffnung auf den Messias; durch das Priestertum lehrte er es viertens, daß Sünden durch Opfer gesühnt werden müssen, und fünftens demonstrierte er durch die Propheten, was die Kraft des Geistes ist. All das bereitete den Weg für das Kommen Christi, für seinen Opfertod auf Golgatha und die Gabe des Heiligen Geistes an Pfingsten.

2. DER ANFANG DER GESCHICHTE

Im alttestamentlichen Teil dieses Buches werden wir nur die ersten Abschnitte der Geschichte genauer betrachten, wobei der theologische Schwerpunkt auf Glaube, Gehorsam und Opfer liegen wird. Wir werden entdecken, wie Menschen sich die Vision von Gottes Absicht aneigneten und lernten, im Glauben darauf zu reagieren, wie sie aufgerufen waren, an ihrer Verwirklichung mitzuarbeiten und wie sie danach strebten, im Gehorsam gegenüber den Anforderungen dieser Berufung zu leben. Wir werden auch entdecken, daß sie Schwierigkeiten hatten, in dieser Vision und Berufung festzustehen, daß ihr Glaube nachließ und sie ungehorsam wurden. Aber gleichzeitig sind sie auch entschlossen, für die Berufung alles dranzugeben, so daß durch sie das Werk wächst und sich ausbreitet. Man kann es mit einer Quelle vergleichen, die aus trockenem Boden hervorbricht: zuerst rieselt nur wenig Wasser, dann wird es zu einem Bach und zu einem Strom, der sich schließlich, jenseits der Geschichte, die wir hier verfolgen, zu einer gewaltigen Mündung erweitert und und in den mächtigen Ozean der weltweiten Menschheit ergießt. Was vor 4000 Jahren mit einem einzigen Menschen begann, ist jetzt, da sich die Vision Abrahams ihrer endgültigen Erfüllung nähert, zu diesem gewaltigen Mündungsstrom geworden.

Wir werden auch sehen, daß das Geheimnis des Fortschrittes nicht darin besteht, daß der Mensch an der Vision festgehalten hätte, sondern in der Treue Gottes, der den Menschen in der Vision ermutigt und erhalten hat. Wir werden Menschen dabei beobachten, wie sie sich immer wieder so sehr abmühen, daß wir uns fragen, ob die Vision wohl jemals erfüllt werden wird. Aber dann sehen wir, wie Gott sie ergreift und wieder zum Glauben und zum Gehorsam erneuert. Seine Absichten können nicht durchkreuzt werden, weder damals noch heute.

Das Lesen dieser alten Erzählungen ermutigt uns heute, während wir den Tag der Erfüllung nahen sehen, selbst in Glauben und Gehorsam festzustehen. Gott sucht immer noch Menschen, die der Vision willig dienen, die er zuerst Abraham und Israel gab, dann durch Christus seiner Gemeinde. Er hält Ausschau nach einem Volk, das sich zusammenschließt, der Vision wie *ein* Mann zu dienen, mit ungeteilter Loyalität ihm und seiner Berufung gegenüber. Es geht in dieser Vision schließlich um jene paradiesisch erneuerte Welt, wie Gott sie von Anfang an gewollt hat, und solch einer Vision zu dienen, kann ja nur von Nutzen sein.

Seltsamerweise stellen wir fest, daß solch eine Beständigkeit schwer aufrechtzuerhalten ist. Aber das Geheimnis des Erfolgs findet sich in unserer Geschichte. Es liegt in der Erkenntnis, daß es sich um Gottes Vision handelt, nicht um unsere. Wir sind eingeladen, an ihr mitzuarbeiten, nicht sie selbst hervorzubringen, und die Kraft dazu kommt von Gott, nicht aus uns selbst. Er teilt uns die Vision mit und lehrt uns durch sein Wort, wie man ihr folgt, aber er versorgt uns durch seinen Geist auch mit Kraft, damit wir treu sein können. Die 5 Bücher Mose enthalten hauptsächlich vorbereitende Lehre darüber, wie Gott die Vision und ihre Wege den Menschen am Anfang beigebracht hat und berichten darum mehr von Gottes Mitteilungen durch sein Wort als durch seinen Geist; aber auch in vielen dieser Geschichten werden wir klare Zeugnisse vom Wirken des Geistes finden und darüber hinaus das gelegentliche Aufleuchten der Verheißung, daß Gott eine umfassendere Ausgießung des Heiligen Geistes vorbereitete, die allen Menschen zuteil werden konnte.

Die Bibel ist von vorne bis hinten voll von Berichten über Menschen, auf denen der Geist ruhte, die Visionen und Träume hatten, die sich in einer Welt von Zeichen und Wundern bewegten, die weissagten mit Worten, die Gott ihnen eingab, die mit der Autorität von Gottes Wort und der Kraft seines Geistes vertraut waren. Wir finden sie auch in den 5 Büchern Mose, obwohl wir dort zuerst und vor allem über die Grundlagen der Offenbarung lesen. Ohne diese hätte die Entfaltung der charismatischen Vision wenig Sinn, denn der Heilige Geist ist gegeben, damit er uns die Offenbarung sowohl mitteilt, als auch die Kraft gibt, sie zu erfüllen.

3. DER PENTATEUCH

Was ist der Pentateuch?

Das Wort 'Pentateuch' bedeutet einfach 'fünf Bücher' (griechisch *penta* = fünf, *teuchos* = Buch) und bezieht sich auf die ersten fünf Bücher der Bibel: Genesis, Exodus, Levitikus, Numeri und Deuteronomium. Die Juden nennen sie 'die Torah' (hebräisch *torah* = Gesetz oder Unterweisung), weil in ihnen der größte Teil der biblischen Gesetzesunterweisung enthalten ist.

Da die Juden unser Neues Testament nicht als Heilige Schrift anerkennen, sprechen sie von der hebräischen Bibel auch nicht als dem 'Alten Testament'. Sie sagen dazu 'das Gesetz, die Propheten und die Schriften' (*Torah, Nebi'im uKethubim*).

'Das Gesetz' bezieht sich auf den Pentateuch.

'Die Propheten' bezieht sich

1. auf die geschichtlichen Bücher Josua, Richter, Samuel und Könige (die sog. 'vorderen Propheten');

2. auf die eigentlichen Prophetenbücher Jesaja, Jeremia, Hesekiel und die zwölf 'kleinen Propheten' von Hosea bis Maleachi ('die hinteren Propheten').

'Die Schriften' bezieht sich auf alle übrigen Bücher.

In dieser Reihenfolge sind die Bücher in der hebräischen Bibel auch angeordnet, also anders als in unserer deutschen

Bibel, aber hier wie dort bildet der Pentateuch (das Gesetz) den ersten Hauptteil.

Die Namen der fünf Bücher sind auf ihren Inhalt bezogen:
Genesis bedeutet 'Ursprung' (d. h. der Welt und der Geschichte Israels);
Exodus bedeutet 'Auszug' (aus Ägypten);
Levitikus bedeutet 'Levitisches Buch' (weil darin der priesterliche Dienst der Leviten geordnet ist);
Numeri wird so genannt wegen der Volkszählungen am Anfang und am Ende des Buches;
Deuteronomium bedeutet 'Das zweite Gesetz' (die wiederholte Darlegung des Gesetzes durch Mose am Ende seines Lebens).

Wer hat den Pentateuch geschrieben, und wann?
Im deutschsprachigen Gebiet nennt man den Pentateuch meistens 'die 5 Bücher Mose' und spricht von den einzelnen Büchern als dem 'ersten Buch Mose', dem 'zweiten Buch Mose', usw. Diese Bezeichnungen spiegeln die alte jüdische und christliche Überlieferung wider, Mose selbst sei ihr Verfasser gewesen. Aber seit der Reformationszeit ist diese Überlieferung oft in Frage gestellt und in diesem Jahrhundert von den Bibelwissenschaftlern praktisch fallengelassen worden. Sie ziehen eine Theorie vor, nach welcher der Pentateuch aus verschiedenen Quellen zusammengestellt wurde, die man abgekürzt mit den Buchstaben J, E, D und P bezeichnet. Wir werden diese Hypothese hier nicht diskutieren, da sie für unseren Zugang, bei dem wir unser Augenmerk auf den Glauben und nicht so sehr auf literarische Analyse richten, kaum von Bedeutung ist.

Für jene, die an solchen Fragen interessiert sind, sei hier nur soviel gesagt, daß die meisten Literarkritiker J ('Jahwist') in das 10. oder 9. Jahrhundert v. Chr. datieren, E ('Elohist') in das 8., D (Deuteronomium, s.o.) in das 7. und P ('Priesterschrift') in das 5. oder 4. Jahrhundert. Die traditionelle Ansicht datiert freilich den gesamten Pentateuch in die Zeit Moses.

Inhaltlicher Überblick
1. Mose 1-11 enthält Geschichten über die Anfänge, über jene Zeit, die wir heute als prähistorisch bezeichnen würden.

1. Mose 12-50 besteht hauptsächlich aus Patriarchen-Erzählungen, in denen die Taten und Erlebnisse der Patriarchen oder Stammväter Israels berichtet werden, d. h. aus der Zeit, bevor Israel ein Volk wurde.

2. Mose 1-19 berichtet vom Auszug aus Ägypten und der Ankunft am Berg Sinai.

2. Mose 20-40 enthält die Begebenheiten am Berg Sinai und Einzelheiten über verschiedene Gesetze.

3. Mose besteht fast ausschließlich aus kultischen Gesetzen.

4. Mose ist eine Sammlung von Gesetzen und Geschichten über den letzten Abschnitt der Wüstenwanderung.

5. Mose zeigt uns Mose am Ostufer des Jordan kurz vor seinem Tod, wie er den Israeliten die Gesetze in Erinnerung ruft und sie zum Gehorsam ermahnt, bevor sie in das Land einziehen.

Diese kurze Zusammenfassung zeigt deutlich, daß der Pentateuch nicht nur eine fortlaufende Geschichte von der Schöpfung bis in die Zeit Moses erzählt, sondern darüber hinaus recht vielfältiges Material enthält. Da finden wir:

– historische und biographische Geschichten, besonders in 1., 2. und 4. Mose;

– die Berichte über die Schöpfung, den Garten Eden, die Flut und den Turmbau zu Babel in prähistorischer Zeit;

– Genealogische Listen, die lange Zeiträume zusammenfassen;

– Gedichte und Lieder, von denen einige geschichtliche Begebenheiten besingen, andere nicht;

– Gesetzessammlungen von unterschiedlicher Gestalt und Länge;

– Predigten über das Gesetz oder die Geschichte (besonders in 5. Mose);

– Einige Gelehrte fügen dieser Liste noch Sagen, Legenden und andere literarische Kategorien an.

An dieser Stelle gilt es festzuhalten, daß der Stil von Seite zu Seite wechseln kann, und manchmal ist es wichtig zu erkennen, welcher literarischen Gattung ein bestimmter Abschnitt angehört, um das, was er sagen will, richtig verstehen zu können. Wir werden zum Beispiel sehen, wie sich unser Verständnis von 5. Mose ändert, je nachdem, ob wir es hauptsächlich als eine Predigt oder nur als Gesetzestext lesen, oder wie es unser

Verständnis von 1. Mose 1-11 beeinflußt, wenn wir darin eher eine prähistorische als eine historische Erzählung sehen.

Der historische Hintergrund

Die Geschichten des Pentateuch konzentrieren sich fast ausschließlich auf jene Menschen, die zum Volk Israel wurden, ohne viel Bezug auf andere Nationen zu nehmen. Israel aber betrat verhältnismäßig spät die historische Szene. Die Landkarte der alten Welt wurde beherrscht von zwei großen Kulturkreisen: Ägypten und Mesopotamien. In beiden läßt sich der Anfang der Zivilisation auf rund 3000 v. Chr. zurückdatieren. Abraham lebte wahrscheinlich kurz nach 2000 v. Chr. und David etwa um 1000. Geographisch befand sich Israel zwischen diesen beiden mächtigen Zivilisationsgebieten, und der Verlauf seiner Geschichte hing immer davon ab, ob sie gerade relativ stark oder schwach waren.

Gleichwohl neigt die Bibel im großen und ganzen dazu, die umliegenden Nationen zu ignorieren, es sei denn, ihre Aktivitäten üben einen Einfluß auf Israel aus. Mehr noch: während der ersten 500 Jahre nach Abrahams Berufung handelt unsere Erzählung nicht einmal von einer Nation, sondern nur von einer Familie, und ist somit kaum das, was wir heute im wissenschaftlichen Sinn 'Geschichte' nennen würden. Wir können sie als Familiengeschichte oder -erzählung bezeichnen, aber nicht als nationale, internationale oder politische Geschichte.

Archäologen haben eine Menge Material ausgegraben, das das Leben und die Kultur der antiken Welt anschaulich macht, und wir werden gelegentlich auf diese Funde hinweisen, aber nur, wenn dies für unsere Absichten hilfreich ist. Wir wollen ja keine säkulare Geschichte Israels oder des Alten Orient schreiben, sondern der Geschichte des Glaubens folgen, denn hauptsächlich dazu wurde die Bibel geschrieben.

Die Religion der Patriarchen

Alle alten, heidnischen Religionen waren *polytheistisch*, d. h. sie hatten viele Götter.

Einige unterschieden kaum zwischen gut und böse, sie brachten Götter vielmehr in Verbindung mit Flüssen, Bäumen, Bergen und allen möglichen Naturerscheinungen. Solch eine Religion nennen wir *Animismus*.

Einige unterschieden zwei Gruppierungen von Göttern, eine gute und eine böse und betrachteten die Welt als eine Art Schlachtfeld zwischen beiden. Keine der beiden Gruppen wurde als letztlich siegreich angesehen; das Leben hing immer davon ab, welche gerade die Oberhand hatte. Solch eine Religion nennen wir *Dualismus*.

Einige hoben aus der Menge der Götter einen einzigen als den höchsten hervor, den sie allein verehrten. Sie leugneten aber keineswegs die Existenz oder die Kraft anderer Götter. Solch eine Religion bezeichnen wir als *Henotheismus*.

Die Religion Israels, die nur die Existenz eines einzigen Gottes anerkannte, war damals einzigartig. Wir nennen diese Religion *Monotheismus*.

Obwohl Abraham von einem polytheistischen Hintergrund herkam, muß ihn seine Berufung praktisch über Nacht zu einem Monotheisten gemacht haben (Jos 24,2f). Wir finden jedenfalls keinen Hinweis darauf, daß er noch anderen Göttern gedient hätte, obwohl er auch nicht versucht hat, andere Menschen zu seinem Glauben zu bekehren. Die meisten Völker, unter denen er in Kanaan wohnte, hatten wohl dualistische Ansichten, denn ihre Religion war eng mit den jahreszeitlichen Gegensätzen verbunden. Baal war für sie der Gott des Winterregens, der die Erde belebte; sein Gegenspieler war Mut, der Gott der Sommerhitze, die Dürre und Tod mit sich brachte. Die kanaanäischen Kulte übten später eine gewisse Anziehungskraft auf einige Israeliten aus, aber abgesehen von den Warnungen vor ihnen im Gesetz nimmt der Pentateuch kaum Bezug auf sie.

Was Abraham und seine Nachkommen beschäftigte, waren nicht Lehrsätze und Streitgespräche über Monotheismus und Polytheismus, sondern die Herausforderungen des Glaubens und des Gehorsams als Antwort auf Gottes Verheißungen und seine Berufung auf ihrem Leben. Ihre Frage war nicht, welcher Gott der richtige sei, sondern wie man sein Leben in Treue mit *diesem* Gott führt, mit dem HERRN, der seine Hand auf so dramatische Weise auf sie gelegt hatte.

Unsere Geschichte handelt ebensowenig von Nationen wie von Göttern. Sie ist die Geschichte von dem Einen Gott und seinem Volk, das er erwählt hat, um im Werk der Erlösung mit ihm zusammenzuarbeiten.

2

Das verlorene Paradies

1. MOSE 1-11

1. Mose 1-11 ist eher prähistorisch als historisch. Die Geschichte Israels beginnt erst richtig in Kap. 12, wo Gott seinen Stammvater Abraham beruft. Die Kap. 1-11 sind wie ein Vorwort zu dieser Geschichte; hier wird sozusagen die Bühne für die Handlung vorbereitet. Anders als in den späteren Kapiteln, wo wir behutsam durch die Jahre geführt werden, mit ziemlich ausführlichen Berichten über das Leben einzelner Menschen, huscht 1. Mose 1-11 über die langen Zeiträume seit dem Anfang der Schöpfung nur so hinweg und zeichnet lediglich eine Handvoll skizzenhafter Entwürfe, die erklären sollen, warum die Dinge so sind, wie sie sind.

Es sind insgesamt nur sechs solche Skizzen:
die Schöpfung (Kap. 1);
der Garten Eden (Kap. 2);
der Fall des Menschen (Kap. 3);
Kain und seine Nachkommen (Kap. 4);
Noah und die Flut (Kap. 6-9);
der Turm von Babel (Kap. 11).

Diese Skizzen decken wohl kaum die gesamte Geschichte der Menschheit vor Abraham ab, und obwohl einige Lücken mit genealogischen Listen ausgefüllt werden, in denen die Jahrhunderte nur so vorbeifliegen, können wir uns des Eindrucks nicht erwehren, daß der Zweck von 1. Mose 1-11 wohl nicht darin besteht, nur ein paar geschichtliche Begebenheiten zu überliefern.

Wir haben hier vielmehr ein mit Worten gemaltes Bild eines meisterhaften Künstlers vor uns, das uns die Güte von Gottes Schöpfung zeigt und den Schlamassel, den der Mensch daraus gemacht hat. Er erzählt diese Geschichten, um tiefe Wahrheiten auf einer breiten Leinwand darzustellen, damit wir genau erkennen, vor welchen Herausforderungen Gott und Mensch stehen, bevor wir uns der eigentlichen Geschichte zuwenden. Und wir werden entdecken, daß sie jene brennenden Fragen formulieren, die das Bühnenbild abgeben für ein aufregendes Schauspiel, das die wahren Hintergründe des täglichen Lebens aufdeckt.

Wir wollen hier dieses Gemälde mit der Absicht betrachten, seine Bedeutung für unser Leben zu erkennen, und nicht Fragen der Wissenschaft oder Frühgeschichte zu diskutieren, obwohl es unvermeidlich ist, daß einige solche Fragen nebenbei berührt werden. Andere Bücher beschäftigen sich ausführlich mit ihnen, für unser Anliegen sind sie aber nicht von zentraler Bedeutung.

1,1 – 2,3: Am Anfang …

In einer Reihe gewaltiger Panoramen, die in ihrer Anordnung den Tagen einer Woche entsprechen, wird uns das gesamte Universum vor Augen geführt. Es ist eine Streitfrage, ob uns der Verfasser zu der Ansicht nötigt, die Schöpfung habe sich buchstäblich im Verlauf einer Woche mit sieben 24-Stunden-Tagen ereignet, oder ob diese Anordnung rein schematisch ist, wie die Anordnung der Endzeit-Visionen in Siebenerreihen in der Offenbarung (6-11; 15-16. Nebenbei bemerkt: wir stellen fest, daß das Bild von der Endzeit in vielem dem vom Anfang entspricht. Das hat seinen Grund in der biblischen Vision, daß am Ende der Fluch der Sünde gewendet und die Güte der ursprünglichen Schöpfung wiederhergestellt wird.)

Wie auch immer alles angefangen haben mag, wir müssen ausdrücklich festhalten, daß Gott mit seiner Schöpfung Gutes beabsichtigte. Sechsmal wird gesagt, daß er das, was er geschaffen hatte, anschaute 'und sah, daß es gut war' (1,4.10.12.18.21. 25), und am Schluß noch einmal: 'Gott sah alles an, was er gemacht hatte, und siehe, es war sehr gut' (1,31). Hier wird uns ein Bild völliger Zufriedenheit vermittelt von etwas, das vollständig und durch und durch wohltuend ist. Gott kann am siebenten Tag ausruhen, weil das Werk seiner Hände weder ergänzungsbedürftig ist, noch da oder dort nachgebessert werden muß. Was Gott tut, ist immer vollständig; er muß es nicht noch einmal machen, wie wir Menschen, wenn wir uns am Ende einer Arbeit eingestehen müssen, daß wir es doch besser anders gemacht hätten. Auch Jesus konnte am Ende seines Lebens sagen: 'Es ist vollbracht' (Joh 19,30).

Ein zweiter Punkt, zu dem einiges zu bemerken wäre, ist der Ort des Menschen im Gesamtentwurf Gottes. Der Schöpfungsbericht besteht aus acht Werken an sechs Tagen:

Erster Tag
– Licht (Tag) und Finsternis (Nacht);

zweiter Tag
– die Ausdehnung des Himmels;

dritter Tag
– Festland und Gewässer (Meere);
– Vegetation (Pflanzen und Bäume);

vierter Tag
– Sonne, Mond und Sterne (zur Unterscheidung der Jahreszeiten, Tage und Jahre);

fünfter Tag
– Wassertiere und Vögel;

sechster Tag
– Haus- und Wildtiere;
– der Mensch.

Bevor wir zum Menschen kommen, gleicht der Bericht einer Übersicht: kurz, sachlich und ohne viel Einzelheiten. Gott sagt einfach: 'Es werde …', und die Dinge treten ins Dasein. Aber wenn wir zum Menschen kommen, erhalten wir Einblick in die Gründe für seine Erschaffung: vorher werden wir über Gottes Gedanken unterrichtet und nachher über seine Kommunikation mit dem Menschen. Der Kern der Sache besteht darin, daß Gott den Menschen gemacht hat, um als 'Vizekönig' über die Erde zu herrschen. Darum ist er zum Bilde Gottes erschaffen und hat Autorität erhalten über die gesamte Pflanzen- und Tierwelt (vgl. Ps 8,5-8). Gott hat eine gute Welt erschaffen, und in seiner Güte hat er sie dem Menschen übergeben, damit er für sie sorge und sich an ihr erfreue.

Drittens verdient die Vorgehensweise Gottes Beachtung. Vor dem ersten Tag schwebt sein Geist über der ungeformten Masse, dann ruft er durch sein Wort alles ins Dasein. Vergleichen Sie Ps 33,6:

> *Der Himmel ist durch das Wort des Herrn gemacht*
> *und all sein Heer durch den Hauch seines Mundes* (= sein Geist).

Es ist, als ob der Geist und das Wort die beiden Hände Gottes wären. Er gebraucht sie, um zu erschaffen, und später werden wir sehen, daß sie auch weiterhin die Mittel sind, durch die er mit seiner Schöpfung Gemeinschaft pflegt, insbesondere mit dem Menschen.

Viertens hat das erste Schöpfungswerk, wie auch das letzte, besondere Bedeutung. Als Gott am ersten Tag das Licht erschuf, war die Sonne noch nicht da, geschweige denn der Himmel. Es gab nur eine wässrige Dunkelheit (1,2), eine Art kosmische Ursuppe! Als Gott dem Licht befahl, aufzuleuchten, da tat er das, was jeder Handwerker tun würde, wenn er in seiner Werkstatt das Licht einschaltet, damit er arbeiten kann. Die Christen haben immer geglaubt, daß die Quelle dieses uranfänglichen Lichtes dieselbe ist wie die des endzeitlichen, wenn es keine Sonne und keinen Mond mehr gibt, nämlich Gott selbst (Offb 21,23; 22,5). So stammte auch das Licht des ersten Schöpfungstages von Gott selbst. Wie am Anfang, so ist es auch weiterhin Gottes Vorgehensweise, wenn er etwas erschafft oder neuschafft: zuerst läßt er sein Licht in unserer Finsternis aufleuchten. So war es auch, als er Jesus in die Welt sandte (Joh 1,5) und als er in unser persönliches Leben hereintrat, um uns neuzuschaffen (2. Kor 4,6). Schließlich ist Gott Licht (1. Joh 1,5), und nur indem sein Licht auf das chaotische Durcheinander unseres Lebens fällt, kann es geordnet werden. Der Bekehrung liegt das gleiche Prinzip zugrunde wie der Schöpfung.

1. Mose 1 sagt uns keinesfalls alles über die Anfangszeit der Erde. Das wüste und leere Chaos mit der Finsternis über der Tiefe vor dem ersten Schöpfungstag bleibt ein unerklärtes Geheimnis. Zudem gibt es noch eine geistige Welt, die nie erwähnt wird. In Kap. 3 stellen wir fest, daß der Satan bereits gefallen und am Werk ist, aber es wird nicht gesagt, ob sich sein Fall vor, während oder nach der Erdschöpfung ereignete. Wenn die Gleichsetzung des Königs von Babylon mit dem 'Morgenstern' (oder 'Glanzstern', lateinisch *lucifer*) in Jes 14 eine Offenbarung über den Fall Satans enthält, was viele Christen glauben, dann

würde die Existenz von Erde, Sternen, Bergen und Wolken vorausgesetzt; dies könnte aber ebensogut ein Mittel der poetischen Sprache sein, um geistige Vorgänge im Himmel symbolisch auszudrücken, und in diesem Fall würde uns auch hier nichts über den Zeitpunkt mitgeteilt. (Hes 28,12-19, ein Abschnitt, der ebenfalls auf den Fall Satans bezogen wird, lokalisiert das Ereignis in Eden.)

Auch viele andere Fragen bleiben in 1. Mose 1 unbeantwortet, besonders jene des modernen Denkens, wie sich der Schöpfungsbericht zu den wissenschaftlichen Hypothesen über den Ursprung der Erde verhält. Es ist aber nicht der Zweck von 1. Mose 1, solche Fragen zu erörtern. Wir haben gesehen, was uns da gelehrt werden soll: daß Gott etwas Gutes erschaffen und den Menschen nach seinem Bild gemacht hat, damit er sich darum kümmere, und daß Gott ganz und gar zufrieden war mit allem, was er geschaffen hatte.

2,4-25: Der Garten Eden

Der Eindruck der Zufriedenheit und der Güte wird nun noch gesteigert, wenn uns der Erzähler einlädt, einen genaueren Blick auf den Menschen zu werfen und auf das Leben, das Gott für ihn vorgesehen hat. Er malt uns das Bild eines wundervollen Gartens vor Augen, in einem Land, das Eden heißt ('Entzücken', 'Freude'), bepflanzt mit 'Bäumen, die verlockend aussahen und von denen gut zu essen war' (V. 9), mit einem Fluß, der den Garten bewässerte (V. 10). Hier lebt der Mensch friedlich mit den Tieren zusammen (18-20) und erfreut sich einer einzigartig glücklichen Beziehung mit seiner Frau (25). Es ist ein Bild, von dem jeder Mensch träumt: ein Leben in Frieden, fern von Streit, eine glückliche Ehe, die Gesellschaft freundlicher Tiere, Nahrung im Überfluß, die man nur einzusammeln braucht und die angenehme Beschäftigung, im luxuriösesten Garten der Welt ein wenig nach dem Rechten zu sehen. Es ist tatsächlich Gottes Wille, daß der Mensch unter solchen Bedingungen lebt, im Paradies!

Kap. 3: Der Fall des Menschen

Aber bedauerlicherweise führen Rebellion, Sünde, Ungehorsam (wie immer man es nennen will) zum Verlust des Paradieses und all seiner Annehmlichkeiten. Unversehens sind wir mit dem Menschen konfrontiert, so wie wir ihn heute kennen, voller Scham, Schuld und Angst (7-10), wie er Ausreden sucht und jedem die Schuld gibt, außer sich selber: Adam beschuldigt Eva, diese wiederum die Schlange (11-13). Aber Gott läßt die Ausreden nicht gelten. Plötzlich hören wir ihn ausrufen: 'verflucht … verflucht …' (14.17), und die Idylle ist geplatzt. Zerstört ist die schöne Leinwand, die unser Künstler bemalt hat, und der Mensch ist für immer aus dem Garten Eden verbannt, um sich fortan einem Leben voll Entbehrung, Leid und Schmerz gegenüberzusehen.

In Eden gab es zwei besondere Bäume: den 'Baum der Erkenntnis des Guten und Bösen' und den 'Baum des Lebens'. Nachdem der Mensch aus dem Garten vertrieben worden war, hatte er zu beiden keinen Zugang mehr. Er hatte zwar von der Frucht des ersten gekostet, aber dadurch war er zu einem Sünder mit ziemlich verdrehten Ansichten geworden. Ohne Zugang zum zweiten Baum hat er nur noch den Tod vor sich. Diese beiden Bäume stehen für die beiden Pole oder Brennpunkte des Handelns Gottes mit den Menschen, entsprechend seinem Wort und seinem Geist (seinen beiden Händen bei der Schöpfung). Sie symbolisieren das Wissen und das Leben Gottes selbst, und während sich das Drama der Bibel entfaltet, werden wir beobachten, wie Gott diese Gaben nach und nach in kontrollierter und angemessener Weise dem Menschen neu schenkt, zuerst durch die Patriarchen und Propheten, dann durch Jesus und in vollem Maß schließlich im neuen Jerusalem der Endzeit (Offb 22).

4,1-24: Kain und seine Nachkommen

Die Sünde festigt nun ihren Griff und breitet sich über die Generationen hin unter den Menschen aus. Kains Eifersucht bringt ihn soweit, daß er seinen Bruder Abel ermordet, was noch mehr Fluch und Vertreibung zur Folge hat. Trotzdem gründet er eine Stadt, die nach fünf Generationen zu einem kulturellen und industriellen Zentrum wird; aber das Erbe von Kains Sünde wird damit nicht beseitigt, ja nicht einmal geschwächt, denn alsbald hören wir, wie Lamech sich eines Mordes rühmt, mit dem er meint, sogar Kain übertroffen zu haben.

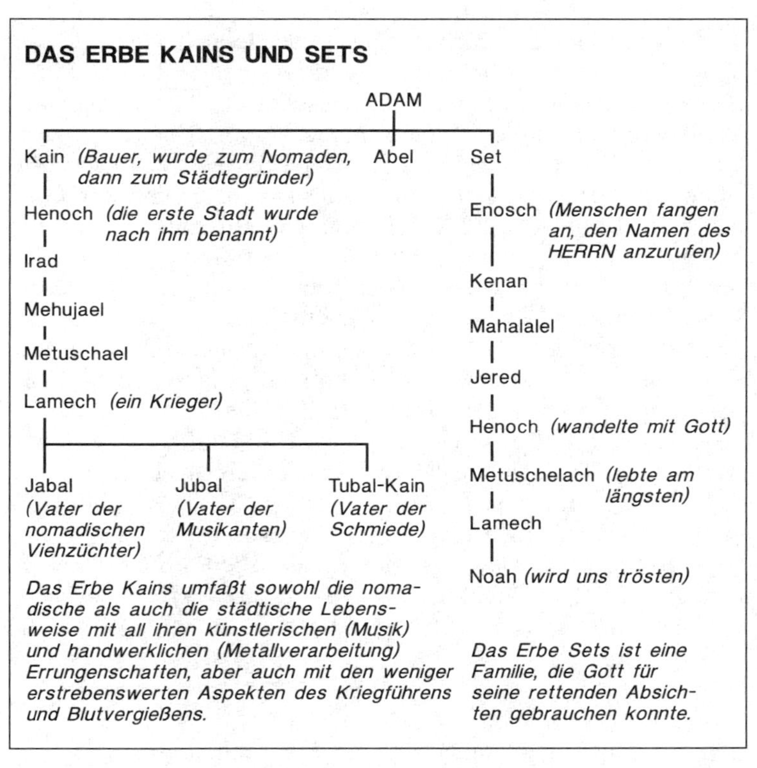

Beachten Sie, wie in V. 7 die Sünde mit jemandem verglichen wird, der vor der Tür lauert und bereit ist, loszustürzen. Die Sünde ist nicht nur eine unpersönliche Kraft, sondern sie hat personalen Charakter, ist fast nicht von Satan zu unterscheiden, 'und nach dir hat sie Verlangen' (vgl. Röm 7,7-25).

4,25 – 5,32: Seth und seine Nachkommen

Gott hatte einen Plan mit Abel verfolgt. Kain hatte dies bermerkt und ihn in seiner Eifersucht umgebracht, aber Gottes Plan konnte nicht durchkreuzt werden; darum wurde an Stelle Abels Seth geboren, und bald darauf begannen die Menschen, 'den Namen des HERRN anzurufen'. Das geistliche Klima in dieser Familie unterscheidet sich sehr von dem Klima in Kains Familie. Bei oberflächlicher Betrachtung gibt es Ähnlichkeiten zwischen ihnen: beide hatten Nachkommen, die Henoch und Lamech hießen oder andere ähnlich klingende Namen hatten, wie Irad und Jered oder Metuschael und Metuschelach. Aber der genaue Vergleich hebt nur die Unterschiede hervor. Der kainitische Henoch gab seinen Namen einer Stadt, der Henoch aus Seths Linie 'wandelte mit Gott; dann war er nicht mehr, denn Gott nahm ihn hinweg'. Sein Nachkomme Metuschelach war mit einem längeren Leben gesegnet, als je ein Mensch in der Geschichte. Der kainitische Lamech rühmte sich seiner mörderischen Rache, der Lamech aus der Nachkommenschaft Seths war der Vater von Noah, den er zu einem Gerechten erzog, der mit Gott wandelte (6,9). Seths Nachkommen gründeten kein nennenswertes Zentrum der Kultur und Zivilisation wie die Nachkommen Kains, aber Gott hatte seine Hand auf sie gelegt. Sie waren einem Volk gleich, das zwar in der Welt ist, aber nicht von ihr. Noahs Vater Lamech begriff etwas von dieser Wahrheit und ahnte, daß es um Erlösung ging; er sah voraus, daß sein Sohn 'uns trösten wird in unserer Mühe und Arbeit auf dem Acker, den der HERR verflucht hat' (5,29).

Mag sich die Sünde auch ausbreiten, Gott hat seine Welt nicht aufgegeben.

Kap. 6 – 9: Noah und die Flut

Seths Nachkommen fallen ab, die Menschheit ist nun völlig verloren in der Sünde, und Perversionen, die wir uns heute zum Teil nicht mehr vorstellen können (6,1-7), haben sich auf der Erde ausgebreitet. Gott, der noch vor kurzem seine Schöpfung betrachtet hatte und 'sah, daß es gut war', schaute nun herab und 'sah, daß die Erde verderbt war' (6,12); 'da reute es ihn, daß er die Menschen gemacht hatte, und es bekümmerte ihn in seinem Herzen' (6,6). Der Gegensatz zwischen der Absicht Gottes mit der Welt und dem, was der Mensch aus ihr gemacht hat, ist erschütternd. Diese Erde kann man nur noch zerstören (6,13).

Die Geschichte von der Flut und Noahs Arche ist so bekannt, daß es unnötig erscheint, sie hier nochmals zu erzählen. Die Überlieferung von dieser großen, urzeitlichen Flut hat sich so tief in das allgemeine Menschheitsgedächtnis eingegraben, daß man ihre Geschichte auch in den Schriften anderer alter Kulturen findet. Das von der Flut besonders betroffene Gebiet muß in

Mesopotamien gelegen haben, wo die Menschen der Bibel damals ihren Ort hatten, und wo sich auch die deutlichsten außerbiblischen Berichte von diesem Ereignis erhalten haben. Es gibt im babylonischen Flutbericht auffallende Parallelen zu der Geschichte in 1. Mose.

Aber der biblische Bericht will etwas ganz anderes aussagen als die übrigen Berichte. Er wird erzählt, um zu zeigen, daß Gott zu Recht zornig ist über die Sünde. Er kann es nicht zulassen, daß die Sünde die Herrschaft über seine Erde ergreift. Aber die Geschichte will auch zeigen, daß Zerstörung nicht Gottes letzte Absicht ist. Die Flut hemmte zwar den Fortschritt der Sünde, löste aber das Problem nicht. Kurz danach lesen wir die Geschichte von Noahs Trunkenheit und der darauffolgenden peinlichen Szene, die damit endete, daß Noah einen seiner Söhne verfluchte. Letzten Endes mußte eine andere Lösung gefunden werden.

Nach der Flut verspricht Gott, hinfort nicht mehr zu zerstören (8,21f), aber der gefallene Zustand der Erde ist nun eine feststehende Tatsache, und so ändert er angesichts der veränderten Umstände einige seiner ursprünglichen Anweisungen an Adam ab. Der Mensch hat immer noch die höchste Stellung in der Schöpfung, obwohl sein Verhältnis zu den anderen Geschöpfen nun von Furcht bestimmt ist. Gott erlaubt dem Menschen, sich von Tieren ebenso wie von Pflanzen zu ernähren, nur das Blut darf nicht gegessen werden (weil es für das Leben steht, 3. Mose 17,11).

Kap. 10: Die Ausbreitung der Völker

Unser einleitendes Gemälde ist nun fast fertig. Der Erzähler gibt eine kurze Übersicht über die damaligen Völker, wobei er die Menschheit in drei ethnische Hauptgruppen einteilt, entsprechend den drei Söhnen Noahs: Sem, Ham und Japhet.

Japhet repräsentiert die Indoeuropäer, die sich im Norden der antiken Weltkarte, zwischen der Ägäis und dem Kaspischen Meer, ausbreiten.

Ham steht für die südlichen Völker von Nordafrika, Äthiopien, Ägypten, Arabien, Kanaan und Südmesopotamien.

Sem repräsentiert jene, die wir heute Semiten nennen. Sie befanden sich hauptsächlich in der Mitte der damaligen Welt-

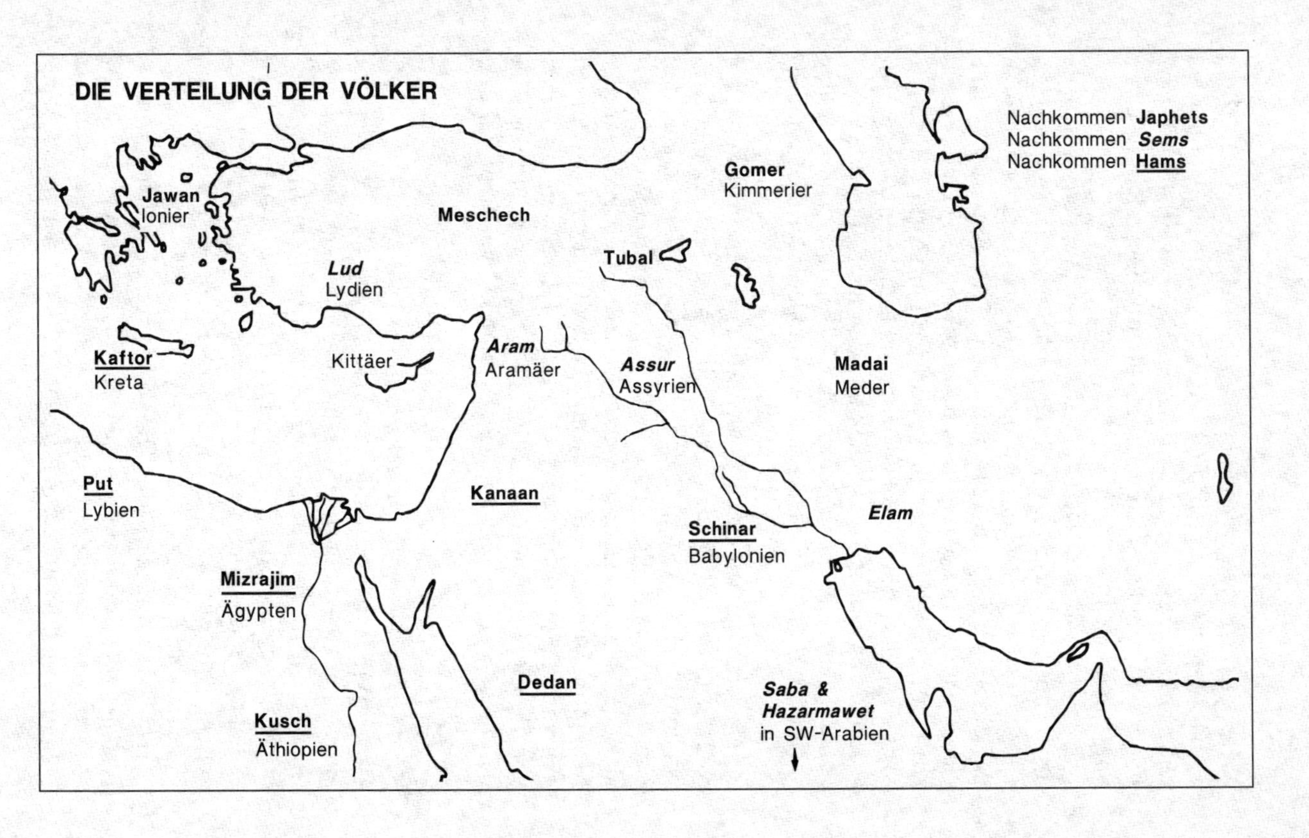
DIE VERTEILUNG DER VÖLKER
Nachkommen Japhets
Nachkommen Sems
Nachkommen Hams
Jawan
Ionier
Meschech
Gomer
Kimmerier
Tubal
Lud
Lydien
Kaftor
Kreta
Kittäer
Aram
Aramäer
Assur
Assyrien
Madai
Meder
Put
Lybien
Kanaan
Elam
Schinar
Babylonien
Mizrajim
Ägypten
Dedan
Saba &
Hazarmawet
in SW-Arabien
Kusch
Äthiopien

karte, von der südlichen Türkei (Lud) über Syrien (Aram) und Mesopotamien (Assur) bis nach Iran (Elam). Dieser Zweig der Familie Noahs ist es auch, dem Abraham entstammt.

Kap. 11: Der Turm von Babel
Wir werden nun nach Schinar versetzt, in eine flache Schwemmlandebene, wo es keine Berge gab, und somit auch keine Steine, mit denen man Gebäude hätte errichten können. Hier nahmen sich die Menschen vor, aus Lehmziegeln eine Stadt zu bauen mit einem Turm darin, einem künstlichen Berg, der in den Himmel hinaufragen sollte. An und für sich war dies ein harmloses Unternehmen, nicht aber das Motiv, von dem sie dabei geleitet waren. Ihre Absicht war es nämlich, sich selbst einen Namen zu machen als starke, festgefügte politische Einheit, um so über den Rest der Menschheit zu herrschen. Gott hatte dem Menschen zwar Autorität über das tierische und pflanzliche Leben gegeben, nicht aber das Recht, sich über seine Mitmenschen zu erheben. Dieses Vorrecht steht nur Gott zu. Mit dem Turmbau würden sich die Menschen im Grunde genommen Gottes Autorität anmaßen. Ähnliche Bestrebungen hatten schon zum Sturz Satans geführt (Jes 14,12-15), und nun mußten sie zu einem weiteren Kollaps der Menschheit führen. Was dabei herauskam, war eine völlige Verwirrung – die Völker wurden zerstreut und durch unterschiedliche Sprachen voneinander getrennt.

Das letzte Ergebnis ist eine völlige Entfremdung. Im Garten Eden hatten Mensch und Gott in vollkommener Harmonie zusammengelebt. Die Sünde Adams führte zum Zerbruch dieser Harmonie zwischen Mensch und Gott; die Sünde von Babel zerrüttet nun auch noch jegliche Harmonie zwischen Mensch und Mitmensch. Übrig bleibt eine politische und kulturelle Zertrennung, die im Laufe der Geschichte zu Krieg und Blutvergießen führen sollte.

Die Herausforderung von 1. Mose 1-11
Diese Kapitel haben uns mit einigen einfachen Wahrheiten über Gott und den Menschen bekanntgemacht:

1. *Gott* ist gut und seine Absichten mit der Schöpfung und dem Menschen sind gut (Kap. 1+2).

2. Die *Sünde* ist nicht nur ein neutrales Prinzip, sondern eine aktive Macht, die sich Gott widersetzt (Kap. 3).

3. Der *Mensch* befindet sich mitten in einer geistlichen Schlacht, in der die Sünde sich seiner bemächtigen und ihn von Gott abbringen will (4,7).

4. Der gefallene Mensch ist schwach, unfähig, der Versuchung zu widerstehen und den Sieg über die Sünde zu erringen, auch dann nicht, wenn Gott ihm einen Neuanfang ermöglicht (Kap. 9).

5. Obwohl Gott die Macht hat, zu erschaffen und zu zerstören und nicht will, daß die Verdorbenheit seine Erde beherrscht, beabsichtigt er keinesfalls, Eden gewaltsam wiederherzustellen (Kap. 6-9).

Daraus ergeben sich für uns folgende Fragen:
– Ist das Paradies für immer verloren oder kann es wiedererlangt werden?
– Hat die Sünde Gottes gute Absichten zunichtegemacht?
– Kann der jähe Sturz des Menschen in die Verderbtheit aufgehalten oder vielleicht sogar rückgängig gemacht werden?
– Wenn Gott etwas unternehmen kann, was kann er tun und wie?

Das sind so ziemlich die gleichen Fragen, mit denen sich viele Leute von heute herumschlagen, wie etwa: 'Wenn Gott gut, allmächtig, gerecht, liebevoll usw. ist, wie kann er dann zulassen, daß so schreckliche Dinge passieren, wie wir sie um uns herum sehen?' Das ist im Grunde genommen die Herausforderung von 1. Mose 1-11.

Wir haben jedenfalls schon ein paar Einblicke in Gottes Arbeitsweise erhalten. Wir haben gesehen, wie er Abel erwählt hat, dann Seth und seine Nachkommen, um den Menschen zu 'trösten in seiner Mühe und Arbeit'. Wird er vielleicht noch einmal etwas Ähnliches tun? Auffallenderweise endet Kap. 11 mit einer diesbezüglichen Andeutung, denn unser Augenmerk wird plötzlich auf eine kleine Familie gelenkt, Nachkommen Seths über Noahs Sohn Sem. Diese Familie macht sich auf aus Ur in Südmesopotamien, um nach Kanaan zu gehen. Sie lassen sich dann in Haran in Nordmesopotamien nieder, wo Terach, der betagte Familienvater, stirbt. Es wird nichts weiter dazu gesagt, aber unsere Aufmerksamkeit ist geweckt. Warum ist uns diese Familie vorgestellt worden? Ist Gott vielleicht drauf und dran, durch sie etwas zu tun, wie schon durch die früheren Nachkommen Seths?

ZWEITER TEIL

DIE BERUFUNG ZUM GLAUBEN

Der Glaube ist die grundlegendste Zutat in der Beziehung eines Menschen zu Gott, und so ist es nur recht, wenn unser Bibelstudium mit diesem Hauptthema beginnt. Es ist so gundlegend und wesentlich, daß 'es ohne Glauben unmöglich ist, Gott zu gefallen' (Hebr 11,6); es ist für jeden nur erdenklichen Aspekt des christlichen Lebens so wichtig, daß es im Evangelium vom Anfang bis zum Ende nur um den Glauben geht (Röm 1,17).

Dieser Glaube ist nicht nur eine Aufstellung von Glaubenssätzen und Dogmen, sondern eine Antwort auf Gottes Wort, auf seine Berufung, auf seine Verheißung usw. Wenn wir Abrahams Geschichte untersuchen, werden wir sehen, daß der Glaube danach verlangt, tätig zu werden und nicht bloß zuzustimmen. Grundsätzlich ist der Glaube die Zuversicht, daß Gott tut, was er sagt, ein Zutrauen, das uns befähigt, gehorsam zu sein, wenn Tat erforderlich ist, geduldig zu sein, wenn Warten dran ist, erwartungsvoll zu sein, wenn etwas verheißen wurde und dankbar zu sein, wenn uns etwas angeboten wird.

'Es ist aber der Glaube eine feste Zuversicht auf das, was man hofft, und ein Nichtzweifeln an dem, was man nicht sieht. Durch diesen Glauben haben die Vorfahren Gottes Zeugnis empfangen' (Hebr 11,1f). Auf den folgenden Seiten werden wir sehen, wie und warum.

3

Die Verheißung und die Patriarchen

1. MOSE 12-50

Es ist ein wunderbares Vorrecht, das Alte Testament als ein Christ zu lesen, der mit dem Heiligen Geist erleuchtet wurde. Paulus sagt es so: es ist, wie wenn man liest, nachdem ein verhüllender Schleier weggenommen wurde (2. Kor 3,14-18). Vor Christus ist es nicht immer ganz eindeutig, wie Gottes Rettungsplan aussieht, aber nachdem man die Erleuchtung durch seinen Geist empfangen hat, paßt alles zusammen und ergibt einen Sinn. Wir beginnen zu sehen, wie Gott mit den Herausforderungen von 1. Mose 1-11 umgegangen ist und entdecken, wie wir jenseits der dramatischen Spannungen leben können, die wir oben skizziert haben. So besteht beispielsweise die größte Herausforderung von 1. Mose 1-11 in der Entfremdung und in der Notwendigkeit einer Versöhnung; aber nun ist es durch unsere Erfahrung in Christus für uns eine Tatsache, daß dieses Problem von Grund auf gelöst wird, 'denn die Liebe Gottes ist ausgegossen in unsere Herzen durch den Heiligen Geist, der uns gegeben ist' (Röm 5,5).

Wir sehen die vielfältigen Auswirkungen davon. Natürlich ist da die Umkehrung des babylonischen Fluches in einen offensichtlichen Segen zu nennen, dessen man sich in charismatischen Kreisen durch die Sprachengabe erfreut, die es Menschen unterschiedlichster nationaler Herkunft ermöglicht, Gott in harmonischer Einheit anzubeten und so die Sprachbarrieren gelegentlich zu durchbrechen. Aber noch tiefgehender ist das Wirken des Geistes dort, wo er die Mauern des Mißtrauens, des Neides, der Feindschaft usw. in den Herzen niederreißt und durch seine Liebe ersetzt. Kraft dessen können wir heute etwas Luft von Eden schnuppern.

Diese Segnungen liegen aber noch in der Zukunft, wenn wir in 1. Mose 12 zu lesen anfangen, und um den wahren Geschmack von der Hoffnung Abrahams und seiner Kinder mitzubekommen, müssen wir bedenken, daß sie 'das Verheißene nicht erlangt, sondern es nur von ferne gesehen und gegrüßt' haben (Hebr 11,13). Gott offenbarte ihnen nur so viel, wie sie in ihrer Zeit brauchten, aber die Glaubenslektionen, die sie lernen mußten, sind von derselben Art wie jene, die wir heute lernen müssen. Natürlich besteht insofern ein deutlicher Unterschied, als ihr Glaube auf einen Brennpunkt in der Zukunft gerichtet war, während unser Glaube darauf zurückschaut. Abraham glaubte, daß Gott tun würde, was er verheißen hatte; wir glauben, daß er es getan hat. (Dennoch hat der Glaube natürlich auch für uns noch einen Zukunftsaspekt.) Der Brennpunkt der Verheißung ist für beide derselbe: das Leben, der Tod und die Auferstehung Jesu Christi; und ob man ihn nun von hinten oder von vorne betrachtet – das eine wie das andere ist Glaube, und darum gilt das, was von Abrahams Glaube gesagt wird, ebenso auch für unseren Glauben heute: er ist ihm 'zur Gerechtigkeit gerechnet worden' (Röm 4,22). Obwohl wir heute jenseits des Kreuzes leben, können wir viel von Abraham, Isaak und Jakob lernen, besonders was Glauben und Gehorsam angeht (vgl. Hebr 11).

1. DIE WELT ZUR ZEIT DER PATRIARCHEN

Die Patriarchen lebten und bewegten sich entlang dem Teil der Alten Welt, den wir den 'Fruchtbaren Halbmond' nennen. Er erstreckte sich von Mesopotamien über Syrien und Kanaan bis nach Ägypten. Die Zivilisationen von Ägypten und Mesopotamien waren schon alt, als Abrahams Vater Ur verließ. Sein Aufbruch von dort stand möglicherweise in Verbindung mit der Plünderung von Ur etwa 1950 v. Chr., als die Stadt, die eines der Zentren der sumerischen Gesellschaft war, von den Elamitern aus dem Osten zerstört wurde. Anscheinend wollte Terach ursprünglich nach Kanaan auswandern, aber er kam nur bis Haran in Nordmesopotamien, das in vielerlei Hinsicht eine Schwesterstadt von Ur war, denn beide waren Handelsstädte und bekannt für ihre Verehrung der Mondgottheit.

Mesopotamien erfreute sich am Ende des dritten Jahrtausends unter seinen sumerischen und akkadischen Herrschern einer Periode von bemerkenswerter Kultur und politischer Macht, zerfiel aber zu Beginn des zweiten Jahrtausends in

DIE WELT ZUR ZEIT DER PATRIARCHEN

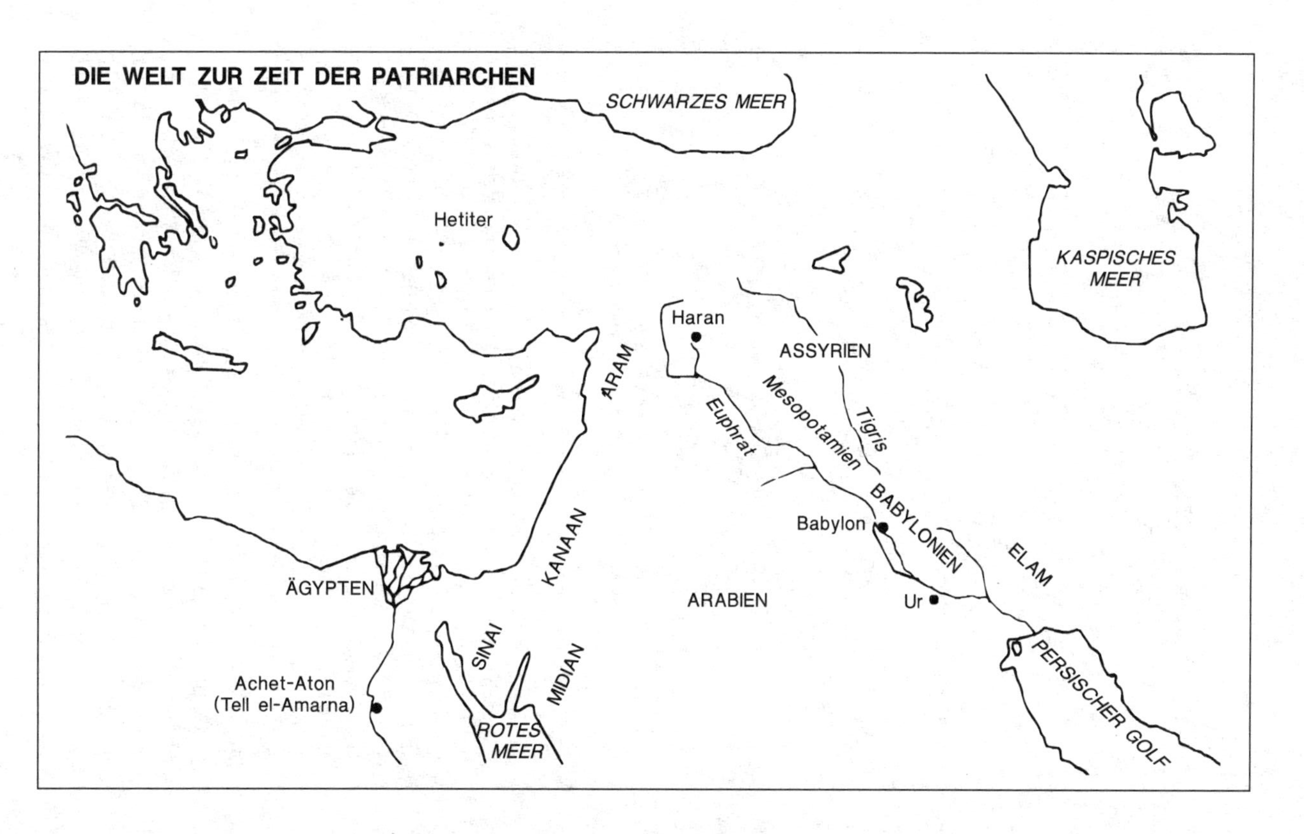

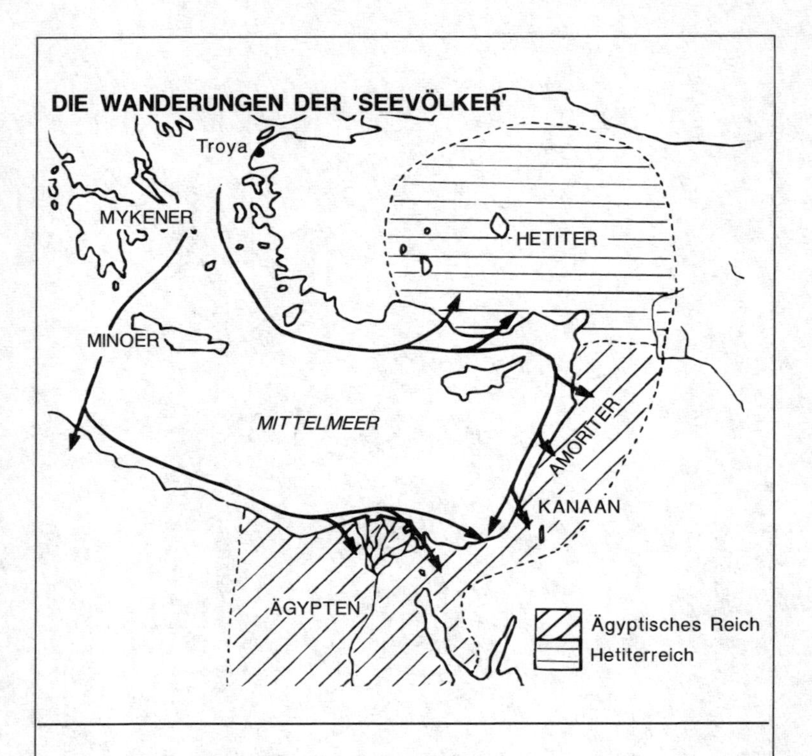

Die Wanderung der Seevölker in Verbindung mit dem Schwinden der ägyptischen Macht beschleunigte den Zusammenbruch des Hetiterreiches. Ihre Wanderung wurde ausgelöst durch das Einströmen neuer Völker aus dem Norden nach Griechenland, die der mykenischen Herrschaft ein Ende machten. Die Mykener hatten zuvor den größten Teil der Seehandelswege im Mittelmeer bis ins 13. Jahrhundert kontrolliert. Die Umwälzungen dieser Zeit stehen auch in Zusammenhang mit dem Fall von Troja, der den langen Krieg zwischen den Mykenern und Troja beendete. Der griechische Dichter Homer hat darüber in seiner *Ilias* geschrieben.

kleinere Stadtstaaten. Zu dieser Zeit tauchten Assyrien und Babylonien erstmals als wichtige politische Größen auf, aber es war hauptsächlich Assyrien, das expansionistische Neigungen zeigte. Von 1500 bis 1100 gehörte es zu den führenden Staaten der Alten Welt, trat dann in eine Schwächeperiode ein und erwachte erst wieder um 900 v. Chr. Abgesehen davon, daß Mesopotamien das Herkunftsgebiet Abrahams und der Frauen von Isaak und Jakob ist, spielt das Land keine große Rolle in der Geschichte von Gottes Volk während des zweiten Jahrtausends.

Ägypten übte den größten äußeren Einfluß auf Israel aus in dessen frühester Geschichte. Etwa um 1720 kamen Fremdherrscher, die sogenannten Hyksos, an die Macht. Sie waren Semiten, wie Joseph und seine Brüder und haben die Hebräer wahrscheinlich freundlicher aufgenommen, als dies einheimische Herrscher Ägyptens getan hätten. Um 1570 wurden die Hyksos von Ahmose, einem Ägypter, vertrieben. Er begründete das sog. Neue Reich und machte Ägypten zu einer Weltmacht, die während der nächsten 350 Jahre größtenteils die politische Kontrolle über Kanaan ausübte. Briefe aus den königlichen Archiven Echnatons (dem Schwiegervater von Tutanchamun), die man in Tell el-Amarna gefunden hat, berichten von den Schwierigkeiten seiner Statthalter in Palästina im 14. Jahrhundert, mit aufständischen Elementen, *Hapiru* genannt, fertigzuwerden. Diese Hapiru scheinen denselben ethnischen Hintergrund gehabt zu haben, wie die zu dieser Zeit in Ägypten weilenden Hebräer. Der letzte große Herrscher war Ramses II., dessen Regierungszeit sich über zwei Drittel des 13. Jahrhunderts erstreckt. Gegen Ende seiner Herrschaft begann die Macht Ägyptens zu schwinden. Zu dieser Zeit setzte die Wanderung der 'Seevölker' von den Inseln und Nordufern des Mittelmeeres über die Küste Palästinas bis nach Nordafrika ein und untergrub die Stärke Ägyptens.

Die Israeliten zogen zur Zeit Ramses II. aus Ägypten aus. Außerhalb der Bibel werden sie zum ersten Mal auf einer Inschrift seines Nachfolgers Merenptah genannt, die eine Liste der Völker enthält, gegen die er um 1220 auf einem Palästinafeldzug kämpfte. Dieser Pharao mußte den größten Teil seiner Kraft dafür aufwenden, sich gegen den Ansturm der Seevölker zu stemmen, aber unter ihrem Druck zerbrach das Reich schließlich. Danach war Kanaan praktisch ein herrschaftsfreies Gebiet, das jedem offenstand, der es einnehmen wollte. Ammoniter, Moabiter und Edomiter übernahmen Transjordanien und das Gebiet südöstlich des Toten Meeres; die Philister (Seevölker) ließen sich im südlichen Küstengebiet nieder; die Kanaanäer behaupteten sich weiterhin in einer Reihe ihrer alten Festungen, die verstreut im ganzen Land lagen; und Israel begann seine

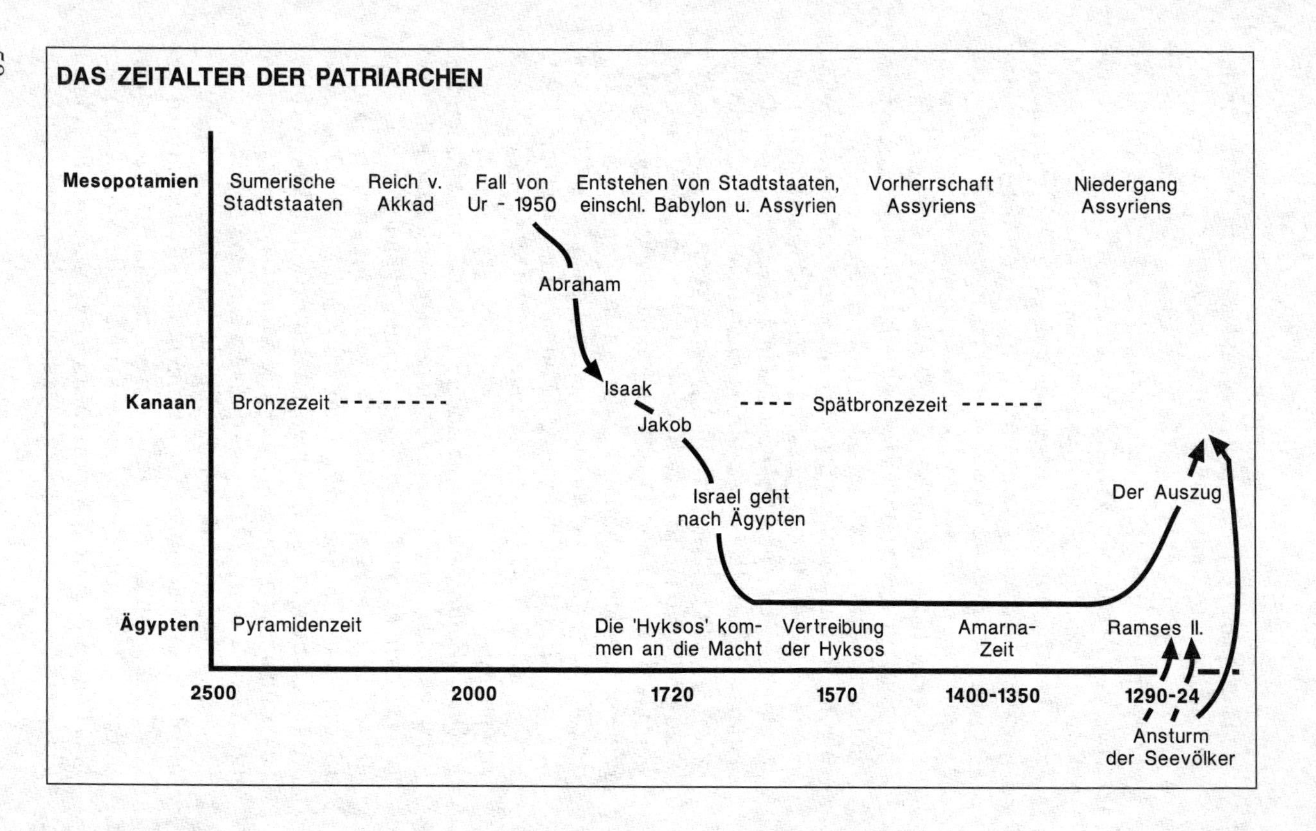
DAS ZEITALTER DER PATRIARCHEN
Mesopotamien
Sumerische Stadtstaaten
Reich v. Akkad
Fall von Ur - 1950
Entstehen von Stadtstaaten, einschl. Babylon u. Assyrien
Vorherrschaft Assyriens
Niedergang Assyriens
Abraham
Kanaan
Bronzezeit
Isaak
Jakob
Spätbronzezeit
Israel geht nach Ägypten
Der Auszug
Ägypten
Pyramidenzeit
Die 'Hyksos' kommen an die Macht
Vertreibung der Hyksos
Amarna-Zeit
Ramses II.
2500
2000
1720
1570
1400-1350
1290-24
Ansturm der Seevölker

Landnahme unter der Führung von Josua. Einige der Schwierigkeiten, denen die Israeliten begegneten bei den Versuchen, ihre Siedlungsgebiete zu behaupten, werden im Richterbuch beleuchtet; fest etabliert wurde Israel erst unter David, der es zu einer lokalen Großmacht ausbaute – aber das führt uns schon über den Zeitabschnitt hinaus, den wir hier studieren wollen.

Es hilft uns, die biblischen Erzählungen in einen Zusammenhang einzuordnen, wenn wir den geschichtlichen Hintergrund des damaligen Nahen Ostens kennen, aber es ist wichtig festzuhalten, daß sie selbst nur wenig Bezüge auf internationale Angelegenheiten enthalten. Sie wurden nicht als 'Weltgeschichte der Antike' verfaßt. Es sind vielmehr Familienerzählungen oder -überlieferungen, in denen die private Lebensgeschichte eines Menschen und seiner Nachkommen verfolgt wird, und nur wenn es nötig ist, verweisen sie auf weltgeschichtlich bedeutsame Ereignisse und Personen. Unsere Geschichte handelt von einem erwählten Volk und seinem Gott, wie es lernte, auf seine Ordnungen einzugehen und von Gottes Absicht, es zur Rettung der Menschheit zu gebrauchen.

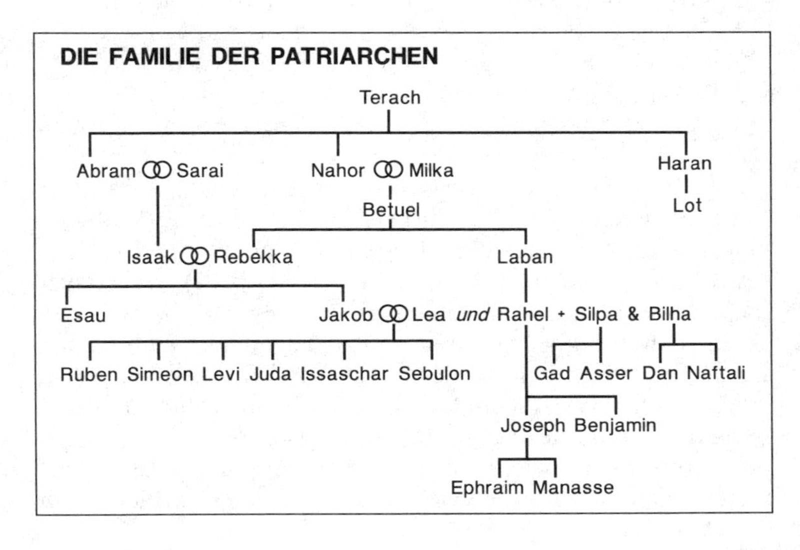

2. ABRAHAM (1. MOSE 12-25)

Die Geschichte Abrahams handelt von einem Mann, der dem Heidentum entrissen wurde (Jos 24,2.14), der eine Vision von der Absicht Gottes mit der Welt empfing, der eingeladen wurde, dabei eine Rolle zu spielen, und der dann lernte, was es heißt, im Glauben darauf einzugehen. Es ist eine Erzählung vom tastenden Glauben Abrahams einerseits und von Gottes unfehlbarer Treue andererseits. All die dramatischen Spannungen von 1. Mose 1-11 kommen noch einmal voll zum Tragen, wenn wir Abrahams Abenteuer verfolgen. Der Zeitraum ist irgendwann zu Beginn des zweiten Jahrtausends v. Chr.

12,1-3: Gottes Berufung und Verheißung

Aus welchen Gründen auch immer Terach nach Kanaan hatte ziehen wollen, Abraham jedenfalls setzte auf Gottes Befehl die Reise fort und verließ die meisten seiner Verwandten in Haran, zu denen er später wiederum Kontakt aufnehmen würde, um eine Frau für seinen Sohn Isaak holen zu lassen (Kap. 24). Abraham heißt hier noch Abram, aber der Einfachheit halber bleiben wir von Anfang an beim längeren Namen (der Wechsel vollzieht sich in Kap. 17).

Gottes Wort ist sehr klar und einfach. Er verheißt Abraham:
– 1. daß er ein neues Land als Heimat erhalten solle,
– 2. daß er der Stammvater eines großen Volkes sein werde,
– 3. daß er persönlich Segnungen von Gott erhalten würde und
– 4. daß von ihm der Segen zu allen Völkern der Erde gelangen solle.

Der letzte Bestandteil der Verheißung enthält den Keim einer umfassenderen Vision, die sich erst in späteren Jahren deutlicher zeigen würde, davon daß der Garten Eden am Ende wiederhergestellt werden solle (z. B. Jes 11,6-9; Hes 47,6-12). Vorerst war diese Vision aber nur undeutlich zu erkennen. Der Garten Eden ist unwiederbringlich verloren, und gemäß nüchterner Sicht der Dinge ist da nicht mehr als die Ahnung, daß Gott den Menschen der gefallenen Welt allenfalls so etwas wie einen leichten Nachgeschmack von Eden vermitteln werde. Die Vision bezieht sich auf zukünftige Entwicklungen, die weit jenseits der Zeit Abrahams liegen, und so spielt sie in der folgenden Geschichte von

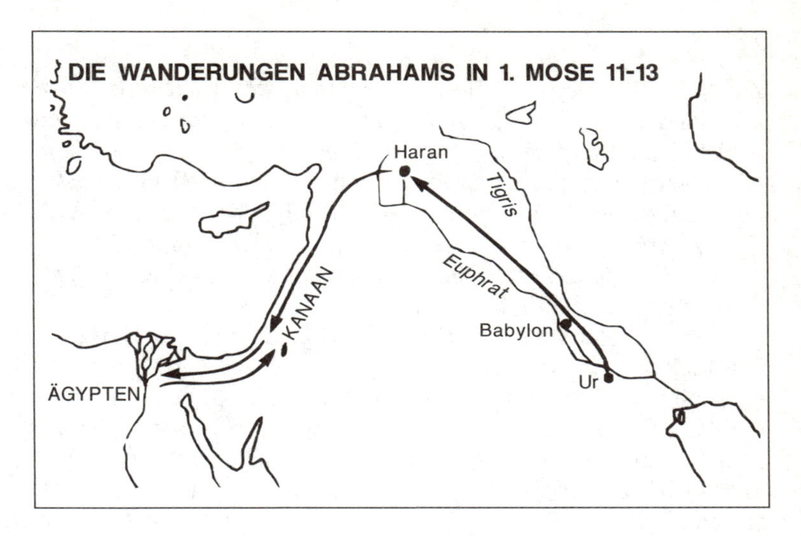

Abrahams Prüfungen keine unmittelbare Rolle, abgesehen davon, daß sie alles wie ein weiter Horizont der Hoffnung überspannt.

Der dritte Bestandteil wird sich von selbst zeigen, Abraham kann nichts dazu beitragen. Wir werden einfach zusehen, wie er mehr oder weniger automatisch 'reich wird an Vieh, Silber und Gold' (13,2).

Die beiden ersten Bestandteile sind dagegen der Prüfstand seiner Beziehung zu Gott. Das Drama konzentriert sich hauptsächlich darauf, wie er auf sie reagiert, und wir werden ihn mehrfach dabei beobachten, wie er versucht, Gottes Absichten auf seine Weise in die Tat umzusetzen – im allgemeinen mit bedauerlichen Ergebnissen.

In den folgenden Kapiteln spricht Gott oft mit Abraham, im großen und ganzen aber nur, um die Verheißungen zu bekräftigen, die er ihm ganz am Anfang gegeben hatte. Er erweitert die obige knappe Zusammenfassung um ein paar Einzelheiten und etwas Farbe, aber er fügt keine neuen Verheißungen hinzu. Gott hat alles schon am Anfang gesagt, und so ist es im allgemeinen immer, wenn Gott einen Menschen beruft, auch heute noch.

12,4 – 13,18: Abrahams Ankunft in Kanaan

Zuerst sind wir erwartungsvoll gespannt, wenn wir sehen, wie Abraham auf Gottes Ruf hin geradewegs losgeht, begleitet von seiner Frau Sara, seinem Neffen Lot und einigen Knechten. Ohne Verzögerung trifft er in Kanaan ein, und in Sichem bestätigt Gott, daß dies das Land sei, das er ihm verheißen habe. Voll Begeisterung sehen wir, wie Abraham bei Bethel einen Stützpunkt errichtet und nach Süden wandert, um sein neues Heimatland zu erkunden (12,4-9).

Dann scheint auf einmal alles schiefzugehen. Eine Hungersnot bricht herein, und Abraham begibt sich nach Ägypten, wo er sich selbst in Schwierigkeiten bringt. Die Furcht bestimmt ihn, nicht der Glaube, als er die Wahrheit über Sara verbirgt. Gewiß, er hat finanziellen Erfolg, aber Sara wird in den Harem des Pharao verschleppt, und Gott muß eingreifen, um die Situation zu retten (12,10-20).

Eine ruhigere, zuversichtlichere Stimmung herscht vor, als er nach Kanaan zu seinem Stützpunkt bei Bethel zurückkehrt und einen neuen Anfang macht. Wir sehen, daß wieder Glaube aufkommt, indem er Lot erlaubt, sich von ihm zu trennen und sich den fruchtbarsten Teil des Landes auszusuchen. Dann versichert ihm Gott: Abraham, dies ist das Land, von dem ich möchte, daß du darin lebst; ich werde es dir ganz geben; geh und erkunde es, aber bleib darin, denn dies ist das Land! (Kap.13).

In dieser kurzen Geschichte sehen wir Gottes Treue zu seinen Verheißungen, wie er Abraham rettet, ihm einen neuen Anfang ermöglicht und ihm ungeachtet seines Versagens Gedeihen gibt, aber wir erkennen auch die Dramatik, die darin besteht, daß Abraham mit seinem Handeln Gottes Absichten anscheinend immer wieder aufs Spiel setzt. Die Herausforderung für Abraham und für uns, die wir darüber lesen, besteht darin, im Glauben und in der Vision, die Gott uns gibt, festzustehen. Gott sei Dank werden wir im weiteren Verlauf der Geschichte sehen, wie Abraham wächst.

Kap. 14: Gott macht mich reich, nicht ein Mensch

Abrahams Zusammenstoß mit Kedor-Laomer und seinen Verbündeten, bei dem er Lot und die Gefangenen mitsamt dem Plündergut, das sie aus Sodom mitgenommen hatten, rettete, führte dazu, daß ihm der König von Sodom zur Belohnung die Güter anbot, die er zurückgebracht hatte. Abraham lehnte ab; er wollte nicht, daß irgend jemand sagen konnte, 'ich habe Abraham reich gemacht' (V. 23). Gott hatte verheißen, dies zu tun, und so stand Abraham diesmal fest in der Verheißung.

Kap. 15: Ein Augenblick der Offenbarung und des Glaubens
Die Spannungen des Glaubens, die sich in Abrahams Antwort auf Gottes Landverheißung zeigen, werden praktisch verdoppelt in seiner Antwort auf die Verheißung von Nachkommenschaft. Abraham meint, sein Knecht Elieser von Damaskus werde ihn einmal beerben (2-3), aber Gott versichert ihm, er werde eigene Nachkommen haben, so viele, daß er nicht in der Lage sein werde, sie zu zählen. In diesem Augenblick 'glaubte Abraham dem HERRN, und das rechnete er ihm zur Gerechtigkeit' (6). Gott versiegelte daraufhin sein Wort über die Nachkommenschaft und das Land in einer feierlichen Bundeszeremonie, die Abraham danach für immer in lebhafter Erinnerung geblieben sein muß.

Kap. 16: Wird Ismael mein Erbe sein?
Seltsamerweise, trotz der eindrücklichen Erfahrung in Kap. 15, stimmt Abraham in einer verblüffenden Kurzschlußhandlung dem Plan zu, über Saras Magd Hagar zu einem Erben zu kommen. Ebenso wie seine Flucht nach Ägypten verheerende Folgen gehabt hatte, so führte auch diese Tat nur zu Schwierigkeiten. Sara und Hagar liegen sich bald in den Haaren, und Hagar läuft davon. Wiederum muß Gott eingreifen, um die Sache zurechtzubringen. Abraham war mittlerweile 86 Jahre alt.

Kap. 17: Ich werde einen wahren Sohn und Erben haben!
Dreizehn Jahre später versichert ihn Gott seiner Verheißung. Abraham zögert immer noch und bittet Gott, doch Ismael als Erben anzunehmen, aber schließlich läßt er es gelten, daß er einen Sohn aus seiner Ehe mit Sara haben wird und besiegelt diesen Glauben mit der Beschneidung.

Kap. 18,1-15: Die Erfüllung steht bevor

Jetzt, da Abraham Gottes Wort ganz angenommen hat, kündigt Gott durch einen Engelsbesuch an, daß die Zeit gekommen ist. Sara findet das alles lächerlich, so wie Abraham wenige Monate zuvor (V. 12; Kap. 17,17), aber wir erinnern uns daran, daß wir es mit dem Glauben zu tun haben und mit einem Gott, der seine Absichten verwirklicht, mit dem Gott, für den nichts unmöglich ist (V. 14). Er hat wohl lange warten müssen, bis Abraham zur völligen Zusammenarbeit bereit war, aber schließlich ist der Glaube ebenso wichtig wie das Kind, und Gott wollte auf beides warten.

Bevor die Geschichte über Abrahams Nachkommen weitergeht, werden wir für einen Augenblick beiseite genommen, um zu sehen, wie es ihm in der Zwischenzeit mit dem Glauben an die Landverheißung geht.

Kap. 18,16 – 19,38: Bestätigung einer früheren Glaubensentscheidung

Lot hatte es vorgezogen, in Sodom zu wohnen, weil das dortige Land, im Gegensatz zu dem, das Gott Abraham anbot, 'wie der Garten des HERRN' zu sein schien (13,10). Aber Gott wußte, was er tat, und Abraham hatte gut daran getan, ihm zu vertrauen. Der äußere Schein kann völlig irreführend sein. Sodom war bis ins Innerste hinein verdorben, es taugte nur noch zur Zerstörung.

Kap. 20: Eine letzte Glaubenskrise

Etwa 25 Jahre waren vergangen (12,4 + 21,5), seit Abraham in Kanaan angekommen war und in Ägypten beinahe alles verdorben hätte. Jetzt tut er es gerade noch einmal. Er geht nach Gerar, das auf dem Weg nach Ägypten liegt. Dort gibt er plötzlich der Furcht Raum (V. 11), und vor unseren Augen läuft eine fast exakte Wiederholung des früheren Fiaskos in Ägypten ab. Aber wie damals, so rettet ihn Gott auch hier. Die Botschaft ist klar: Der Mensch, der es über viele Jahre gelernt hat, im Glauben zu leben, kann immer noch schwanken, aber solange seine Sünde nicht in bewußter Rebellion besteht, wird Gott ihn nicht fallen lassen. Schließlich hat Gott das innige Verlangen, zu ermutigen und Glauben aufzubauen, nicht ihn zu zerstören, uns für die

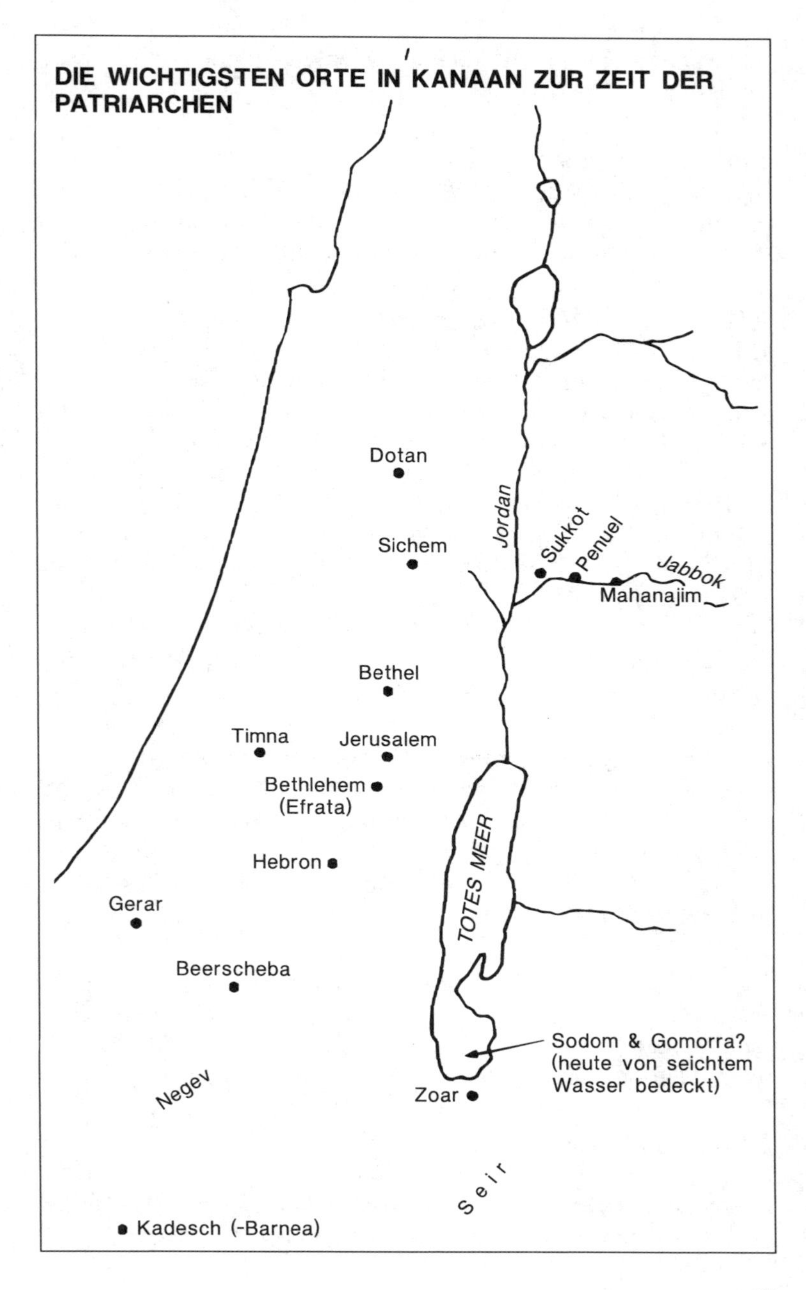
DIE WICHTIGSTEN ORTE IN KANAAN ZUR ZEIT DER PATRIARCHEN
Dotan
Jordan
Sukkot
Penuel
Jabbok
Sichem
Mahanajim
Bethel
Timna
Jerusalem
Bethlehem
(Efrata)
TOTES MEER
Hebron
Gerar
Beerscheba
Sodom & Gomorra?
(heute von seichtem
Wasser bedeckt)
Negev
Zoar
Seir
Kadesch (-Barnea)

Mitarbeit zu gewinnen und nicht, sich die Hände von uns reinzuwaschen.

Kap. 21,1-21: Isaaks Geburt
Wir sind nun beim Augenblick der Erfüllung für Abraham angelangt. Isaak wird geboren, und Ismael wird zur gegebenen Zeit weggeschickt, um einer anderen Berufung nachzukommen.

Kap. 22: Abraham wird aufgefordert, Isaak zu opfern
Danach, als kein anderer Erbe mehr übrig ist, fordert Gott als letzte Prüfung seines Glaubens Abraham auf, Isaak zu opfern. Abraham hat aber mittlerweile gelernt, Gott zu vertrauen und im völligen Gehorsam gegenüber seinem Wort zu wandeln.

In der 'Opferung' Isaaks können wir ein schattenhaftes Vorbild des gesamten israelitischen Opferkultes und des endgültigen Opfers Christi erblicken, denn nach 2. Chr 3,1 ist der Berg Morija der Ort, an dem später der Tempel stehen sollte. Aber jetzt war es noch nicht soweit. In dieser Episode, die ähnlich bewegend ist wie der Bericht von der Kreuzigung, gab Gott nur einen Vorgeschmack davon, was es ihn selbst noch kosten würde.

21,22-34 + 23,1-20: Abraham läßt sich endgültig nieder
Nach der Geburt Isaaks richtet sich Abraham in Beerscheba ein, und als Sara stirbt, kauft er einen Begräbnisplatz in Hebron. In beiden Handlungen sehen wir Zeichen seines Glaubens, daß Gott eines Tages seine Zusage, dieses Land seinen Nachkommen zu geben, erfüllen werde.

Kap 24: Abraham fädelt Isaaks Ehe mit Rebekka ein
Abraham muß jetzt nur noch dafür sorgen, daß sein Sohn heiratet, damit sichergestellt ist, daß sich der zweite Teil der Verheißung weiter erfüllen kann.

Kap. 25,1-11: Abrahams Tod
Abraham wird neben Sara zur letzten Ruhe gebettet, auf dem Landstück, das er gekauft hatte als Zeichen seines Glaubens an eine umfassendere Landnahme, die noch folgen werde.

Einige von den Geschichten in den letzten Kapiteln, die wir nur leicht überflogen haben, gehören zu den schönsten und bewegendsten des Alten Testaments, aber eine genauere Untersuchung würde dem Thema, das wir herausgearbeitet haben, wenig Neues hinzufügen. Grundlegend haben wir gesehen, wie Abraham mit der Vision und der Berufung, die Gott ihm am Anfang gegeben hatte, zu leben lernte. In beiden Testamenten wird er als ein Glaubensheld beurteilt: In 2. Chr 20,7 und Jes 41,8 wird er Gottes 'Freund' genannt, und in Röm 4,20 sagt Paulus zu Recht von ihm: 'er zweifelte nicht an der Verheißung Gottes durch Unglauben'. Tatsache ist, daß Abraham nie seinen grundlegenden Glauben an die Vision und die Verheißungen, die Gott ihm gab, verloren hat. Niemals hat er seine Berufung zurückgewiesen oder gegen Gott rebelliert, noch hat er sich zu anderen Göttern hin abgewandt. Gewiß hat er von Zeit zu Zeit geschwankt, aber sein Problem bestand nicht im Verlust des Glaubens, sondern darin, nicht sehen zu können, wie Gottes Absichten erreicht werden konnten, ohne daß er selbst Lösungen herbeiführte. Aber genau das wollte Gott nicht; die Zusammenarbeit, die er forderte, war einfach Glaube, Zutrauen oder Vertrauen. Er verlangte von Abraham nicht, Unmögliches zu vollbringen, sondern ihm zuzutrauen, daß er es tun würde – wogegen Abraham mit all seinen eigenen Bemühungen lediglich eine Spur der Verwüstung hinterließ.

Abraham war genau wie wir. Auch wir müssen die Lebensweise des Glaubens lernen, und darum ist es so ermutigend für uns festzustellen, daß Abraham im Weitergehen 'stark wurde im Glauben und Gott die Ehre gab' (Röm 4,20). Etwas von dieser Ehre zeigt sich in den abschließenden Geschichten der Kap. 22-25. Dort sehen wir die Früchte der Ermutigung durch Gott. Er hat Abraham nie verurteilt, wenn er sich schwertat, sondern er hat ihn erneuert, damit er wieder glauben konnte und hat ihn darin ermutigt durch die wiederholte Erinnerung an die Vision, der zu dienen er berufen war. Gott weiß um unsere Unzulänglichkeiten, wenn er uns beruft, und er möchte uns in der Zusammenarbeit mit ihm ermutigen, nicht wegen unserer echten Schwachheiten verurteilen, von denen er uns doch erlösen will. (Im Falle von bewußter Rebellion ist es freilich etwas anderes, wie wir später sehen werden, wenn wir die Geschichten von Israels Wüstenwanderung betrachten.)

3. ISAAK (1. MOSE 21-35)

Obwohl er als Kind der Verheißung geboren (Kap. 21) und vom Engel des HERRN auf dem Berg Morija in dramatischer Weise beschützt worden war (Kap. 22), ist die Geschichte Isaaks ziemlich farblos. Sie scheint kaum mehr als eine Brücke zu sein zwischen Abraham, dem erhabenen Urgroßvater Israels, und Jakob, seinem unmittelbaren Stammvater.

Kap. 24: Isaak heiratet Rebekka
Abraham sendet hin zu seiner Verwandtschaft in Nordmesopotamien, um von dort eine Frau für Isaak holen zu lassen, damit die Verheißung in der Familie bliebe. Gott billigt dies offensichtlich. Wir haben hier eine der Glaubensgeschichten in 1. Mose vor uns, die schön glatt ablaufen. Rebekkas Vater und ihr Bruder fassen das Geschehen treffend zusammen: 'Das kommt vom HERRN, darum können wir nichts dazu sagen, weder Böses noch Gutes. Da ist Rebekka vor dir, nimm sie und zieh hin' (V. 50)!

Kap. 25: Jakob und Esau werden geboren
Als Abraham starb, hinterließ er alles Isaak, wie Gott es zuvor gesagt hatte (V. 5). Ganz sachlich werden wir darüber informiert, daß Rebekka unfruchtbar gewesen war, aber Isaak betete, der HERR hörte, und Rebekka wurde schwanger (V. 21). So kamen die Zwillingsbrüder Esau und Jakob auf die Welt.

Kap. 26: Bleib in diesem Land!
Dies ist die einzige Geschichte, die uns über die Tatsache hinaus, daß Isaak Vater zweier Söhne war und seinen Segen an Jakob weitergab, auch etwas aus seinem Leben erzählt. Es ist eine sehr bezeichnende Geschichte, denn sie wiederholt die Begebenheit von Kap. 12 und 20 praktisch noch einmal. 'Es kam aber eine Hungersnot ins Land nach der früheren, die zu Abrahams Zeiten war' – und Isaak bog ab in Richtung Ägypten und tat damit genau das, was schon sein Vater vor ihm getan hatte. Bezeich-

nenderweise ist es in Gerar, wo Gott ihn aufhält: 'Zieh nicht hinab nach Ägypten, sondern bleib im Land ...', und beinahe hätte er sich auch noch derselben Sünde schuldig gemacht wie Abraham. Trotzdem segnet ihn Gott auch weiterhin wie Abraham – nach Meinung einiger seiner Nachbarn, zu sehr!

Es scheint, als sei es die Hauptabsicht dieser Geschichte, einzuschärfen, daß die Lektionen des Glaubens und des Gehorsams in jeder Generation neu gelernt werden müssen, und daß der Garten Eden weder durch eine Evolution, noch durch Erziehung, noch einfach im Laufe der Zeit wiedererlangt werden kann. Der Mensch wird immer die Tendenz haben, in irgend ein 'Ägypten' zu fliehen, wo die Bedingungen scheinbar nicht so hart sind, anstatt im Glauben festzustehen. Die Herausforderung wird sich in der nächsten Generation wieder erheben, und bedauerlicherweise endet das 1. Buch Mose damit, daß Gottes Volk tatsächlich nach Ägypten weggezogen ist, wiederum wegen einer Hungersnot.

Danach hören wir nicht mehr viel über Isaak, nur daß er seine Kinder segnete (Kap. 27) uns schließlich von ihnen begraben wurde (35,27-29).

Isaaks Geschichte ist nicht sehr aufregend, aber sie spielt dennoch eine wichtige Rolle in unserem großen Drama der Erlösung. Gott verlangte von Isaak keine neuen Entscheidungen von großer Tragweite, er sollte nur die Berufung und den Segen an seinen Sohn weitergeben. Sein Glaube kann daran erkannt werden, daß er die Verheißungen, die Gott seinem Vater gegeben hatte, annahm, ihnen Glauben schenkte, die einfache Aufgabe des Weitergebens zuverlässig erledigte und so die Kontinuität wahrte für die nächste Generation und auf eine Zeit hin, in der Gott wiederum auf dramatische Weise handeln würde. Nicht alle biblischen Gestalten sind große Abenteurer wie Abraham. Die meisten sind ziemlich gewöhnliche Leute, die ein ebenso gewöhnliches Alltagsleben führen. So sollte es auch sein, denn das Leben spielt sich ja größtenteils bei alltäglichen Menschen ab, nicht bei Superhelden, und es ist gut zu wissen, daß auch sie mit ihrer Treue im Kleinen eine durchaus wichtige Rolle spielen.

4. JAKOB (1. MOSE 25-50)

Jakobs Geschichte führt uns vor Augen, wie fest Gottes Absicht ist, sein Vorhaben auszuführen, denn Jakob ist ein höchst unpassender Kandidat dafür, Träger der Verheißung zu werden. Die Geschichte erzählt, wie Gott einen Menschen über viele Jahre hin geduldig läutert und umformt, um aus ihm ein geeignetes Werkzeug seines Willens zu machen.

25,19-34: Jakob raubt Esau das Erstgeburtsrecht
Sämtlichen optimistischen Illusionen, die wir uns bezüglich des menschlichen Potentials zu moralischem und geistlichem Fortschritt von einer Generation zur nächsten vielleicht gemacht haben, wird beim ersten Blick auf das Leben Jakobs schonungslos der Boden entzogen. Er ist der zweitgeborene von den Zwillingen und hat ein ruhigeres Temperament als sein Bruder. Esau, offensichtlich sehr mannhaft, ein geübter Jäger, der am liebsten draußen auf dem freien Gelände umherstreift, ist der Lieblingssohn seines Vaters; Jakob dagegen ist ein Stubenhokker, ein verwöhntes Muttersöhnchen. Schon bei unserer ersten Begegnung mit ihm zeigt sich sein verachtenswerter Charakter, wenn uns erzählt wird, wie er Esau rücksichtslos sein Erstgeburtsrecht (seinen Anteil am väterlichen Besitz) abnötigt in einem Augenblick, in dem dieser zu schwach und erschöpft ist, an etwas anderes zu denken, als ans Essen.

27,1-40: Jakob stiehlt Esau den Segen
Die zweite Geschichte ist nicht minder empörend. Mit Hilfe seiner Mutter führt er listig seinen betagten, mittlerweile erblindeten Vater hinters Licht, damit dieser ihm den Segen gibt, der rechtmäßig Esau zusteht, und gebraucht dabei sogar den Namen Gottes, um seine Lüge zu bekräftigen (V. 20).

27,41 – 28,9: Jakobs Flucht vor Esau
Esau hegt Mordabsichten, und Rebekka schickt Jakob aus Furcht um sein Leben zu ihrem Bruder Laban nach Haran. Sie erreicht Isaaks Zustimmung mit dem Argument, Jakob solle nicht wie Esau ein Mädchen aus der einheimischen Bevölkerung heiraten, da die beiden, die Esau geheiratet hatte, doch nur Ärger

verursachten (vgl. 26,34f). So entläßt Isaak seinen Sohn Jakob mit seinem Segen und dem Gebet, daß dessen Nachkommen die Erfüllung der Verheißung Gottes an Abraham sehen mögen. Voll Zorn geht Esau hin und heiratet ein weiteres einheimisches Mädchen, seinem Vater zum Trotz!

28,10-22: Jakob begegnet auf seiner Flucht Gott

Während wir sehen, wie Jakob weggeht, drängt sich uns die Frage auf, wie es möglich sein kann, daß diese arme Seele, dieser gejagte Flüchtling zum neuen Verwalter von Gottes Verheißung wird. Doch glücklicherweise urteilt Gott nicht nach unseren Maßstäben. Jakobs Vision in Bethel ist eindrücklich, nicht zuletzt wegen ihrer Erhabenheit, aber auch wegen der Tatsache, daß darin keinerlei Verdammnis zum Ausdruck kommt. Sie spricht nur von Gottes letztendlicher Absicht, versichert Jakob, daß das letzte Gebet seines Vaters völlig mit dem Willen Gottes übereinstimmte, und daß er alles, was er Abraham verheißen hatte, nun Jakob verhieß. Diese Begegnung allein genügt, um Jakob zu überführen und ihn dazu zu bringen, sich in den Dienst Gottes zu stellen. Als Jakob seinen Weg fortsetzt, ist er ein anderer Mensch, der nun Ehrfurcht hat vor dem Gott, dessen Namen er damals so leichtfertig in den Mund genommen hatte.

Kap. 29-30: 21 Jahre im Exil bei Laban

In Laban trifft Jakob seinen Meister und befindet sich nach einem ähnlichen Handel, wie er ihn damals mit seinem Bruder abgeschlossen hatte, am Ende wieder auf der Gewinnerseite. Bei alldem scheinen es für ihn glückliche Jahre gewesen zu sein. Er heiratet zuerst Lea und dann Rahel und hat mit ihnen und ihren Mägden elf Kinder. Seine Viehherden wachsen und trotz des Versuchs von Laban, ihn um seinen rechtmäßigen Lohn zu betrügen, wurde er 'über die Maßen reich, so daß er viele Schafe, Mägde und Knechte, Kamele und Esel hatte' (30,43).

Wir beginnen zu sehen, daß Gott tatsächlich im Leben dieses Mannes seine Verheißungen erfüllt. In ihm erwacht nun das Verlangen, nach Hause zurückzukehren (30,25).

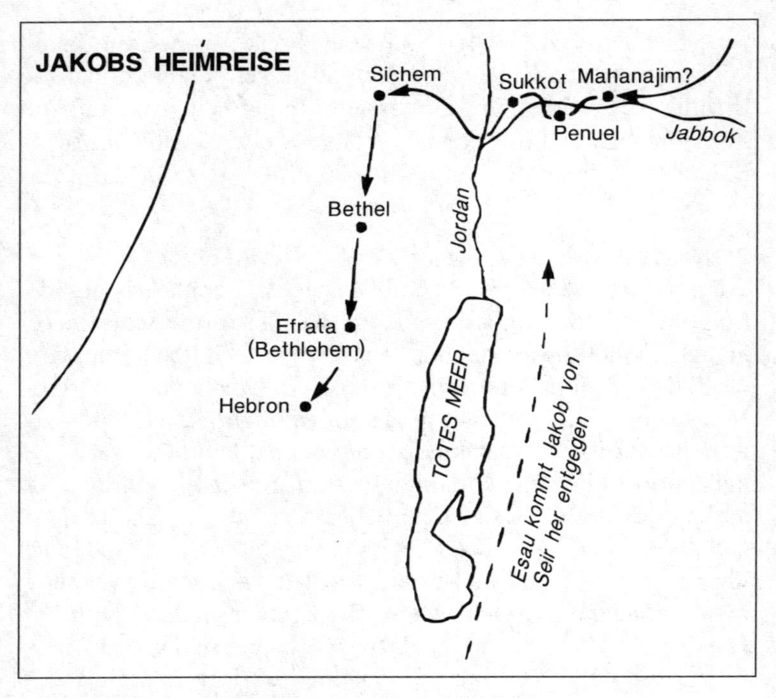

Kap. 31: Jakobs unanständiger Abgang bei Laban
Die Beziehungen auf Labans Bauernhof sind angespannt. Seine Söhne sind neidisch auf Jakob wegen seines wachsenden Reichtums, und dieser ist sich des veränderten Klimas unangenehm bewußt. Mit einer Erinnerung an seine Berufung drängt ihn nun der HERR, von dort wegzugehen. Aber Jakob, mehr von der Furcht geleitet als vom Vertrauen (V. 31), flieht heimlich mit seiner Familie. Laban ist natürlich wütend, besonders weil seine Hausgötzen auf einmal verschwunden sind. Am Ende trennen sich Laban und Jakob doch noch im Guten, aber die Geschichte ist in ihren Einzelheiten nicht sehr aufbauend. Jakob hat sich seit seinem Weggang von Kanaan schon sehr verändert, aber er ist immer noch kein Mann, dessen Lebenswandel zu großen Hoffnungen Anlaß geben würde.

Kap. 32: Jakobs erneute Gottesbegegnung auf dem Heimweg
Je näher er der Heimat kommt, um so mehr hat er Angst. Er weiß zwar, daß die Engel Gottes mit ihm sind (v. 2), aber die Aussicht, Esau zu treffen, versetzt ihn in Schrecken, und so greift er zu Verzweiflungstaktiken. Aber er betet auch (V. 10). Dann schickt er seine Besitztümer, Herden und Knechte und zuletzt seine Frauen und Kinder voraus und bleibt allein zurück. Dort am Jabbok 'ringt' er mit Gott. Er geht aus diesem Kampf zwar hinkend, aber als ein neuer Mensch mit einem neuen Namen hervor: Israel.

Kap. 33: Er versöhnt sich mit Esau und läßt sich in Sichem nieder
Als sich Esau nähert, versteckt sich Jakob nicht mehr im Hintergrund, sondern er geht mutig voraus, um seinen Bruder zu treffen (V. 3). Die Spannung ist vorüber, und die beiden versöhnen sich. Jakob zieht daraufhin weiter nach Sichem, wo sich Abraham nach seiner Ankunft aus Haran zuerst aufgehalten hatte (12,6f). Wie sein großer Vorgänger baut Jakob dort einen Altar, aber er kann ihn jetzt dem 'Gott Isarels' weihen (V. 20). Israel, d. h. wenigstens sein Kern, ist nun im verheißenen Land angekommen!

Kap. 34: Das Blutbad von Sichem
So sehr sich Jakob auch verändert hat, er ist immer noch bereit zu lügen. Er hat keinesfalls die Absicht, nach Seir (Edom) zu gehen, aber er ist nicht fähig, das frei heraus zu sagen (33,14). Wir haben es nicht mit Menschen zu tun, die, der Wirklichkeit entrückt, eine sündlose Vollkommenheit erreicht hätten, sondern mit Leuten wie wir, die immer noch auf Gottes Gnade angewiesen sind, auch nachdem er schon so viel in ihrem Leben getan hat. Diese Wahrheit wird nirgends besser illustriert als in diesem Kapitel, wo wir zusehen müssen, wie die große Verheißung, die in Jakobs Ankunft in Sichem lag, durch das Verhalten seiner Kinder zunichtegemacht wird. Natürlich ist Jakob wütend, aber es bleibt ihm nichts anderes übrig, als an einen anderen Ort zu ziehen.

Kap. 35: So zieht er nach Bethel und läßt sich dort nieder.
Nachdem er sich und seine Familie erneut Gott geweiht hat, kehrt er nach Bethel zurück, wo er seine erste Begegnung mit dem HERRN hatte, und läßt sich dort nieder. Er errichtet einen neuen Altar, und Gott bekräftigt wiederum seine Verheißungen, die er zuvor Abraham gegeben hatte. Danach macht er sich auf, um seinen alten Vater zu besuchen. Auf dem Weg finden zwei tragische Ereignisse statt: Rahel stirbt bei der Geburt ihres zweiten Sohnes Benjamin, und Jakobs ältester Sohn Ruben schläft mit Bilha, der Magd Rahels, die zwei von Jakobs Kindern geboren hatte. Bald nachdem Jakob bei seinem Vater angekommen ist, stirbt Isaak.

So sehr wir uns auch über die Ankunft Israels in Kanaan freuen mögen, die Geschichte trägt weiterhin durchgängige Züge von Tragik und Sünde. Auf dramatische Weise werden wir daran erinnert, daß jeder Fortschritt, der erreicht wurde, Gott zu verdanken ist und nicht dem Menschen.

Kap. 36: Die Nachkommen Esaus
Dieses Kapitel gibt uns einen Überblick über die Linie Esaus, bevor wir die Geschichte von Jakobs Kindern verfolgen. Theologisch fügt es unserer Geschichte nichts hinzu, außer uns daran zu erinnern, daß Gott seine Erlösungsabsichten nur mit den Kindern seiner Wahl verwirklicht und nicht mit allen Nachkommen Abrahams.

Kap. 46: Jakob zieht nach Ägypten hinab
Gegen Ende seines Lebens stellen wir fest, daß Jakob wichtige Lektionen des Glaubens gelernt hat, einige besonders gründlich. Das zeigt sich an seinem Unwillen, nach Ägypten zu gehen, im Gegensatz zu Abraham und Isaak, die in ihren späteren Jahren dazu neigten, nach Ägypten abzubiegen. Als die Zeit dafür gekommen ist, muß ihm Gott selbst versichern, daß es diesmal sein muß (V. 3f).

Kap. 48-49: Jakobs letzte Tage
Die letzten Szenen zeigen uns einen großen Mann des Glaubens, der im Alter seine Kinder und Enkel segnet und auf die Erfüllung von Verheißungen zurückblickt, die ihm Gott in seiner abtrün-

nigen Jugendzeit geschenkt hatte (48,3f), und der prophetisch vorausblickt auf die kommenden Jahre, bis auf jenen Tag, an dem Gott diese Verheißungen durch die erneute Rückführung Israels in sein Land gänzlich erfüllen würde (48,21f).

5. DIE SÖHNE JAKOBS/ISRAELS (1. MOSE 37-50)

Da es nun zwölf Nachkommen Abrahams gibt, konzentriert sich das Drama nicht länger nur auf einen einzelnen Menschen. Trotzdem bleiben die Probleme im wesentlichen dieselben; die Neigung des Menschen und der Wille Gottes werden weiterhin miteinander in Konflikt geraten. Der Hauptunterschied besteht darin, daß sich dieser Konflikt nun vervielfacht, denn die Spannungen bestehen nicht mehr nur zwischen einem Menschen und Gottes Absichten, sondern zusätzlich zwischen den unterschiedlichen Mitgliedern der Gruppe. Und schon sehen wir, wie die Gruppe durch Neid und Streit auseinandergerissen wird. Wenn wir uns schon vorher gefragt haben, wie Gott seine Absichten mit Männern wie Abraham und Jakob erreichen konnte, wieviel mehr müssen wir uns das erst jetzt fragen? Wie kann ein streitsüchtiges Volk jemals zu einer Quelle der Hoffnung werden, nicht nur für sich selbst, sondern auch für die übrige Menschheit?

Die folgende Geschichte ereignete sich wahrscheinlich einige Zeit nach 1720 v. Chr., als die Hyksos in Ägypten an die Macht gekommen waren.

Kap. 37: Joseph wird als Sklave verkauft

Wie schon die Geschichte der letzten Generation, so beginnt auch die der nächsten damit, daß unsere Aufmerksamkeit auf ein verwöhntes Kind gelenkt wird: 'Israel hatte Joseph lieber als alle seine Söhne' (V. 3). Wie der Vater, so der Sohn, und natürlich geht die Geschichte, abgesehen von einigen Abweichungen im Detail, auch ähnlich weiter: Esau wollte Jakob umbringen, die Brüder wollten Joseph töten (V. 20); Jakob floh ins Exil, Joseph wurde ins Exil verkauft (V. 28).

Es gibt aber auch auffallende Unterschiede: Jakob schien beispielsweise an seiner Berufung ziemlich uninteressiert gewesen zu sein, bevor er floh, wogegen sich Joseph derselben sehr wohl bewußt war. Es ist geradezu dieses Wissen um seine Berufung, das ihn in dunkler Zeit aufrecht erhielt und ihn in den späteren Tagen seiner Macht davor bewahrte, sich zu rächen (siehe 45,5-8; 50,15-21). Aus den Träumen seiner Kindheit wußte er von dem Plan Gottes für sein Leben. Es muß manchmal schwer vorstellbar gewesen sein, daß er sich jemals erfüllen könnte, aber Joseph lebte offenbar in der Zuversicht, daß er sich erfüllen würde, und darin liegt für uns heute viel von der Anziehungskraft dieses Ältesten im Glauben.

Anders als Jakob ist Joseph auch nicht der alleinige Träger der Verheißung. Jakob war Esau vorgezogen worden, wie auch Abel und Seth Kain vorgezogen worden waren, aber Joseph durfte nicht auf die gleiche Weise von seinen Brüdern abgetrennt werden. Alle zwölf bilden zusammen das Kindschaftsvolk Israel. Und doch wurde innerhalb dieser Gruppe Joseph besonders erwählt als der einzige, durch den ihre gemeinsame Berufung gesichert werden sollte. Durch die ganze Bibel hindurch ist es die normale Weise Gottes, durch einen Menschen besonders zu wirken. Die Berufung dazu ruft bei denen, die sich um einen solchen Erwählten herum befinden, regelmäßig eine schreckliche Eifersucht hervor. Diese Eifersucht verursachte schon den Tod Abels und sollte wiederholt das Werk Moses gefährden. Hier hätte sie beinahe das Volk Gottes im Kindheitsstadium ausgelöscht, und bis heute bedrohen ähnliche Formen von Eifersucht weiterhin das Werk des HERRN in vielen christlichen Gemeinden auf der ganzen Welt.

Kap. 38: Juda und seine Familiensünde

Unsere Enttäuschung nimmt noch zu, wenn wir nun lesen, wie Juda, einer der Brüder, der im letzten Kapitel noch verhältnismäßig gut weggekommen ist und darum vielleicht einen Anlaß geboten hätte, auf Besseres zu hoffen, sich nun in eine Reihe schmutziger Ereignisse verwickelt, von denen man auch bei äußerster Anstrengung der Vorstellungskraft nicht sagen kann, sie würden zur Ehre Gottes dienen.

Kap. 39-41: Der HERR ist mit Joseph

In Ägypten ist Joseph zunächst der Sklave eines Offiziers, wird dann aber ins Gefängnis geworfen, obwohl er unschuldig ist.

Nachdem er die Träume des Pharao richtig gedeutet hat, wird er an den königlichen Hof befördert und bekommt die Verantwortung für die Staatswirtschaft übertragen. Dank seiner sorgfältigen Vorkehrungen hat Ägypten mehr als genug Vorräte für die Zeit der Hungersnot.

Die Geschichte vom Aufstieg Josephs ist ein Meisterstück der Literatur, aber für uns zeichnet sie sich in erster Linie dadurch aus, daß sie alles, was geschehen ist, Gott zuschreibt. 'Der HERR war mit Joseph, so daß er Erfolg hatte', 'der HERR gab ihm Gelingen in allem, was er tat' (39,2.3; vgl. 39,5.21.23; 41,16.51f). Sogar der Pharao anerkennt, daß Gottes Hand auf diesem Mann ruht, und allein aus diesem Grund, nicht einfach deshalb, weil er einen Traum auslegen kann, setzt er ihn in sein hohes Amt ein und verleiht ihm Autorität (41,38f). Dadurch werden wir lebhaft daran erinnert, daß der Ausgang unserer Geschichte letztlich nicht von den zwölf Söhnen Jakobs abhängt, und darin liegt für uns der wirkliche Grund zur Hoffnung.

Kap. 42-45: Joseph wird wieder mit seinen Brüdern vereint
Bei den Leuten in Kanaan nimmt mittlerweile der Hunger zu. In einer zutiefst bewegenden Erzählung lesen wir, wie die Söhne Jakobs nach Ägypten hinabziehen, um Getreide zu holen und am Ende von ihrem Bruder, den sie versucht hatten umzubringen, eingeladen werden, sich dort im Land niederzulassen.

Als Joseph sich seinen Brüdern zu erkennen gibt, offenbart er ihnen auch das göttliche Geheimnis hinter dem ganzen Geschehen: 'Gott hat mich vor euch hergesandt, daß er euch übriglasse auf Erden und euer Leben erhalte … ihr habt mich nicht hergesandt, sondern Gott' (45,7.8).

46,1 – 47,12: Jakob, seine Söhne und ihre Familien lassen sich in Ägypten nieder
Während wir hinter allem, was passiert ist, Gottes Hand sehen können, haben wir seit längerer Zeit seine Stimme nicht mehr gehört. Er hat oft zu Abraham geredet und ihm seine Verheißung dargelegt und immer wieder bekräftigt (Kap. 12-22); er hat zweimal zu Isaak gesprochen, um ihn an die Verheißung Abrahams zu erinnern und sie auf ihn zu übertragen (26,2-5.24); er sprach zu Jakob, als er floh und als er nach Hause zurückkehrte,

wiederum hauptsächlich über seine Rolle als Erbe der Verheißung (28,13-15; 31,3.13; 32,22-32; 35,1.9-12). Aber seit Jakobs Rückkehr nach Bethel hat er nichts mehr gesagt. Jetzt spricht er noch einmal, zum letzten Mal in 1. Mose, und was er sagt, überrascht uns (46,2-4).

Abraham und Isaak hatte es in Zeiten der Hungersnot stets nach Ägypten getrieben, und Gott mußte sie zurückholen. Nun kommt auch Jakob unter ähnlichen Umständen nach Ägypten hinab. Verständlicherweise zögert er, und auch wir fragen uns mit ihm, ob diese Umsiedlung nicht wieder das Werk Gottes gefährdet. Seltsamerweise verneint dies Gott: 'Fürchte dich nicht, nach Ägypten hinabzuziehen'. Die Anweisung ist das genaue Gegenteil von dem, was seinen Vätern befohlen wurde, aber Gott versichert ihm, daß er in Ägypten seine Absicht weiterverfolgen und schließlich sein Volk nach Kanaan zurückbringen werde. Wenn wir den Fortgang der Geschichte nicht kennen würden, wäre es schwierig, den Plan Gottes zu verstehen; aber in solchen Situationen wird der Glaube geprüft, so wie Abraham geprüft worden war, als er im Widerspruch zu allem, was er bisher begriffen hatte, aufgefordert wurde, Isaak zu opfern. Es war ein Wunder nötig gewesen, um den Schlamassel zu bereinigen, den ein einziger Mann angerichtet hatte, der nach Ägypten gegangen war, aber hier geht es schon um ein sich entwickelndes Volk – nicht auszudenken, was sich da für Probleme ergeben könnten. Gottes Wort 'fürchte dich nicht' lädt darum Jakob und auch uns ein, unsere Besorgnis beiseite zu legen und diesem Rätsel, wie auch der Zukunft überhaupt, zuversichtlich entgegenzutreten.

47,13 – 50,14: Jakob segnet seine Kinder, bevor er stirbt
Die Hungersnot nimmt ihren Lauf, aber dank der fürsorglichen Verwaltung Josephs sind seine Angehörigen gut eingedeckt.

Jakob ist jetzt ein alter Mann. Joseph muß ihm versprechen, ihn in Kanaan zu begraben; er segnet die beiden Söhne Josephs, Ephraim und Manasse; dann spricht er über jeden seiner zwölf Söhne einen prophetischen Segen. Als es soweit ist, wird er im Familiengrab beigesetzt, neben Abraham und Sara, Isaak und Rebekka und seiner eigenen Frau Lea. Die Geschichte drückt eher Hoffnung als Traurigkeit aus. Sie lenkt unsere Gedanken weg von Ägypten, zurück nach Kanaan, denn die Rückkehr von Jakobs Leichnam dorthin läßt uns bereits eine viel gewaltigere Rückkehr erahnen. Schließlich entsprach dies dem Glauben Jakobs: 'Ich sterbe; aber Gott wird mit euch sein und wird euch zurückbringen in das Land eurer Väter' (48,21).

50,15-26: Josephs Hoffnung und Vision vor seinem Tod
Nach dem Tod Jakobs versichert Joseph seinen immer noch mißtrauischen Brüdern, daß bei allem, was geschehen war, Gott seine Hand im Spiel gehabt hatte (V.20), und mit seinem letzten Atemzug will er noch einmal ihren Glauben an Gottes Vision für ihre Zukunft anfachen: 'Gott wird euch gnädig heimsuchen und aus diesem Lande führen in das Land, das er Abraham, Isaak und Jakob zu geben geschworen hat' (V. 24).

Und wie steht es mit der Verheißung, daß alle Geschlechter auf Erden gesegnet werden sollen?
Die dramatische Frage, die in der Geschichte des 1. Buches Mose aufgeworfen wird, bezieht sich auf die ständige Spannung zwischen Gottes Absichten, wie sie in seinen Verheißungen zum Ausdruck kommen, und der offenkundigen Unfähigkeit des Menschen, an der Verwirklichung der Vision durch einen unerschütterlichen Glauben mitzuarbeiten. Jakob geht nach Haran zurück, in das Land, aus dem sein Großvater ursprünglich aufgefordert worden war, wegzugehen. In der Zeit ihrer Prüfung biegen Abraham und Isaak in Richtung Ägypten ab, und schließlich enden die zwölf Söhne Jakobs dort. Das Bestreben des Menschen geht immer weg vom Land der Verheißung, weg von dem Ort, wo Gottes Absichten verwirklicht werden. Da stellt sich uns die Frage, ob Gott mit solchen Leuten, die im Grunde genommen nicht anders sind, als wir heute, wohl jemals ans Ziel kommen kann.

Das Problem, das sich auch hinsichtlich der Verheißung von Nachkommenschaft zeigte, ist immer da, aber wir sehen, wie Gott darauf eingeht, indem er seine Verheißung immer wieder bekräftigt, sein Volk immer wieder rettet und an den Ort der Verheißung zurückbringt, und noch in der letzten Szene des ersten Aktes in unserem geschichtlichen Drama hören wir, wie Joseph sie an Gottes bleibende Verheißung erinnert, sich ihrer noch einmal anzunehmen. Mit anderen Worten: wenn alles dem Menschen überlassen bliebe, wäre alles verloren, aber Gott sei Dank ist der Mensch nicht auf Dauer sich selbst überlassen, und darum können wir mit der gespannten Frage in die Zukunft schauen, was Gott wohl als nächstes unternehmen wird, um seinen Plan zu retten und zu verwirklichen.

Die Geschichte des 1. Buches Mose

– erinnert uns erstens daran, daß wir uns nicht eigenmächtig ins Paradies zurückversetzen können,

– teilt uns zweitens das Versprechen Gottes mit, daß er dies tun würde und

– ruft uns drittens auf, zu glauben, daß Gott das, was er sagt, auch tun kann.

Im Grunde genommen ist der Glaube sehr einfach. Er verlangt nicht von uns, das zu tun, wovon Gott gesagt hat, er würde es tun, sondern nur ihm zu vertrauen, daß er es tut. Theoretisch sollte das unser Leben in vielen Bereichen vom Druck entlasten und es uns sogar genießen lassen, aber seltsamerweise fällt uns der Glaube schwer, besonders in Krisensituationen. Aber hier kommt uns Gott entgegen, wie auch den Patriarchen, die er wiederholt ermutigt und vergewissert hat, um sie in ihrem Glauben zu stützen. Dadurch reifen und wachsen sie im Glauben, und so ist das auch heute noch.

Trotzdem wird deutlich, daß irgend eine radikalere Lösung als die in 1. Mose notwendig sein wird, wenn die Zahl derer, die im Glauben gelehrt werden müssen, zunimmt. Bisher haben wir nur den Anfang der Bewegung mitbekommen, es kommt aber noch viel mehr.

Sowohl Gottes Wort als auch sein Geist waren an der Schöpfung beteiligt und wurden durch die beiden Bäume im Garten Eden dargestellt. Die Neuschöpfung macht wiederum die Aktivität beider erforderlich. Wir haben gesehen, wie das Wort Gottes angefangen hat zu wirken, indem es Abraham und seinen Kindern eine Vision gegeben hat. Wir werden beobachten, wie sein Wirken noch zunimmt und gleichzeitig der Geist immer mehr Bewegung hineinbringt, bis beide in vollem Fluß sind – im Leben Jesu Christi.

4

Gottes Gnade in der Erlösung

2. MOSE 1-18

Die Geschichte vom Auszug aus Ägypten und der Wüstenwanderung ist, wie die Geschichten des 1. Buches Mose, im Grunde genommen die Geschichte von einem Mann des Glaubens und seinem Gott. Um Mose herum waren andere Männer und Frauen, darunter viele Leute von Format: sein Bruder Aaron, der Priester wurde, wie auch seine Söhne; seine Schwester Mirjam, die eine Prophetin war; Josua, Hur und Kaleb, die die Männer anführten; Jethro, sein Schwiegervater, von dem Mose vieles lernte; Hobab, sein midianitischer Schwager, der ihm während der vierzigjährigen Erziehung in der Wüste treu zur Seite stand; Bezalel und Oholiab, die geschickten Handwerker, die das Heiligtum und seine Geräte herstellten; und viele andere, die nicht mit Namen genannt werden, wie die siebzig Ältesten, die ihm bei der Leitung des Volkes halfen und ihn treu unterstützten, als er das Volk Gottes auf seiner unglaublichen Reise anführte. Aber letzten Endes muß Mose, wie Abraham, Isaak, Jakob und Joseph, die Last des Glaubens weitgehend alleine tragen, und darum ist die Auszugsgeschichte Moses Geschichte, denn beide sind unentwirrbar ineinander verflochten.

Diese persönliche Qualität bekleidet die nackten geschichtlichen Tatsachen mit Fleisch und Blut und formt die trockene Information um in etwas, das lebt und Leben gibt. Hier, wie schon bei unserem Studium von 1. Mose, sind wir eingeladen, in die Lebendigkeit des Dramas einzutreten und den Pulsschlag der Hauptakteure zu fühlen. Vielleicht erinnern wir uns hinterher nicht mehr an die Namen der Pharaonen und ihre Regierungszeiten, oder wir wissen noch nicht so genau, wer die Midianiter, Amalekiter, Edomiter, Moabiter und Ammoniter sind, ganz zu schweigen von den Amoritern, Hetitern, Perisitern, Kanaanitern, Hiwitern und Jebusitern; aber wenn wir einige der Glaubenslektionen lernen, die Mose gelernt hat, wenn wir etwas von seiner Vision mitbekommen und in einem gewissen Maß die Kraft

Gottes spüren, die er erfahren hat, dann werden diese Dinge in uns leben und zu einer immerwährenden Quelle der Ermutigung und Kraft in uns werden.

1. DIE WELT ZUR ZEIT DES EXODUS

Es gibt zwei Haupttheorien darüber, wann der Auszug aus Ägypten stattgefunden hat; die bekanntere von beiden datiert ihn in das 13. Jahrhundert v. Chr.

Die biblische Überlieferung setzt ihn 430 Jahre nach der Ankunft Josephs und seiner Brüder in Ägypten an (2. Mose 12,40f). Wenn sich diese Ankunft einige Zeit nach der Machtergreifung der Hyksos um 1720 ereignete, dann müßte der Auszug nach 1290 stattgefunden haben, während der Regierungszeit Ramses II. Nach der Inschrift Merenptahs befanden sich bereits um 1220 Israeliten in Kanaan, die folglich einige Jahre zuvor ins Land gekommen sein müssen. Wenn wir die Landnahme kurz vor 1230 und den Auszug vor 1270 datieren, dann müßte Mose Ende des 14. Jahrhunderts aus Ägypten geflohen sein.

In 2. Mose 1,11 wird uns mitgeteilt, daß israelitische Sklaven am Bau von Pitom und Ramses beteiligt waren. Ramses war das frühere Avaris, die alte Hauptstadt der Hyksos im Nildelta (die Stadt wird in 4. Mose 13,22 auch Zoan genannt), und wir wissen, daß Pharao Sethos I. sie durch Zwangsarbeiter wieder als seine Hauptstadt aufbauen ließ. Er regierte als unmittelbarer Vorgänger von Ramses II. ungefähr 1305-1290 und war vermutlich 'der neue König, der von Joseph nichts wußte' (2. Mose 1,8).

Es erhebt sich allerdings eine gewisse Schwierigkeit, das Datum von Moses Flucht aus Ägypten (nach Apg 7,30 vierzig Jahre vor dem Auszug) mit einer Bedrückung zur Zeit Sethos in Übereinstimmung zu bringen. Dazu müssen wir annehmen, daß die Zahl vierzig hier eher eine annähernde als eine genaue Zeitangabe ist. Auf jedenfall ermöglicht uns 2. Mose 1,11, die Zeit der Bedrückung allgemein Ende des 14. und Anfang des 13. Jahrhunderts anzusetzen, was klar darauf hindeutet, daß der Auszug irgendwann in der Regierungszeit Ramses II. stattfand.

Bei dieser Sichtweise müssen wir auch die Angabe in 1. Kön 6,1, nach der zwischen dem Auszug und dem Bau des salomonischen Tempels 480 Jahre (nach dem griechischen Text 440) liegen, als eine runde Zahl auffassen, die einen Zeitraum von zwölf Generationen (12 x 40), oder einfach eine sehr lange Zeit bezeichnet. Wenn wir die Zahl als eine genaue Angabe auffassen, müßte der Auszug ungefähr 200 Jahre früher, etwa um 1440 v. Chr. stattgefunden haben, aber dann haben wir Probleme, ihn mit dem, was wir von den Ereignissen der damaligen Zeit wissen, in Übereinstimmung zu bringen. Außerdem würden die Daten für Abraham und seine Nachkommen weiter nach hinten verschoben, als wir in diesem Buch bisher angenommen haben. Die Diskussion darüber ist sehr kompliziert und braucht uns hier nicht unnötig aufzuhalten. Wann immer der Auszug nun tatsächlich stattgefunden hat, die Geschichte des Glaubens bleibt dieselbe. Hier die beiden alternativen Datierungen im Überblick:

um 1870	Israel zieht nach Ägypten hinab (1)
1720	Die Hyksos kommen an die Macht
um 1700	Israel zieht nach Ägypten hinab (2)
1570	Vertreibung der Hyksos
um 1440	Der Auszug (1)
um 1400	Die Landnahme (1)
1305-1290	Sethos I. baut mit den Israeliten als Sklaven Avaris/Ramses wieder auf; Mose flieht aus Ägypten.
1290-1224	Ramses II.
um 1270	Der Auszug (2)
um 1230	Die Landnahme (2)
1224-1211	Merenptah
1220	Merenptah erwähnt Israel in Kanaan.

2. DER AUSZUG, EIN TRIUMPF DES GLAUBENS (2. MOSE 1-18)

Die Geschichte, der wir von 2. Mose bis 5. Mose folgen werden, ist in vielerlei Hinsicht eine triumphale Erzählung, aber auf der anderen Seite ist sie voll von denselben dramatischen Spannungen, denen wir in 1. Mose begegnet sind. Wir werden sehen, wie Mose das Volk tatsächlich aus Ägypten heraus- und zum Berg Sinai hinabführt, um Gott zu begegnen. Aber gleichzeitig werden wir hören, wie sie dabei und auch später bei jeder sich

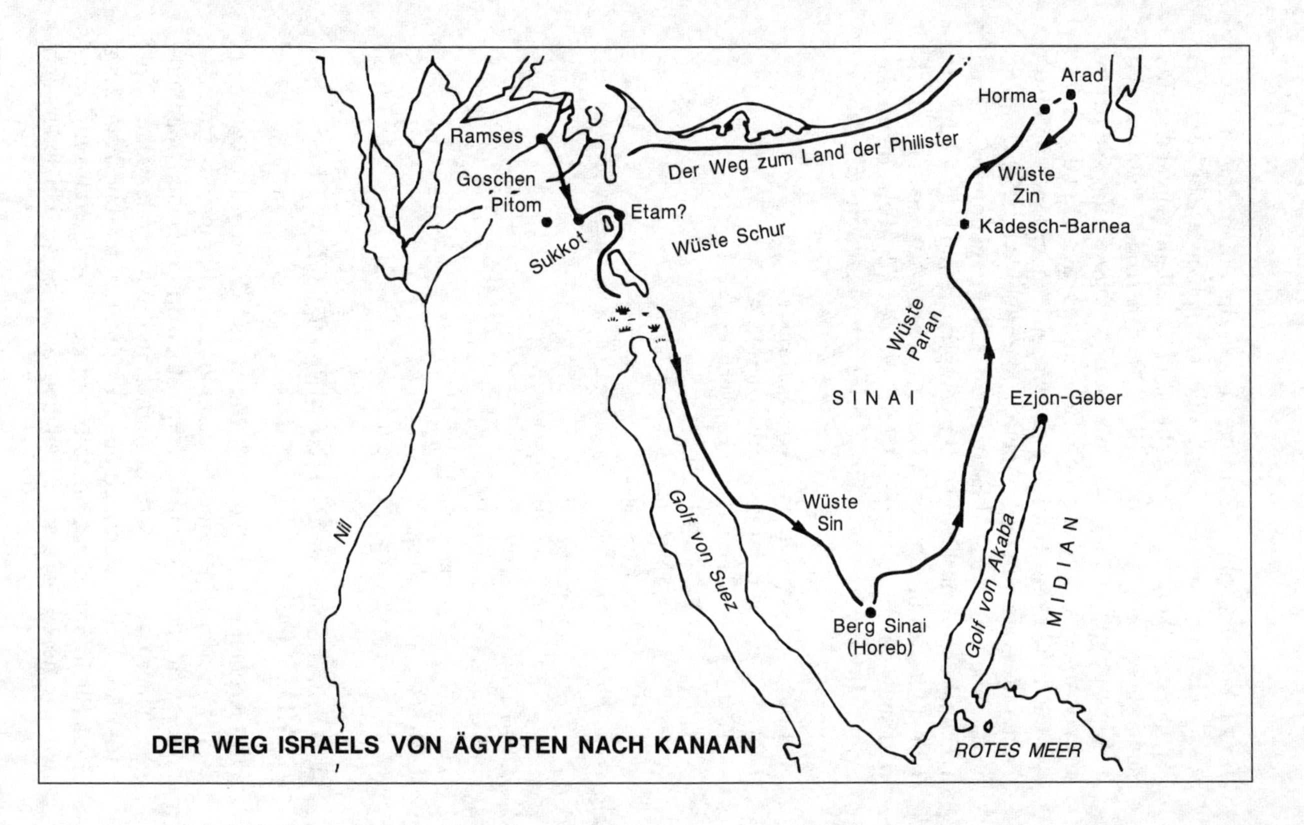

DER WEG ISRAELS VON ÄGYPTEN NACH KANAAN

bietenden Gelegenheit murren und sich beschweren, bis sie schließlich die von Gott gegebene Möglichkeit, in das Land einzuziehen, verlieren und während einer ganzen Generation in der Wüste umherwandern, bis sie endlich wieder an den Grenzen Kanaans stehen. Zunächst aber beginnen wir mit einer Geschichte des siegreichen Glaubens.

Kap. 1: Sklaven in Ägypten

Über die Israeliten während ihrer Zeit in Ägypten wissen wir praktisch nichts, außer daß sie zahlenmäßig wuchsen. Aber in dieser ruhigen Periode des Wachstums in der Verborgenheit haben sie immer die Hand Gottes gesehen, wenigstens diejenigen, die mit den Augen des Glaubens schauten. Jakob hatte von Anfang an gewußt, daß es so kommen würde (1. Mose 46,3), und die Israeliten gedachten dieses sinnvollen Abschnittes ihrer Geschichte später jedesmal, wenn sie zum Heiligtum gingen, um die Erstlingsfrüchte ihrer Ernte darzubringen (5. Mose 26,5). Um so seltsamer erscheint es, daß die runden 300 Jahre zwischen Josephs Tod und der Geburt Moses überhaupt nicht dokumentiert sind (1,1-7).

Beim Auftauchen aus dem Nebel dieser vergessenen Geschichte finden wir uns in einem Ägypten wieder, das aus Angst wegen der Bevölkerungsexplosion unter den Hebräern Unterdrückungsmaßnahmen ergreift, um ihr Wachstum und ihre Freiheit einzuschränken. Aber all das nützt nichts. Ihre Zahl nimmt weiterhin zu, denn es war Gottes Wille, daß sie zunehmen sollte. Druck von außen hindert Gott an der Verwirklichung seiner Absichten nicht so sehr, wie Unglaube innerhalb der Gemeinde.

Kap. 2: Mose wird vorbereitet

Mose wurde in einer levitischen Familie geboren und als ägyptischer Höfling erzogen. Eines Tages erwachte in ihm so etwas wie die Berufung, einem israelitischen Bruder zu helfen, aber seine edle Tat führte nur dazu, daß er aus Ägypten fliehen mußte. Er fand Zuflucht bei Jitro, hier Reguel genannt (2,18, vgl. 3,1), einem midianitischen Priester und heiratete dessen Tochter Zippora.

Als Mose während seines langen Exils die Schafe Jitros hütete, muß er sich, wie Joseph im Gefängnis, oft gefragt haben, was sein Leben wohl für einen Sinn habe. Aber Gott wußte, was er tat – er bereitete seinen Mann für die bevorstehende Aufgabe vor. Nach Apg 7,23+30 (vgl. 2. Mose 7,7) verbrachte Mose 40 Jahre am Hof des Pharao und 40 weitere damit, die Wüste zu durchwandern auf der Suche nach Weideland. Am Ende dieser Zeit muß er sowohl mit den Machtverhältnissen in Ägypten, als auch mit der Lebensweise in der Wüste so vertraut gewesen sein wie kein zweiter. Gott bereitete seinen Mann gründlich vor.

Mittlerweile schrien in Ägypten die Israeliten zu Gott, daß er ihnen Hilfe sende. Der Pharao, der Mose hatte verhaften wollen (wahrscheinlich Sethos I.) starb, und nun war der Weg frei für seine Rückkehr.

3,1 – 4,17: Gott sendet Mose, um Israel aus Ägypten herauszuführen

Alles ist in Szene gesetzt und der Hauptakteur auf seinen Part vorbereitet; er braucht jetzt nur noch seinen Text und die Aufforderung, die Bühne zu betreten. Aber als es soweit ist, zeigt sich Mose trotz der eindrücklichen Erscheinung Gottes in dem Dornbusch am Berg Horeb (= Sinai, wo Mose später das Gesetz empfangen wird) äußerst unwillig, seine Rolle zu spielen. Fünfmal hat er etwas einzuwenden, fünfmal weist Gott seinen Einwand zurück:

Wer bin ich schon? Ich bin für so eine Aufgabe nicht geeignet!
– Ich werde mit dir sein (3,11f).
Wie soll ich den Israeliten erklären, wer du bist?
– Sag ihnen, ICH BIN es, der Gott ihrer Väter (3,13-22).
Und was ist, wenn sie mir nicht glauben?
– Hier hast du drei Wunder, die kannst du gebrauchen, um sie zu überzeugen (4,1-9).
Herr, ich kann aber nicht reden!
– Wer hat deine Zunge gemacht? Ich werde dir schon helfen (4,10-12).
Bitte, Herr, schick doch einen anderen!
– Dein Bruder Aaron wird dir beistehen und für dich sprechen, wenn du das nötig hast, aber *du* bist es, den ich erwählt habe. *Du* mußt gehen (4,13-17).

Im Verlauf dieses Gespräches gibt Gott Mose sorgfältige Anweisungen, was er zu tun hat, und was er vom Pharao fordern soll:

1. Er soll die Israeliten aus Ägypten herausführen (3,10).
2. Er soll sie zu diesem Berg (Sinai) bringen, damit sie Gott hier anbeten (3,12).
3. Er soll sie nach Kanaan führen (3,17).
4. Zunächst aber soll er vom Pharao nur fordern, sie drei Tagereisen weit in die Wüste ziehen zu lassen, um dem Herrn Opfer darzubringen (3,18).
5. Er soll mit dem Volk Ägypten nicht heimlich verlassen, sondern offen, beladen mit Geschenken von den Ägyptern (3,21).

In der Geschichte, die sich nun entfaltet, werden wir sehen, wie Mose standhaft im Glauben vor den Pharao hintritt und sich weigert, Ägypten zu verlassen, bis er frei und in Übereinstimmung mit dieser Anordnung Gottes gehen kann. Zuerst war Mose unwillig, aber bald sollte er die Tiefe und Beständigkeit seiner Hingabe unter Beweis stellen, und damit auch die Tatsache, daß Gottes Kraft dem zur Verfügung steht, der gehorsam ist und an Gottes Wort glaubt. Am Ende brauchte er sich nicht auf Aaron zu verlassen, um zum Pharao zu sprechen.

4,18-31: Mose kehrt nach Ägypten zurück

Auf der Reise, so lesen wir, 'kam ihm der HERR entgegen und wollte ihn töten', aber Zippora beschnitt ihren Sohn und rettete auf diese Weise das Leben Moses. Die Geschichte ist befremdend, und wir können nicht den Anspruch erheben, sie in allen Einzelheiten zu verstehen, aber sie zeigt uns, wie nachdrücklich Gott von Mose völligen Gehorsam verlangte, daß er nicht gewillt war, den kleinsten Ungehorsam durchgehen zu lassen, und zweifellos hat Mose diese Lektion nicht so schnell vergessen.

Nach seiner Ankunft in Ägypten sind die Ältesten Israels begeistert von dem, was er ihnen zu sagen hat, aber ihre Begeisterung wird schnell verfliegen, wenn erst die Prüfung kommt. Binnen kurzem werden Mose und Aaron alleine dastehen.

5,1 – 7,5: Das erste Zusammentreffen mit dem Pharao

Wie Gott ihn angewiesen hatte, so fordert Mose, daß das Volk freigelassen werde, um drei Tagereisen weit in die Wüste zu ziehen und dort dem HERRN Opfer darzubringen. Das Ergebnis ist katastrophal: verschärfte Zwangsarbeit für das versklavte Volk und Feindseligkeit seiner Aufseher gegenüber Mose (5,1-21).

So wandte sich Mose wieder an den HERRN, der ihm versicherte, alles zu tun, was er verheißen hatte (5,22 – 6,8).

Auf diese Weise vergewissert, kehrte er begeistert zu den Israeliten zurück, 'aber sie hörten nicht auf ihn vor Kleinmut und harter Arbeit'. Genau das haben wir vielleicht erwartet und ebenso den Zweifel, der an Moses Seele zu nagen beginnt: 'Die Israeliten hören nicht auf mich; wie sollte denn der Pharao auf mich hören! Dazu bin ich ungeschickt zum Reden' (6,9-12). Es genügt schon eine kleine Krise, um unsere Glaubenshaltung in Frage zu stellen; die meisten der Patriarchen in 1. Mose haben das gelernt, und jetzt muß Mose es lernen. Aber genau bei solchen Gelegenheiten entdecken wir die Treue Gottes. Gerade als Mose versucht ist, zu seinen alten Zweifeln zurückzukehren, erinnert ihn Gott an seine ursprüngliche Antwort darauf, daß Aaron für ihn sprechen könne. So stellt Gott mit einer deutlichen Erinnerung an die Verheißung und an den Auftrag Mose wieder auf seine Glaubensfüße (6,28 – 7,5).

Kap. 7-12: Die Härte des Pharao gegen den Glauben Moses

Die ersten beiden Plagen erschienen dem Pharao als bloße Tricks, die auch seine Zauberer nachahmen konnten, aber bei der dritten wiesen sogar sie ihn darauf hin, dies sei 'der Finger Gottes' (8,15). Die übrigen Plagen haben gemeinsam, daß unerklärlicherweise die Israeliten nicht von ihnen betroffen waren, im Falle der zehnten deshalb, weil sie vorgewarnt waren und geeignete Vorsichtsmaßnahmen ergreifen konnten, sonst aber, weil die Auswirkungen der Plagen in übernatürlicher Weise auf die Wohngebiete der Ägypter beschränkt wurden. Offensichtlich hatte Gott seine Hand im Spiel, und deshalb überrascht es um so mehr, daß sich der Pharao so lange widersetzte.

Man hat den Eindruck, die Plagen folgten im Laufe einer Jahreszeit zwischen Frühling und Ernte ziemlich rasch aufeinander.

1. Zuerst verwandelt sich der Nil, die Lebensgrundlage Ägyptens, in Blut; deshalb verenden und verfaulen die Fische.
2. Eine Woche später flüchten Massen von Fröschen aus dem stinkenden Wasser und sterben in den Wohngebieten der Ägypter, weshalb der Gestank noch zunimmt.
3. Es folgt eine Stechmücken- und
4. Fliegenplage; vielleicht haben die verfaulten Fisch- und Froschkadaver zu ihrer Vermehrung geführt.
5. Bald darauf bricht eine Viehseuche aus,
6. dann eine Epidemie unter den Ägyptern selbst.
7. Ein ungewöhnlicher Hagel- und Gewittersturm vernichtet die Ernte.
8. Der Wind trägt Schwärme von Heuschrecken herbei, die das wegfressen, was der Sturm übriggelassen hat.
9. Danach ist das Land drei Tage lang in Finsternis gehüllt.
10. Schließlich sterben die Erstgeborenen der Ägypter, während die Israeliten durch das Blut der Passalämmer geschützt sind.

Die Verstockung des Pharao

Der Pharao erwies sich als schwer zu beeindrucken. Der Grund dafür lag am Anfang teilweise darin, daß seine Zauberer die Wunder nachahmen konnten (7,22; 8,3), aber danach wird als einzige Erklärung eine forschreitende Verhärtung seines Herzens angegeben. Bei seinem ersten Zusammentreffen mit Mose fragte er nur etwas überrascht und verwundert: 'Wer ist der HERR, daß ich ihm gehorchen sollte? Ich weiß nichts von dem HERRN' (5,2), aber beim zweitenmal weigerte er sich eigensinnig, zu hören, und 'sein Herz wurde verstockt' (7,13). Wenn wir den Bericht durchlesen, stellen wir fest, daß nach jeder Plage seine Verhärtung zunahm, indem er seinen Standpunkt sozusagen festbetonierte und sich weigerte, Israel ziehen zu lassen:

'Das Herz des Pharao wurde verstockt, und er hörte nicht' (7,22);
'er verhärtete sein Herz und hörte nicht auf sie' (8,11);
'das Herz des Pharao wurde verstockt, und er hörte nicht auf sie'

(8,15);
'der Pharao verhärtete sein Herz auch diesmal' (8,28);
'das Herz des Pharao wurde verstockt, und er ließ das Volk nicht ziehen' (9,7);
'der HERR verstockte das Herz des Pharao, daß er nicht auf sie hörte' (9,12);
'er versündigte sich weiter und verhärtete sein Herz, er und seine Großen' (9,34);
'der HERR verstockte das Herz des Pharao, daß er die Israeliten nicht ziehen ließ' (10,20);
'der HERR verstockte das Herz des Pharao, daß er sie nicht ziehen lassen wollte' (10,27);
'der HERR verstockte ihm das Herz, daß er die Israeliten nicht ziehen ließ' (11,10).

Dieses Fortschreiten von Kap. 5 bis 11 ist sehr vielsagend. Am Anfang wird keine Verhärtung erwähnt, erst als sich der Pharao dem Willen Gottes entgegenstellt, macht sich eine Härte bemerkbar; dann verhärtet er sich selbst in Kap. 8 störrisch und bewußt gegen Gott, bis schließlich Gott selbst diesen Prozeß steuert und sich bei der Verwirklichung seiner Absichten zunutze macht.

Es ist bemerkenswert, daß Gott sich dieser Eskalation zwar bedient, sie aber eigentlich nicht in Gang gesetzt hat. Dennoch hat er Mose schon lange, bevor er vor den Pharao trat, gesagt, daß dieser sein Herz verhärten würde, und daß die Plagen uneingeschränkt ihren Lauf nehmen müßten, bis hin zum Tod aller Erstgeborenen der Ägypter (4,21-23; vgl. 7,3f). Gott wußte, mit was für einem Menschen er es zu tun hatte und wußte darum schon im voraus ganz genau, was passieren würde; er ist aber kein herzloser Tyrann und hat noch nie das Herz eines Menschen verstockt, der nicht zuvor selbst sein Herz verhärtet hat. Vermutlich hätte Gott eine Herzensänderung beim Pharao begrüßt, und er hat ihm am Anfang auch die Möglichkeit dazu eingeräumt, aber er wußte, daß das nie geschehen würde, hat dies Mose gesagt und die Verhärtung des Pharao dazu benutzt, sein Ziel trotzdem zu erreichen. Israel mußte aus Ägypten herauskommen, mit oder ohne das wohlwollende Einverständnis des Pharao.

Es gibt immer einen leichten und einen schweren Weg der Zusammenarbeit mit Gott! Die Lektion vom Herzen des Pharao ist ein bleibendes Mahnmal für diese Wahrheit, und auch heute noch wählen viele den schweren Weg des Widerstandes, wenn Gott von ihnen verlangt, etwas zu tun. Auch Israel war langsam im Lernen. Wir werden sehen, wie es in der Wüste immer wieder versagt hat, wenn es darum ging, mit Gott willig zusammenzuarbeiten – und es hatte selten so viele Gelegenheiten dazu, wie der Pharao!

Moses Beharrlichkeit im Glauben
An mehreren Stellen der Geschichte sehen wir, wie sich der Pharao ein wenig beugt, aber nie genug, um Mose zufriedenzustellen. Nach den ersten vier Plagen lädt er Mose vor und gibt ihm die Erlaubnis, sein Opferfest irgendwo in Ägypten abzuhalten. Mose ist nicht beeindruckt; Gott hat ihm aufgetragen, weit mehr als das zu fordern (8,21-28). Nach den nächsten drei Plagen erlaubt der Pharao den israelitischen Männern, allein in die Wüste zu gehen und dort ihre Opfer darzubringen. Wieder ist Mose nicht beeindruckt (10,8-11). Nach der achten und neunten Plage ist der Pharao bereit, Männer, Frauen und Kinder ziehen zu lassen, unter der Bedingung, daß sie ihre Viehherden zurücklassen, aber Mose lehnt wiederum ab (10,24-27).

Dann endlich, nach der zehnten Plage, gibt der Pharao der Forderung Moses vollständig nach: 'Geht hin und dienet dem HERRN, wie ihr gesagt habt. Nehmt auch mit euch eure Schafe und Rinder, wie ihr gesagt habt, und geht' (12,31f). Jetzt willigt Mose ein, und während er geht, überhäufen die Ägypter die Israeliten mit Geschenken, froh darüber, daß sie endlich wegziehen. So erfüllte sich schließlich die Verheißung, die Gott Mose am brennenden Dornbusch gegeben hatte.

Eine schwächere Persönlichkeit als Mose wäre vielleicht auf einige der Kompromißangebote des Pharao eingegangen und froh darüber gewesen, wenigstens soviel erreicht zu haben, wie nach vernünftiger Einschätzung möglich erschien. Mose war keine solche Persönlichkeit. Er war noch unsicher gewesen, als er vor dem brennenden Busch gestanden hatte, aber jetzt steht er da als ein Mann mit einem erstaunlich mutigen und beharrlichen Glauben. Er kannte die Vision, die Verheißung und seinen

Auftrag, und er stand fest, bis er sah, daß Gottes Wort in Erfüllung ging. Der Pharao konnte sein Herz noch so sehr verhärten, hier stand er von Angesicht zu Angesicht einem Mann gegenüber, der einen eisernen Willen hatte – und Gott auf seiner Seite. Die Ermutigung, die von solch einer Geschichte für unseren Glauben heute ausgeht, ist kaum abzuschätzen.

12,1 – 13,16: Der Auszug
Die Passanacht war schrecklich für die Ägypter, aber für Israel bedeutete sie Rettung und Freiheit. Das Passaereignis sollte in Zukunft immer mit einem Fest begangen werden, das die Erinnerung daran lebendig erhalten sollte, wenn die Geschichte von Gottes großer Rettungstat über die Jahrhunderte hin den Kindern der Israeliten weitererzählt würde. Etwa 1300 Jahre später sollte zum Passafest eine neue und viel weitreichendere Erlösungstat vollbracht werden, als Jesus das Passamahl zum Herrenmahl machte und sich selbst als das endgültige Passalamm opferte (1. Kor 5,7), dessen Blut jetzt für den ewigen Schutz vor Gericht und Tod sorgt, wie ihn das Blut des Lammes beim Auszug einst den Israeliten geboten hatte.

Außerdem sollten die Kinder über die Erlösung Israels belehrt werden durch die Opferung der erstgeborenen Tiere und die Weihe der erstgeborenen Kinder in Erinnerung an jene schicksalshafte Nacht (13,1-16).

Es wird uns mitgeteilt, daß etwa 600.000 Männer aus Ägypten auszogen (12,37). Zusammen mit den Frauen und Kindern müssen es etwa 2.000.000 Menschen gewesen sein, eine Zahl, die in der Wüste unmöglich ernährt werden konnte, aber das Alte Testament sagt ja auch, daß ihre Versorgung auf wundersame und übernatürliche Weise geschah. Ob wir mit diesen Zahlenangaben nun Schwierigkeiten haben oder nicht (einige übersetzen das Hebräische zurück und kommen so auf eine Gesamtsumme von etwa 500.000), es ist wichtig festzuhalten, daß die Auszugs- und Wüstengeschichte in erster Linie eine Erzählung von Wundern Gottes ist, von Dingen, die Menschen niemals von sich aus zustandebringen konnten.

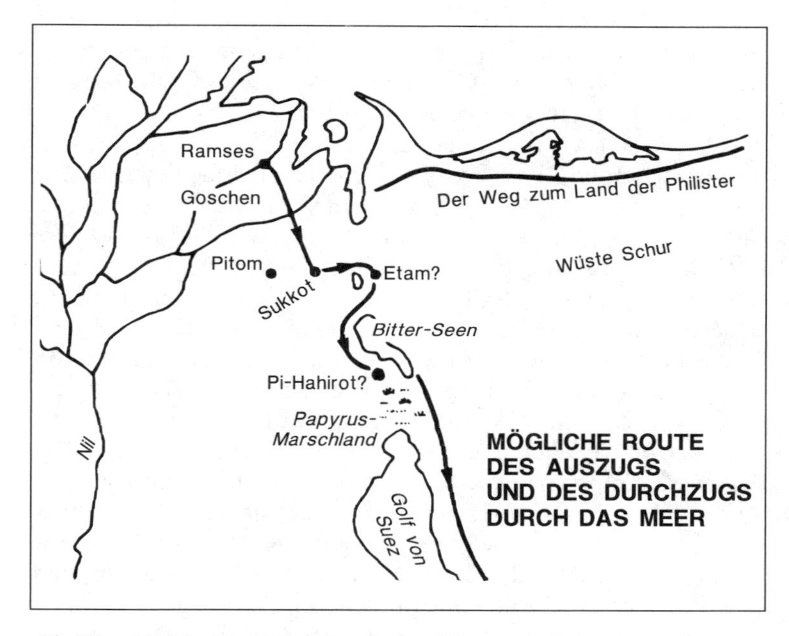

13,17 – 15,21: Der Zug durch das Meer
Die Israeliten wurden von Ramses aus zunächst in südliche Richtung nach Sukkot geführt (12,37), weil die Küstenstraße nach Kanaan von ägyptischen Armeeinheiten kontrolliert wurde. Wenn sich einige Israeliten schon darüber gewundert haben, daß sie die falsche Richtung einschlugen, so müssen sie erst recht verwirrt gewesen sein, als Mose sie vom Wüstenrand bei Etham wieder zurück in Richtung Ägypten führte. Aber Gott wußte, was er tat (13,17; 14,3). Als die Nachricht von ihren merkwürdigen Bewegungen den Pharao erreichte, zog er daraus den Schluß, die Israeliten hätten sich verirrt, worauf er die vermeintliche Gelegenheit ergriff und ihnen nachsetzte (13,20 – 14,9).

Plötzlich sitzen die Israeliten in der Falle. Die nächsten paar Verse sind höchst aufschlußreich – eine Krise bringt oft verborgene Tiefen des Charakters an den Tag. Als das Volk in Panik gerät und Mose die Schuld gibt, hält er ihnen eine erstaunlich glaubenweckende Predigt: 'Fürchtet euch nicht … Der HERR wird für euch streiten, und ihr werdet stille sein' (14,13f). Aber innerlich befindet er sich in schwerer Verlegenheit, denn unmittelbar darauf hören wir Gott sagen: 'Was schreist du zu mir? Sage den Israeliten, daß sie weiterziehen' (V. 15).

Hier sehen wir die echte Schwachheit Moses. Trotz seines überwältigenden Glaubens, den er vor dem Pharao bewiesen hat und seiner vollmächtigen Predigt an die Israeliten ist er innerlich nicht anders als alle anderen Menschen. Es war keine besondere natürliche Begabung, die ihn zu seinen Taten befähigte, sondern allein sein Glaube an Gott. Darin liegt eine Ermutigung für unseren Glauben: Wenn es einmal notwendig wird, mit dem Beten aufzuhören und anzufangen zu handeln, uns aber der Mut verläßt, dann tun wir gut daran, uns an Mose zu erinnern.

In dem Augenblilck, als Mose Schritt für Schritt vorwärtsgeht, setzen die Wunder ein, und plötzlich ist die Krise vorüber. Bald darauf hören wir, wie Mose und die Israeliten ihr Siegeslied singen. Wo man wenige Stunden zuvor panische Schreie hörte, brandet nun eine Welle der Begeisterung und des Glaubens empor, als sie über dem, was Gott getan hat, frohlocken und einen mächtigen Gesang anstimmen von den Siegen, die noch vor ihnen liegen, wenn sie Kanaan erreichen (15,1-21).

Der Ort des wundersamen Durchzugs durch das Meer ist unbekannt. Die hebräische Bezeichnung *Yam Suf* bedeutet eigentlich 'Schilfmeer' und nicht 'Rotes Meer', was eine Stelle bei den Bitterseen, nördlich des Golfes von Suez, wo Papyrus wächst, nahelegt.

15,22 – 17,7: Die Israeliten murren, aber Gott versorgt sie

Die Begeisterung der Israeliten war nur von kurzer Dauer. Von nun an hören wir sie immer wieder murren und sich beschweren, sowohl über Gott als auch über Mose, wegen der Strapazen, die sie in der Wüste aushalten müssen, hauptsächlich was die Versorgung mit Nahrungsmitteln und die Wasserknappheit angeht, Probleme, mit denen man in einem Wüstengebiet rechnen muß. Wir werden sehen, wie Gott sie immer wieder versorgt, aber die Erinnerung an seine Wunder verflüchtigt sich bald, und jede neue Krise ruft wiederum Klagen hervor. Mose bewältigt jede neue Situation, indem er sich an Gott wendet, um von ihm eine Antwort zu erhalten. Meistens ist er bewundernswert geduldig, obwohl sich gelegentlich eine gewisse Frustration bemerkbar macht, bis er schließlich in 4. Mose 20, aufs Äußerste gereizt, die Beherrschung verliert und damit auch die Gelegenheit, selbst in das verheißene Land zu kommen.

Die Versorgung, von der wir hier lesen, besteht in Wasser, Manna und Wachteln. Wenn die Wachteln auf ihrem Zug das Mittelmeer überqueren, kommen sie in dieser Gegend erschöpft an, und deshalb können sie die Israeliten auch bei einer anderen Gelegenheit wieder einsammeln, als 'ein Wind vom HERRN sie vom Meer hertrug' (4. Mose 11,31-34). Man hat verschiedentlich versucht, das Manna mit natürlichen Stoffen zu identifizieren, die dort in der Gegend vorkommen, aber keiner der Vorschläge, die gemacht wurden, erklärt das Wunder der reichlichen täglichen Versorgung, die über vierzig Jahre anhielt und dann plötzlich aufhörte, als die Israeliten die Grenze Kanaans überschritten (Jos 5,12). Das Wunder der Versorgung mit Wasser ereignet sich erwartungsgemäß mehr als einmal (15,22-27; 17,1-7; 4. Mose 20,1-13; 21,16-18). Sowohl Rephidim in 2. Mose 17 als auch Kadesch in 4. Mose 20 werden Meriba genannt, d. h. Ort des 'Haderns', und möglicherweise ruft Ps 95 beide Orte in Erinnerung.

'Dort in Ägypten saßen wir bei den Fleischtöpfen und hatten alles zu essen, was wir wollten' (16,3). Später hören wir sie sogar jammern: 'Wenn wir nur an die Fische denken, die wir in Ägypten umsonst aßen, und an die Kürbisse, die Melonen, den Lauch, die Zwiebeln und den Knoblauch' (4. Mose 11,5). Es ist erstaunlich, was einem die Erinnerung für Streiche spielen kann, wenn man unter Stress steht.

17,8-15: Der Kampf mit den Amalekitern
Bevor das eine Problem gelöst ist, erhebt sich schon das nächste. Israel wird von Amalekitern angegriffen, Nomaden, die in der Wüste südlich von Kanaan umherstreiften. Fast jedesmal, wenn wir sie antreffen, kämpfen sie gegen Israel (4. Mose 14,42-45; Ri 3,13; 6,3; 7,12), aber schließlich mußten sie von der Bildfläche der Geschichte verschwinden (5. Mose 25,17-19; 1. Sam 15). In der Zwischenzeit aber scheint es, als würden alle Kräfte mobilisiert, um Israel davon abzuhalten, den Sinai zu erreichen.

Mose nimmt Aaron und Hur mit auf einen nahegelegenen Berg, von dem aus er das Schlachtfeld überblicken kann. Während der Zeit vor Aarons Ernennung zum Hohenpriester am Sinai scheint Hur eng mit ihm zusammengearbeitet zu haben, als er Mose dabei half, die Regierung über die Israeliten auszuüben (vgl. 24,14).

Jeder Leiter, ob geistlich oder weltlich, muß einen umfassenden Überblick haben, sozusagen vom Gipfel eines Berges aus. Aber der Mann Gottes auf dem Berggipfel muß auf eine Weise für sein Volk kämpfen, die einem weltlichen Leiter unbekannt ist. Er muß einen Kampf im geistlichen Bereich führen (vgl. Eph 6,10-12), einen Gebetskampf, und wenn er den Sieg erringt, so siegt auch sein Volk in den Niederungen des Lebens. Manchmal beansprucht ihn dieses Ringen so sehr, daß er von Freunden unterstützt werden muß, die sich in diesen Angelegenheiten auskennen und und ihm beistehen können.

Kap. 18: Mose trifft seinen Schwiegervater

Es herrscht fast die gleiche Siegesstimmung wie in Kap. 15, als Mose und Jitro, zwei große Männer Gottes, einander unweit von dem Berg, an dem Mose zum erstenmal Gott begegnet war, treffen und sich miteinander über all das freuen, was der HERR getan hat.

Israel hat noch kein eigenes Priestertum, darum hat Jitro, der Priester von Midian, die Leitung in dem Opfergottesdienst. Danach gibt er Mose einige väterliche Ratschläge über die Einsetzung geeigneter Israeliten, die ihm bei der Bewältigung der Leitungsaufgaben helfen sollen, bevor er sich noch völlig aufreibt.

Jitro, die Keniter und der HERR

Bei unserer ersten Begegnung mit Jitro wird er uns als midianitischer Priester vorgestellt (2. Mose 2,15 – 3,1). Die Midianiter befanden sich im Wüstenrandgebiet jenseits des Jordan, östlich von Moab, weiter südlich entlang von Edom, bis hinunter in die Gegend östlich des Roten Meeres. Hier sind sie den Israeliten noch wohlgesinnt, aber vierzig Jahre später vereinigen sie ihre Streitkräfte zuerst mit den Moabitern (4. Mose 22-25), dann mit den Ammoritern (Jos 13,21), um den Vormarsch der Israeliten aufzuhalten, und in der Richterzeit muß Gideon gegen sie kämpfen, als sie in Kanaan einfallen (Ri 6-8). Entweder hat sich ihre

Einstellung nach dem Tod Jitros geändert, oder dieser gehörte einem midianitischen Teilstamm an, der eine abweichende Haltung gegenüber den Israeliten einnahm.

In Ri 1,16 wird Jitro ein Keniter genannt, ebenso in 4,11 Hobab, der uns in 4. Mose 10,29 als Jitros Sohn vorgestellt wird. Die Keniter werden zum ersten Mal in 1. Mose 15,19 in einer Aufzählung von Völkern erwähnt, die zur Zeit Abrahams in Kanaan lebten. Einige von Jitros kenitischen Nachfahren kamen zusammen mit Josua ins Land und ließen sich im Negev nieder, südlich von Juda (Ri 1,16; 1. Sam 27,10). Sowohl Saul als auch David waren ihnen wohlgesinnt (1. Sam 15,6; 30,29). Die Nachkommen Rechabs (Rechabiter), die zur kenitischen Sippe gehörten, waren zur Zeit Elisas und Jeremias außerordentlich eifrig für den HERRN (1. Chr 2,55; 2. Kön 10,15f; Jer 35). Welche Haltung auch immer die Midianiter allgemein gegenüber Israel eingenommen haben, die kenitische Sippe unter ihnen scheint mit den Israeliten jedenfalls freundschaftlich verbunden gewesen zu sein und für Nicht-Israeliten dem HERRN überraschend treu ergeben. Ihr Name bringt die Keniter aber wahrscheinlich auch mit Kain in Verbindung (beide Namen werden im Hebräischen ähnlich geschrieben), den der HERR trotz seines Versagens von der Urzeit her mit seinem Zeichen versehen hatte (1. Mose 4,15). Wenn wir die Sache recht verstehen, könnte das bedeuten, daß Jitro den HERRN schon kannte, bevor Mose zu ihm kam, und hätten damit ein weiteres Beispiel dafür, wie sorgfältig die Hand Gottes Mose geführt hat. Vielleicht war es kein Zufall, daß er in der Familie Jitros Zuflucht fand, nachdem er aus Ägypten geflohen war. Das würde auch erklären, warum er bei dem Opfer in 2. Mose 18 Jitro gerne den Vorsitz einräumte.

Trotzdem ist Jitro kein Israelit und spielt darum keine weiterführende Rolle im Erlösungswerk Gottes. Während sich die Auszugsgeschichte ihrem Ende nähert und Israel sich für die letzte Etappe seiner Reise an den Sinai rüstet, um dort Gott zu begegnen, sehen wir, wie Jitro zu seinem eigenen Volk aufbricht, keineswegs traurig, sondern voll Zufriedenheit darüber, daß er das Werk des HERRN unterstützen konnte (V. 27).

DRITTER TEIL

DIE BERUFUNG ZUM GEHORSAM

Hat uns die Auszugsgeschichte Glauben gelehrt, so liegt die Herausforderung der Sinaigeschichte in erster Linie im Gehorsam. Natürlich hängt das eine mit dem anderen eng zusammen. Abraham und Mose mußten sowohl gehorchen als auch glauben, und so gesehen ist unsere hier vorgenommene Unterscheidung etwas künstlich. Trotzdem ist sie hilfreich, denn wir stellen eine Verlagerung des Schwerpunktes fest. Die Vision, die Abraham gegeben wurde, ändert sich nicht, so daß der Glaube weiterhin nötig ist, aber es kommen jetzt neue Zutaten in die Geschichte, in denen nachdrücklicher von der Notwendigkeit des Gehorsams die Rede ist, und folglich lesen wir von nun an mehr Geschichten über Rebellion und Ungehorsam als bisher.

Der Gehorsam ist die Antwort, die Gott auf sein Gesetz hin fordert. Er ist nicht das Mittel der Erlösung für Israel, denn diese hat schon stattgefunden mit dem Auszug. Die Erlösung war keine Belohnung; es war ein freies Geschenk Gottes, als er Israel aus Ägypten herausführte. Folglich war auch das Gesetz niemals als eine Prüfung gedacht, durch die die Israeliten ihre Erlösung verdienen konnten, indem sie es befolgten, obwohl die Juden zur neutestamentlichen Zeit genau das aus dem Gesetz gemacht hatten (Röm 10,1-5). Es ist vielmehr die Lebensordnung Gottes für sein Volk, für jene, die er schon erlöst und als sein Eigentum angenommen hat, es ist das Muster, nach dem seine Auserwählten leben sollen, damit er durch sie seine Absichten am Ende erreichen kann.

Gewiß gehören bestimmte Belohnungen und Strafen zum Gesetz, und diese sind von Bedeutung, wenn es darum geht, die Früchte der Erlösung beständig zu genießen; sie sind aber nicht selbst diese Erlösung. Das Gesetz ist für Gottes Volk, das schon erlöst ist; es ist keine Verordnung darüber, wie man sich die Erlösung verdient.

5

Gottes Gnade in der Offenbarung und Erziehung

2. MOSE 19 – 4. MOSE 36

Wenn wir nun durch die vielen Kapitel eilen, die Gegenstand dieses Abschnittes sind, werden wir uns zunächst hauptsächlich auf die Geschichte konzentrieren, die in ihnen erzählt wird. Später werden wir uns auch einige von den Gesetzen näher ansehen.

Gott hatte Abraham dazu erwählt, Stammvater einer Nation zu sein, durch die er die Menschheit wieder unter seinen Segen stellen wollte, und er hatte Kanaan als den Ort erwählt, an dem er diese Absicht verwirklichen wollte. Wir haben gesehen, wie diese Nation entstanden ist und werden nun zusehen, wie sie in das ihr zugesagte Land heimgeführt wird. Aber bevor das Volk dorthin aufbricht, offenbart ihm Gott die Lebensweise, durch die es dort seine Bestimmung als gesellschaftlich-politische Einheit erfüllen soll.

Doch bevor sie Kanaan erreichen, murren und rebellieren die Israeliten immer wieder, und jedesmal werden wir sehen, wie der HERR sie erzieht, indem er sie den Ernst ihrer Berufung begreifen lehrt.

1. EIN NEUER ANFANG AM BERG SINAI (2. MOSE 19 – 4. MOSE 10)

2. Mose 19: Mose bereitet das Volk auf die Begegnung mit Gott vor

Zwei Begriffe fassen die Lebensweise, die das Gesetz fordert, am besten zusammen: Gerechtigkeit und Heiligkeit. Wir werden ihre Bedeutung später noch genauer untersuchen, aber schon bevor irgend ein Gesetz gegeben wird, stellen wir ein zunehmendes Bewußtsein dessen fest, daß Heiligkeit notwendig ist.

Drei Monate nach dem Auszug schlug Israel am Berg Sinai das Lager auf, und Mose 'stieg hinauf zu Gott', der sinngemäß

ABRISS DER SINAI-GESCHICHTE 2. MOSE 19-40

Kap. 19	Israel kommt am Sinai an, heiligt sich, und Gott fährt auf den Berg hernieder.
Kap. 20	Gott verkündet die Zehn Gebote.
20,21 – 23,33	Mose steigt wieder auf den Berg, und Gott legt ihm den Inhalt des sog. 'Bundesbuches' dar, das viele grundlegende Gesetze enthält, die das soziale, moralische und religiöse Leben Israels regeln.
24,1-11	Mose und die 70 Ältesten verpflichten Israel auf die Gesetze des 'Bundesbuches'.
24,12 – 31,18	Mose steigt allein auf den Berg, bleibt dort 40 Tage lang und erhält genaue Anweisungen über den Bau des Heiligtums und die Weihe der Priester.
Kap. 32	In der Zwischenzeit bricht das Volk sein Versprechen und betet Aarons goldenes Kalb an. Mose zerbricht im Zorn die Bundestafeln.
Kap. 33	Mose tritt vor Gott für das Volk ein und wendet seinen Zorn ab. Danach versichert ihn Gott seiner beständigen Gegenwart.
Kap. 34	Neue Bundestafeln werden hergestellt; Mose kommt mit leuchtendem Angesicht vom Sinai herab.
Kap. 35 – 40	Das Heiligtum wird gemäß dem Entwurf, den Mose in den Kap. 25-31 erhalten hat, gebaut, und die Herrlichkeit Gottes nimmt Wohnung darin.

zu ihm sprach: Ich habe euch zu mir geholt, und wenn ihr bereit seid, mir zu gehorchen, werdet ihr mir zum besonderen Eigentum sein; aber seid ihr wirklich bereit, in den Bund mit mir einzutreten und meine Priester auf Erden, eine heilige Nation zu sein? (19,1-6).

Als Mose die Antwort des Volkes Gott überbrachte, schickte er ihn wieder zurück mit dem Auftrag, eine zweitägige Zeit der Heiligung als Vorbereitung für sein Kommen auszurufen (7-15).

Am dritten Tag fährt Gott in einer Wolke, mit Blitz und Donner, Feuer und Rauch und unter Posaunenschall auf den Berg hernieder. Mose wird zum dritten Mal aufgefordert, in seine Gegenwart zu kommen und wieder zurückgeschickt, um das Volk zu warnen, sich dem Berg ja nicht zu nähern (16-25).

20,1-21: Gott spricht vom Berg herab
Wenn schon die Vorbereitung ehrfurchtgebietend und das Herabkommen Gottes wundersam gewesen war, so verursachte nun die Stimme Gottes, als er die Zehn Gebote verkündete, blankes Entsetzen. Zitternd bitten die Israeliten Mose, zwischen ihnen und Gott zu vermitteln, und so geht er an ihrer Stelle zu Gott, um die übrigen Gesetze allein entgegenzunehmen.

Die Zehn Gebote sind im Grunde genommen eine Zusammenfassung des Bundes zwischen Gott und Israel und somit einzigartig unter den Gesetzen. Das zeigt sich auch daran, daß nur sie vom Berg herab dem Volk direkt verkündet wurden (vgl.

DAS BUNDESBUCH

A. *Einleitung*

20,22-23	Aufruf zur Treue gegenüber Gott
20,24-26	Vorschriften über den Bau eines Altars

B. *Verschiedene bürgerliche Gesetze*

21,2-11	über die Behandlung von Sklaven
21,12-17	Vergehen, die mit dem Tod zu bestrafen sind
21,18-27	Entschädigung in Fällen von Körperverletzung
21,28-36	Verantwortlichkeiten im Zusammenhang mit der Viehhaltung
22,1-14	Gesetze für Fälle von Eigentumsbeschädigung
22,15-16	Die Rechte einer verführten Jungfrau

C. *Verschiedene soziale, moralische und religiöse Gesetze*

22,17-19	Verbot abgöttischer Praktiken
22,20-26	über die Fürsorge für die Schwachen in der Gesellschaft
22,27-30	Pflichten gegenüber Gott und persönliche Heiligkeit
23,1-9	Grundsätze über Wahrheit, Gerechtigkeit und Barmherzigkeit
23,10-13	Sabbatbestimmungen für das Land, die Menschen und die Arbeitstiere
23,14-19	Feste und Opfer

D. *Abschluß*

23,20-33	Gott verheißt seinem Volk Führung, Schutz und Segen, wenn es ihm weiterhin gehorcht

5. Mose 5,22), während die übrigen Gesetze durch Mose vermittelt waren, entweder auf dem Berg oder im Zelt-Heiligtum.

20,22 – 23,33: Mose empfängt das Bundesbuch

Diese erste Auswahl von Gesetzen ist ein zusammenfassender Entwurf jener Gesellschaftsordnung, die Gott seinem Volk geben möchte. Sie enthält eine Mischung von bürgerlichen und religiösen Gesetzen und zeigt, im Gegensatz zu den Gesetzen vieler Gesellschaftsordnungen der damaligen Zeit, die Hochachtung vor dem menschlichen Leben und einer ordentlichen Gerichtsbarkeit.

Die Sammlung wird abgeschlossen mit Segensverheißungen für den, der gehorsam ist und einer Erinnerung daran, daß es Gottes Absicht ist, Israel das Land Kanaan zu geben (23,20-33).

24,1-11: Der Bundesschluß

Gott hat das Volk gefragt, ob es bereit ist, in den Bund mit ihm einzutreten (Kap. 19), er hat seine Forderungen dargelegt (Kap. 20) und hat Mose einen Grundriß der Gesellschaftsordnung gegeben, die er anstrebt (Kap. 20-23). Jetzt lädt er die Israeliten ein, sich auf das beschriebene Muster zu verpflichten. Zu diesem Zweck verliest Mose das Bundesbuch vor dem Volk, und als sie ihre Zustimmung geben, gehorsam sein zu wollen, besiegelt er die Übereinkunft mit einem Opfer. Als er das Blut über sie sprengt, hören wir ihn sagen: 'Das ist das Blut des Bundes, den der HERR mit euch geschlossen hat'. Jahrhunderte später sollte das Echo dieser Worte widerhallen, als Jesus beim letzten Abendmahl mit seinem eigenen Blut den Neuen Bund besiegelt (Mk 14,24).

Die Zeremonie schließt ab mit einer erstaunlichen Szene der Vertrautheit, als Mose und die Ältesten Gott schauen und sogar in seiner Gegenwart essen und trinken dürfen (V. 9-11). Auch hier sehen wir, wie das letzte Abendmahl seine Schatten vorauswirft, bei dem Jesus in einer ähnlich vertrauten Atmosphäre den Neuen Bund verkünden sollte.

24,12 – 31,18: Mose wird das Urbild des Gottesdienstes Israels gezeigt

Mose überläßt die Verantwortung für das Volk Aaron und Hur (vgl. 17,10) und steigt hinauf, um die nächsten vierzig Tage auf dem Berg alleine mit Gott zu verbringen.

Dort erhält er genaue Anweisungen für den Bau des Heiligtums und die Herstellung seiner Einrichtungsgegenstände (Kap. 25-27; 30-31), über die Kleidung und Weihe der Priester für ihren Dienst (Kap. 28-29), über die Beschaffung des benötigten Materials und Geldes und die Zusammensetzung des im Heiligtum zu verwendenden Öls und Weihrauchs (Kap. 25+30). Wir werden in Kap. 8 dieses Buches näher darauf eingehen.

Nach einem abschließenden Hinweis auf die Wichtigkeit des Sabbatgebotes (31,12-17) übergibt Gott Mose 'die zwei Tafeln des Zeugnisses, steinerne Tafeln, beschrieben mit dem Finger Gottes' (V. 18). Und damit wird es auch höchste Zeit, daß der Aufenthalt Moses auf dem Berg zu Ende geht!

32,1-6: Sünde – das Volk bricht den Bund

Etwa fünf Wochen vergehen, und schon bricht Israel sein Versprechen; so schnell löst sich eine Verpflichtung in Nichts auf. Ausgerechnet Aaron, der Mann, den Gott als Hohenpriester im Sinn hat, bastelt einen goldenen Kalbsgötzen und identifiziert ihn mit Gott, der Israel aus Ägypten geführt hat.

32,7 – 33,3: Gericht – der Zorn Gottes

Natürlich ist Gott zornig, aber Mose bittet um Erbarmen. Als er freilich mit eigenen Augen sieht, was geschehen ist, vergißt er vorübergehend seine Fürbitte und entbrennt selbst vor Zorn. Er zerschmettert die Bundestafeln, ruft alle, die für den HERRN sind, zu sich und schickt sie los, genau die Strafe zu vollstrecken, um deren Aussetzung er zuvor Gott gebeten hatte. (Es waren die Leviten, die diesem Aufruf folgten, und wahrscheinlich deshalb wurden sie später zum Dienst am Heiligtum berufen; vgl. 5. Mose 33,9.)

Aber bei allem Ärger hören wir Mose weiterhin für sein Volk eintreten (32,31f). Unter solchen Umständen sind die Reaktionsabläufe komplizierten Zwängen unterworfen, und auch Mose wurde offensichtlich von ihnen fortgerissen. Die Übertretung von Gottes Bund hat ernsthafte persönliche Rückwirkungen, sowohl für das Volk, als auch für seine Leiter. Bedauerlicherweise sollte Israel auch diese Lektion bald wieder vergessen; es finden sich allzu viele ähnliche Geschichten im Alten Testament. Jedesmal tritt Mose wieder in dieser Weise für sein Volk ein, auch dann noch, als sie sich unter Gewaltandrohung gegen ihn persönlich wenden.

Vielleicht ist die unerträglichste Folge der Rebellion die Wahrnehmung, daß Gott seine Gegenwart und seinen Segen zurückzieht. Dennoch widerruft er niemals seine Verheißung. Er hat zugesagt, Israel nach Kanaan zu bringen, und so wird es auch geschehen, aber er will nun nicht mehr selbst mitziehen, damit sein Zorn nicht wieder gegen sie entbrennt; darum schlägt er vor, daß von nun an ein Engel sie leiten soll.

33,4-23: Buße – Mose bittet um die Zusicherung der Gegenwart Gottes

Das Volk ist betrübt, aber Mose ist entschlossen, nicht nachzugeben: Wenn deine Gegenwart nicht mit uns geht, welchen Sinn hat es dann, daß du uns bis hierher gebracht hast, oder daß wir noch weitergehen sollten? Derselbe Mose, der fest im Glauben vor dem Pharao in dessen Palast gestanden hatte, steht nun ebenso fest im Gebet vor Gott im 'Zelt der Begegnung', und Gott belohnt ihn in einer Vision von seiner Herrlichkeit mit einem sichtbaren Beweis seiner erneuten Gegenwart.

Die Beziehung Moses zu Gott wird hier wunderbar treffend zusammengefaßt: 'Der HERR redete mit Mose von Angesicht zu Angesicht, wie ein Mann mit seinem Freund redet' (V. 11).

Kap. 34: Wiederherstellung – der Bund wird erneuert

Nachdem nun die persönliche Beziehung mit Gott wiederhergestellt ist, wird Mose auf den Berg gerufen, um die Bundestafeln erneuern zu lassen. Zuerst wird er an einige Lektionen erinnert, die er aufgrund seiner bisherigen Erfahrung am Sinai lernen muß: daß Gott treu zu seinem Wort steht, daß er barmherzig und gnädig ist, daß er aber auch Gerechtigkeit, Loyalität und Gehorsam fordert. Einige neue Anordnungen ergehen, hauptsächlich in Bezug auf den Gottesdienst, und danach werden die Bundestafeln wiederhergestellt.

Als Mose diesmal vom Berg herabkommt, glüht sein Angesicht. So hätte es schon beim ersten Mal sein können. Wir sind endlich dort angekommen, wo Gott uns von Anfang an haben wollte. Die Rebellion hat gar nichts gebracht, nur viel unnötige Verzögerung, Leid und Kummer.

Kap 35-40: Herstellung und Errichtung des Heiligtums
Mose macht sich nun an die Erledigung des Auftrags, den er während der vierzig Tage auf dem Berg erhalten hatte, und läßt das Heiligtum und seine Einrichtungsgegenstände gemäß dem Plan in den Kap. 25-31 herstellen.

40,34-38: Die Herrlichkeit des HERRN
Seit die Israeliten Ägypten verlassen hatten, wurden sie beständig vom HERRN geleitet, am Tag durch eine Wolkensäule und in der Nacht durch eine Feuersäule (13,21f; 14,19f). Bis zur Vollendung des Heiligtums hatte Mose außerdem ein provisorisches 'Zelt der Begegnung' außerhalb des Lagers aufgeschlagen, wo der HERR in der Wolkensäule regelmäßig mit ihm zusammentraf (33,9f). Jetzt bewegte sich die Wolke zum neuen Zelt der Begegnung, und die Herrlichkeit Gottes erfüllte das Heiligtum. Diese Herrlichkeitswolke war das Symbol der Gegenwart Gottes bei den Israeliten auf ihrer Reise, und sie brachen das Lager nur dann ab, wenn sich die Wolke vom Zelt erhob. Die Christen haben sich daran oft ein Beispiel genommen, wie man heutzutage dem Heiligen Geist folgen soll.

Obwohl sich Israel fast ein Jahr lang am Berg Sinai aufhielt (4. Mose 10,11), mußte Mose nicht noch einmal auf den Berg steigen. Das Heiligtum sollte von nun an der Ort des Zusammentreffens sein – daher die Bezeichnung 'Zelt der Begegnung'. Hier, am Fuß des Berges, wurden die Gesetze des 3. und 4. Buches Mose erlassen. Der Berggipfel war der Ort, wo Gott anfänlich erschienen und der Bund geschlossen worden war, aber es war niemals Gottes Wille, daß die Menschen jedesmal, wenn sie mit ihm reden wollten, einen Berg erklimmen mußten. Gott selbst hatte es so angeordnet, daß er von nun an im Heiligtum (später dann im Tempel) gegenwärtig angetroffen werden konnte – und letzten Endes dann durch seinen innewohnenden

Geist im Heiligtum bzw. Tempel der Christen, nämlich in unserem Leib (1. Kor 3,16; 6,19).

3. MOSE
(Die Gesetze werden in Kap. 7 eingehender behandelt. Hier wollen wir hauptsächlich dem erzählenden Teil folgen.)

Kap. 1-7: Die Opfergesetze
Im Zelt der Begegnung skizziert Gott Mose die Ordnungen des regelmäßigen Opfergottesdienstes, der hier abgehalten werden soll.

Kap. 8-10: Die Weihe der Priester
Nachdem nun das Heiligtum fertig ist und die Gottesdienstordnungen übergeben sind, weiht Mose gemäß den Anordnungen in 2. Mose 29 Aaron und seine vier Söhne zu Priestern, und die Gottesdienste beginnen. Als sich der erste mit dem Segen über das Volk seinem Ende nähert, legt der HERR sein Siegel der Billigung auf alles, was getan wurde, indem er ein übernatürliches Feuer schickt, das die restlichen Opfergaben auf dem Altar verzehrt.

Leider wird der Jubel des Volkes dadurch verdorben, daß zwei von den Söhnen Aarons, Nadab und Abihu, beschließen, auf ihre eigene Weise Gottesdienst zu halten, und dafür mit ihrem Leben bezahlen. Die Botschaft ist deutlich und war schon Mose in aller Schärfe beigebracht worden, als er sich zum ersten Mal aufmachte, um dem HERRN zu dienen (2. Mose 4,19-26), nämlich daß Gott von denen, die er in seinen Dienst beruft, völligen Gehorsam seinen Anordnungen gegenüber fordert, in jedem Detail.

Kap. 11-15: Gesetze über Reinheit und Unreinheit
Neben dem Opferdienst bestand ein wichtiger Teil der priesterlichen Pflichten darin, zwischen 'Heiligem und Unheiligem, zwischen Reinem und Unreinem' zu unterscheiden, und das Volk die Bestimmungen, die diese Unterscheidung beinhalten, zu lehren (10,10f). Das ist natürlich zum Teil eine religiöse Funktion, die sich auf Opfer, Gaben und eine kultisch heilige Lebensweise bezieht, aber sie deckt auch den Bereich ab, den

wir als säkular ansehen würden, denn Israel unterschied hier nicht in gleicher Weise wie wir heute. Darum beziehen sich die Gesetze in diesem Abschnitt hauptsächlich auf das Alltagsleben, auf das, was wir heute mit Ernährung, Gesundheit und Hygiene bezeichnen würden. Einige Bestimmungen kommen uns vielleicht ziemlich seltsam vor, aber für die Menschen damals hatten sie genau dieselbe Bedeutung, wie für uns heute die modernen Techniken der Kühlung, der Lebensmittel- und Gesundheitskontrolle, sowie der medizinischen Vorsorge.

Kap. 16: Der Versöhnungstag
Die dritte Aufgabe des Priesters besteht darin, Mittler zu sein zwischen seinem Volk und Gott, indem er für sie um Vergebung bittet und Opfer darbringt, damit sie wieder mit Gott versöhnt werden.

Kap. 17-26: Das Heiligkeitsgesetz
Diese Kapitel enthalten eine Mischung aus sozialen, moralischen und religiösen Gesetzen, die deutlich machen, was wir bereits festgestellt haben, nämlich daß der HERR kaum unterscheidet zwischen weltlichen und religiösen Angelegenheiten.

DAS HEILIGKEITSGESETZ

Kap. 17	verbietet den Genuß von Blut, weil es für das Leben steht.
Kap. 18-20	verbieteten bestimmte soziale und ethische Praktiken, die bei den Nachbarn Israels üblich sind (18,3). Heiligkeit bedeutet vollständige Trennung von allem Unheiligen (20,1-8).
Kap. 21-22	enthalten weitere, noch strengere Regeln für die Priester.
Kap. 23	skizziert Bestimmungen für heilige Tage und Festzeiten.
Kap. 24	gibt Anweisung über den Gebrauch des Öls und des Brotes im Heiligtum und schließt mit einem Gesetz über Gotteslästerung.
Kap. 25	schreibt vor, daß in jedem siebten Jahr das Land brachliegen, in jedem fünfzigsten Jahr Schuld erlassen und Eigentum zurückerstattet werden muß (Erlaßjahr).
Kap. 26	legt Segnungen und Flüche für den Fall des Gehorsams bzw. des Ungehorsams dar.
Kap. 27	regelt Angelegenheiten von Gelübden und Zehnten.

Gott ruft dazu auf, heilig zu sein, und das bezieht sich auf jeden Lebensbereich, nicht nur auf die Religion. Die Unterweisung ist in dem einen Gebot zusammengefaßt: 'Ihr sollt heilig sein, denn ich bin heilig, der HERR, euer Gott' (19,2), und weil die Forderung nach Heiligkeit diese ganzen Kapitel durchzieht, werden sie allgemein als 'das Heiligkeitsgesetz' bezeichnet.

Kap. 26 rundet diese Gesetzessammlung mit der Verheißung von Segen bei Gehorsam und der Warnung vor dem Unheil, zu dem der Ungehorsam führt, passend ab. Das Bild des Segens ist die reinste Beschreibung von Eden: eine blühende Pflanzenwelt (V. 3-5), friedliche Verhältnisse in der Natur und in der Gesellschaft (6-8), die Menschen sind fruchtbar und vermehren sich (9), es gibt reichlich zu essen (10), und Gott wandelt wieder unter seinem Volk (11f). Auf diese Weise werden wir daran erinnert, daß die Gesetze vom Sinai ein Teil des Planes Gottes sind, seine Verheißung an Abraham zu erfüllen und die Welt gemäß seiner ursprünglichen Absicht wiederherzustellen. Die Geschichte ist zwar weitergegangen, aber Gottes Absicht bleibt unverändert.

Das Thema von Kap. 27 besteht darin, daß alles Gott gehört, und zum Zeichen dafür stehen ihm die Erstgeborenen von Mensch und Tier, die Erstlingsfrüchte der Ernte und der Zehnte vom Getreide und vom Vieh rechtmäßig zu. Einiges von dem, was ihm zusteht, kann abgelöst werden, wie etwa Personen oder Dinge, die man Gott mit einem Gelübde versprochen hat. Diese Erinnerung daran, daß alles und jeder Gott gehört, bildet den passenden Abschluß eines Buches, in dem Gehorsam und Hingabe verlangt werden. Sein Gesetz fordert nicht mehr von uns, als wir ihm schulden.

4. MOSE

Kap. 1-2: Mose nimmt eine Volkszählung vor und organisiert das Lager

Nachdem Gott die grundlegenden Ordnungen des Gottesdienstes und des gesellschaftlichen Zusammenlebens mitgeteilt hat, gebietet er Mose, dafür zu sorgen, daß die Gemeinschaft angemessen organisiert wird. Zuerst einmal muß er feststellen, was für Leute er überhaupt bei sich hat, und dann muß er nach einer vernünftigen Ordnung allen ihren Platz im Lager zuweisen, um ein Durcheinander zu vermeiden, wenn sie sich wieder auf den Weg machen. Ihr Aufenthalt am Sinai neigt sich dem Ende zu.

Kap. 3-4: Mose organisiert die Leviten
Gott nimmt die Leviten an, anstelle der ihm rechtmäßig zustehenden Erstgeborenen Israels (3. Mose 27). Sie sind für einen besonderen Dienst ausgesondert und werden darum getrennt von den übrigen Stämmen gezählt und organisiert.

Kap. 7-8: Letzte Maßnahmen bezüglich des Heiligtums
Mose nimmt die Gaben und Opfer der Stammesfürsten anläßlich der Einweihung des Heiligtums entgegen, läßt die Leuchter anzünden und weiht die Leviten zu ihrem Dienst.

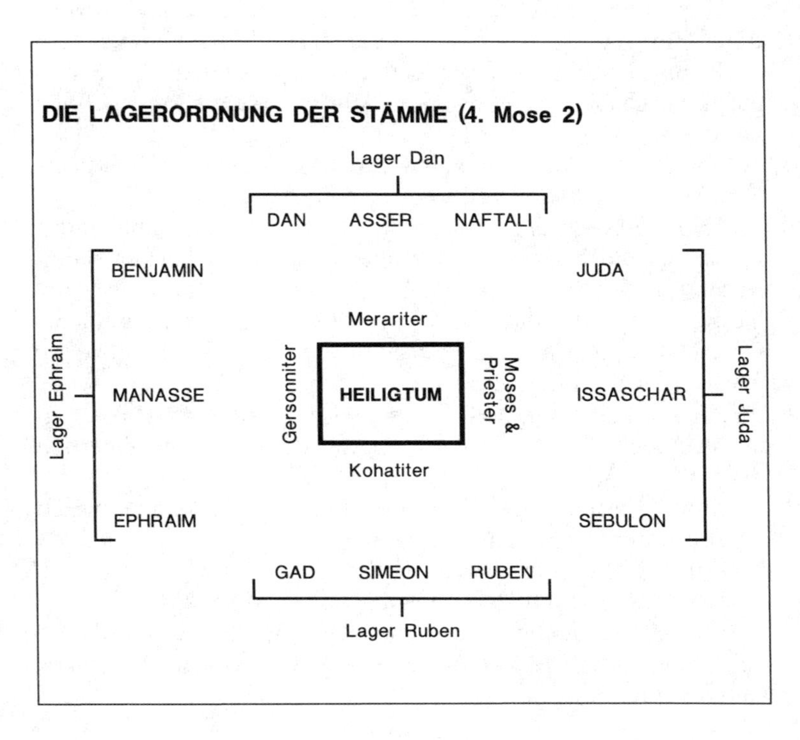

9,1 – 10,10: Abschließende Feierlichkeiten und Vorbereitungen für die Reise
Ein Jahr nach dem Auszug, als ihr Aufenthalt am Sinai zu Ende geht, feiern die Israeliten noch einmal das Passafest, und Mose läßt Trompeten herstellen, mit denen das Volk zusammengerufen werden kann.

(Bezüglich der Wolke und dem Zelt (9,15-23) siehe unten zu 10,11.)

Zusätzliche Gesetze in 4. Mose
Mose empfing weiterhin Gesetze und Anweisungen von Gott an verschiedenen Aufenthaltsorten in der Wüste. Viele führen bereits gegebene Gesetze weiter aus, andere kommen neu dazu.

Kap. 5 behandelt Unreinheit im Lager und beschreibt ein Verfahren bei Verdacht auf Ehebruch.

Kap. 6 beschreibt das Nasiräergelübde, ein Gelübde besonderer Hingabe, das jeder Israelit auf sich nehmen konnte.

Kap. 9 erlaubt die Passafeier einen Monat später, wenn es aufgrund besonderer Umstände nicht im ersten Monat gefeiert werden kann.

Kap. 10 gibt Anweisungen über den Gebrauch der Trompeten zum Versammeln des Volkes und an Festtagen.

Kap. 15 beschreibt zusätzliche Opfer, die nach dem Eintritt in das Land darzubringen sind, unterscheidet, wie bei versehentlichen und wie bei vorsätzlichen Sünden zu verfahren ist, gibt Bestimmungen für die Übertretung des Sabbatgebotes und ordnet an, daß zur Erinnerung an Gott und sein Gesetz Quasten getragen werden müssen.

Kap. 18 zählt einige Pflichten der Leviten auf und Einzelheiten über den Zehnten und die Opfer, die zu ihrem Unterhalt dienen.

Kap. 19 beschreibt ein Ritual zur Beseitigung von Unreinheit durch Berührung mit einem Leichnam.

Kap. 28-29 beschreiben die Opferbestimmungen und Rituale für heilige Tage und Feste genauer (vgl. 3. Mose 23).

Kap. 30 erklärt, unter welchen Bedingungen das Gelübde einer Frau widerrufen werden kann (das Gelübde eines Mannes ist unbedingt bindend).

Im nächsten Kapitel werden wir uns näher mit dem Zweck der Gesetze und der priesterlichen Rituale beschäftigen. Bis dahin wollen wir uns aber noch einmal dem geschichtlichen Teil zuwenden.

2. VOM SINAI NACH KADESCH (4. MOSE 10-20)

Im nächsten Abschnitt unserer Geschichte herrschen Berichte über Murren, Klagen und Rebellion vor. Wenn wir schon überrascht waren, die Israeliten klagen zu hören, nachdem sie das Wunder des Auszugs und die Erscheinung Gottes im Feuer am Sinai erlebt hatten, dann ist es vielleicht noch überraschender, sie auf dieser Etappe klagen zu hören, die die letzte auf ihrer Reise nach Kanaan hätte sein sollen. Andererseits jedoch ist es überhaupt nicht überraschend, denn es entspricht der allgemeinen Erfahrung der Christen, daß der geistliche Kampf erbitterter wird, je näher das von Gott gesteckte Ziel rückt. Auch Jesus lernte in Gethsemane diesen Kampf kennen.

4. Mose 10,11-26: Die Israeliten verlassen den Sinai
Nach etwas mehr als einem Jahr brechen die Israeliten das Lager ab und bewegen sich etappenweise nach Norden. In wenigen Monaten sollten sie die Südgrenze Kanaans erreichen und dann eigentlich in das Land einziehen, womit das Herumreisen ein Ende gehabt hätte. Gottes Plan war keinesfalls zeitaufwendig: drei Monate von Ägypten bis an den Sinai – eine sehr kurze Zeitspanne, wenn man bedenkt, wie viele Leute dabei waren; etwas weniger als ein Jahr am Sinai – so viel Zeit ist notwendig,

DIE MARSCHORDNUNG DER STÄMME (4. Mose 10,11-28)

DAN	EPHRAIM	Kohatiter mit dem Mobiliar des Zeltheiligtums	RUBEN	Gersoniter & Merariter mit dem zerlegten Zeltheiligtum	JUDA	
ASSER	MANASSE		SIMEON		ISSACHAR	BUNDES-LADE →
NAFTALI	BENJAMIN		GAD		SEBULON	

um die Gemeinschaft zu organisieren und ihr eine Lebensordnung zu geben; danach die letzte Wegstrecke nach Kanaan. Nur wegen ihres Ungehorsams sollten sie für diese letzte Etappe 38 Jahre benötigen. In vielerlei Hinsicht ist dies der erschütterndste Abschnitt des Pentateuch, aber er enthält auch einige erfreuliche Höhepunkte, und der erste ist der Bericht vom Aufbruch der Israeliten vom Sinai.

In 4. Mose 9,15-23 wurden wir daran erinnert, daß die Israeliten nur weiterzogen, wenn die Wolke über dem Zelt der Begegnung weiterzog (vgl. 2. Mose 40,34-38). Jetzt endlich erhob sich die Wolke, und das Volk brach nach Stämmen wohlgeordnet auf, so wie der HERR befohlen hatte (vgl. 4. Mose 2).

Mose lädt seinen Schwager Hobab, den Sohn Jitros ein, mit ihnen zu ziehen, wohl wissend, daß dessen genaue Kenntnis der Wüste auf der Reise von besonderem Nutzen sein würde. Hier haben wir ein sehr interessantes Beispiel dafür, wie die Kraft Gottes und menschliche Fähigkeit zusammenarbeiten: soeben haben wir gelesen, daß Gott die Wolke gegeben hatte, um Israel zu führen, und trotzdem nimmt Mose hier auch menschliche Sachkenntnis gerne in Anspruch. Zwischen beidem besteht kein Widerspruch, solange der Mensch harmonisch mit Gott zusammenarbeitet; Schwierigkeiten erheben sich erst, wenn der Mensch seine eigenen Wege geht und sich allein von seinen eigenen Fähigkeiten abhängig macht, wie Nadab und Abihu (3. Mose 10). Auch als Gott das Heiligtum herstellen ließ, gebrauchte er Bezalel und Oholiab, zwei Handwerder mit beachtlichem Geschick (2. Mose 35f); und bevor er Mose berief, um dem Pharao entgegenzutreten, stellte er sicher, daß er auch mit allen notwendigen menschlichen Fähigkeiten bestens ausgerüstet wurde. Die Familie Hobabs blieb auf der ganzen Wanderung beim Volk Israel und ließ sich schließlich im Süden von Juda nieder (Ri 1,16).

Voll Begeisterung und Entschlossenheit machen sich also die Stämme auf den Weg und rufen triumphierend:

HERR, steh auf!
Laß deine Feinde zerstreut werden
und alle, die dich hassen, flüchtig werden vor dir!

11,1-3: Das Murren fängt an

Es scheint, daß die Stämme noch nicht sehr weit vorangekommen waren, als das Klagen anfing. Über diesen ersten Zwischenfall wird uns nicht sehr viel mitgeteilt, aber er enthält alle Zutaten für ähnliche Zwischenfälle, die vorangingen und jene, die noch folgen sollten:

1. das Volk beschwert sich,
2. der HERR ist zornig,
3. Gericht bricht über das Volk herein,
4. Mose betet für sie, und
5. das Gericht wird abgewendet.

Auch wenn die Reihenfolge nicht immer die gleiche ist, folgt die Geschichte doch immer diesem Grundmuster.

11,4-35: Manna und Wachteln!

Als sich die Israeliten zum erstenmal nach der Speise Ägyptens sehnten, gab ihnen der HERR Wachteln und Manna (2. Mose 16). Jetzt sind sie des Mannas überdrüssig, und der HERR gibt ihnen wiederum Wachteln, diesmal in solchem Übermaß, daß sie davon krank werden. Manchmal kuriert uns der HERR von unserer Selbstsucht auf die Weise, daß er unsere Gier erfüllt, damit wir deren Auswirkungen durch Erfahrung kennenlernen.

11,10-30: Die Ältesten und der Geist

Mit dieser Geschichte vom Murren ist ein Bericht über eine Begebenheit verwoben, die für das Verständnis der Botschaft des Alten Testaments, ja sogar der ganzen Bibel von erstrangiger Bedeutung ist. Mose argumentiert, daß er unmöglich alleine die Last des klagenden Volkes tragen könne, worauf Gott ihn auffordert, siebzig herausragende Älteste zum Zelt der Begegnung zu rufen. Dort begabt er sie mit dem Geist, der schon auf Mose ruht, und sie fangen an, prophetisch zu reden. Die Art dieses prophetischen Redens wird uns nicht näher erläutert, aber als Josua daran Anstoß nimmt und Einhalt gebieten will, wendet sich Mose an ihn und sagt: 'Wollte Gott, daß alle im Volk des

HERRN Propheten wären und der HERR seinen Geist über sie kommen ließe!' (V. 29).

Mose erkennt deutlich die große Bedeutung des Ereignisses und sehnt sich danach, daß das ganze Volk daran Anteil haben möge. Viel später in der Geschichte Israels sollten andere Männer, auf denen der Geist ruhte, dasselbe Verlangen spüren, aber darüberhinaus sollten sie auch erkennen, daß es eines Tages erfüllt werden würde. Jesaja 44,3 spricht beispielsweise von der Ausgießung des Geistes auf die Nachkommen Israels, Hesekiel 36,26f teilt mit, daß der Geist in ihr Inneres gegeben werden soll, und Joel 3,1 sagt das prophetische Reden aller voraus. Die Erfüllung dieser Weissagungen beginnt natürlich mit dem Pfingstfest, das in Apg 2 beschrieben wird, wo die Jünger Jesu mit dem Heiligen Geist erfüllt werden und in anderen Sprachen reden. Dort erklärt Petrus, daß Joel dies vorausgesagt habe, aber auch Mose hat über 1200 Jahre vor diesem Ereignis einen Blick darauf geworfen und seine Möglichkeit erkannt. 4. Mose 11 ist gewissermaßen ein erster Vorgeschmack von Pfingsten.

Wir haben hier ein erstes Rinnsal jenes Stromes vor uns, der in Israel von Zeit zu Zeit zutage treten und im Dienst Jesu und seiner Jünger endlich mit voller Kraft hervorbrechen sollte. Es ist dieser Strom des Geistes, der unserer Geschichte, während sie sich entfaltet, einen inneren Zusammenhang verleiht, indem er zwischen den Menschen des Glaubens im Alten Testament und den Christen im Neuen Testament die Verbindung herstellt. Mose erhaschte einen Blick darauf und sehnte sich danach, später sahen andere den Strom schon kommen, mit Jesus war er da, und seine Jünger lebten und dienten in seiner Fülle. Allen, die sich ihm öffneten, sollte er im Einklang mit der Verheißung Gottes an Abraham Segen bringen und sie mit neuem Leben erfüllen und so bis zu einem gewissen Maß das wiederherstellen, was der Mensch verloren hatte, als ihm der Zugang zum Baum des Lebens im Garten Eden verwehrt worden war.

Kap. 12: Redet der HERR nur durch Mose?

Eifersucht aufgrund der Berufung und Salbung durch den HERRN brachte Kain zu Fall, verursachte Zwietracht unter den Kindern Jakobs, und nun hat auch Mose darunter zu leiden. Aber wie schon in den früheren Geschichten fällt dieses Verhalten auf jene zurück, die sich ihm entgegenstellen, in diesem Fall auf seinen eigenen Bruder und seine Schwester. Wie Joseph vor ihm, so trägt auch Mose nichts nach. Die Szene spielt sich ähnlich leider auch in vielen Gemeinden heutzutage ab. Das ändert jedoch nichts an der Wahrheit, daß Gott zwar vielen in einer Gemeinde die Gabe der Prophetie gibt, daß er aber normalerweise am direktesten und deutlichsten zu dem spricht, den er als Leiter und Hirten der Herde eingesetzt hat (vgl. V. 6-8).

Kap. 13-14: Die Tragödie in Kadesch
Als Israel in Kadesch an der Südgrenze Kanaans ankommt (13,26), sind vermutlich nur wenige Monate seit dem Aufbruch vom Sinai vergangen. Glaube, Gehorsam, Geduld und jede Tugend sind auf jeder Etappe hart auf die Probe gestellt worden, aber im letzten, entscheidenden Augenblick, wo die Israeliten im Glauben hätten vorwärts gehen sollen, um das Land einzunehmen, packt sie die Angst, als sie den Bericht der Kundschafter von der offensichtlichen Überlegenheit der Kanaanäer vernehmen.

Diesmal bricht das Murren so heftig hervor, daß es nicht besänftigt werden kann. Überwältigt von der Tragik der Situation, tritt Mose vor Gott für sein Volk ein, und der HERR läßt sich auch dazu bewegen, seinen Zorn zurückzuhalten, aber er verweigert allen Erwachsenen (über 20 Jahren), die seine Wunder beim Auszug und am Sinai gesehen hatten, den Eintritt in das verheißene Land. Sie müssen 40 Jahre lang heimatlos umherziehen, bis ihre Generation vollständig ausgestorben ist. Danach werden ihre Kinder in das Land einziehen, zusammen mit Josua und Kaleb, die als einzige treu geblieben waren.

Die Erkenntnis, daß sie ihre Gelegenheit verpaßt haben, verwandelt ihre Rebellion natürlich in Reue, aber als sie nun versuchen, in das Land einzudringen, stellen sie fest, daß der Weg für sie verschlossen ist. Während Gott hinter ihnen stand, wäre alles, was unmöglich erschien, ganz einfach gewesen, wie schon die offensichtlich unmögliche Reise von Ägypten nach Kadesch, die hinter ihnen lag; aber jetzt, wo er nicht mehr hinter ihnen stand, trat all das ein, wovor sie sich fürchteten.

Der Glaube fordert, daß wir im Gehorsam vorwärts gehen auf Gottes Befehl hin, wenn er anleitend und ermunternd zu uns

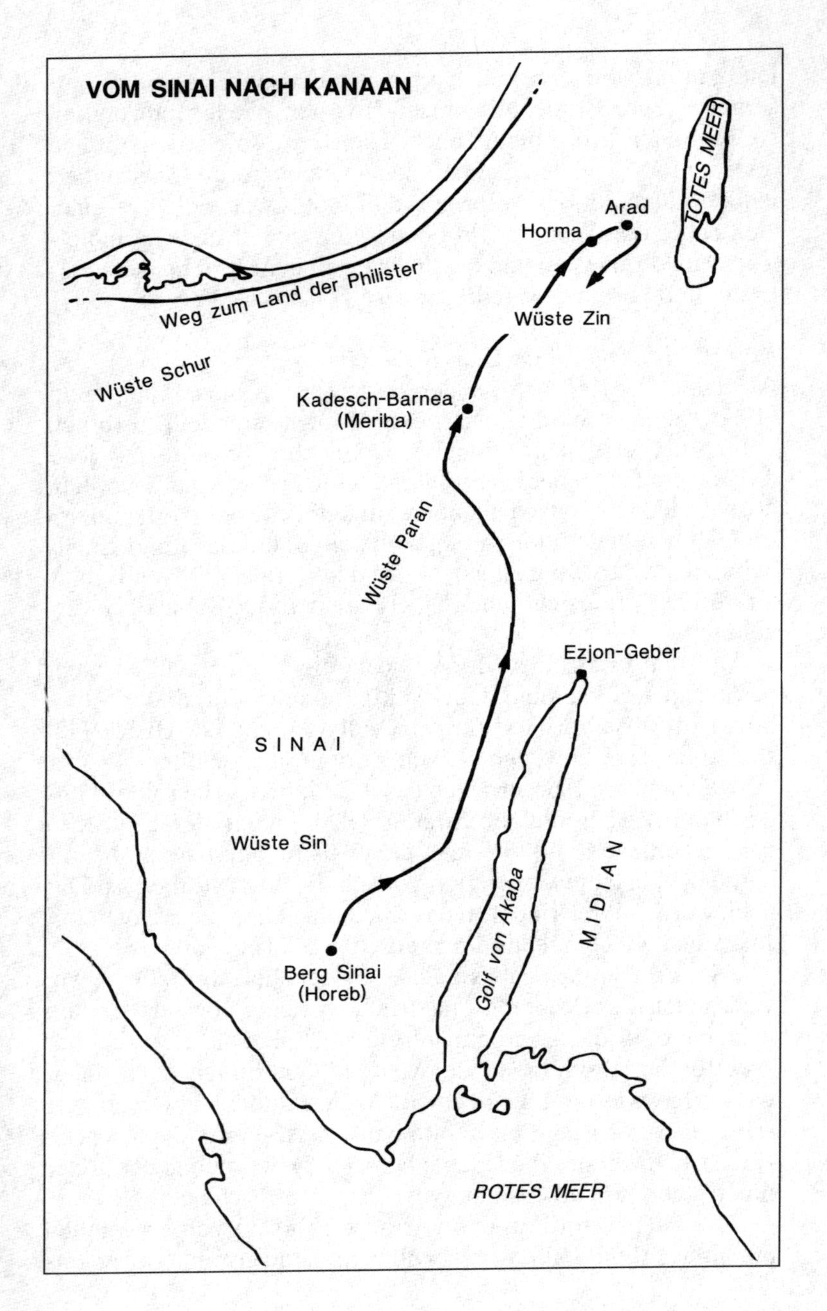
VOM SINAI NACH KANAAN
TOTES MEER
Arad
Horma
Weg zum Land der Philister
Wüste Zin
Wüste Schur
Kadesch-Barnea
(Meriba)
Wüste Paran
Ezjon-Geber
S I N A I
Wüste Sin
M I D I A N
Golf von Akaba
Berg Sinai
(Horeb)
ROTES MEER

spricht; die Furcht läßt uns im Ungehorsam zurückweichen. Der Weg des Glaubens und des Gehorsams führt zur Erfüllung, der Weg der Angst und des Rückzugs führt nur zur Verzweiflung. Das gilt auch heute noch, und der Preis des Ungehorsams kann heute ebenso hoch sein, wie in den Tagen Israels. (Der beste Kommentar zu diesen Ereignissen aus christlicher Sicht steht in Hebr 3,7 – 4,13; 10,19-39.)

Kap. 15-19: Die Jahre der Wüstenwanderung

Wir wissen nicht viel über die Jahre der Wanderungen Israels in der Wüste, aber diese Kapitel teilen uns zwei wichtige Dinge mit. Erstens war Israel ungeachtet der Strenge des Gerichtes Gottes immer noch sein Volk und seine Absicht, sie nach Kanaan zu bringen, blieb bestehen. Er bereitete sie weiterhin darauf vor, indem er durch Mose zu ihnen redete und ihnen weitere Gesetze gab.

Zweitens ging aber das Murren weiter. Der Aufruhr Korachs und seiner 250 Anhänger hatte seinen Grund offensichtlich teils in der fortgesetzten Eifersucht auf Mose als Leiter (16,3), teils in der Verstimmung darüber, daß es ihm nicht gelungen war, sie in das Land zu führen (16,14) – so verkehrt können die Menschen sein! Das Gericht Gottes bricht plötzlich und mit aller Schärfe herein, aber danach fängt das ganze Volk wieder an, sich zu beschweren (17,6). Eine Seuche bricht aus, und Mose tritt noch einmal für das Volk ein. Danach tut Gott ein Wunder mit dem Stab Aarons, der von nun an als Zeichen dafür steht, daß Mose und Aaron tatsächlich durch Gottes Anordnung mit der Leitung beauftragt sind, damit dem Neid und der Klage ein für allemal ein Ende gemacht wird.

20,1-13: Wieder zurück in Kadesch

Nachdem sie ein Jahr um das andere, eine ganze Lebenszeit, durch Rebellion und Ungehorsam vertan haben, kommen sie 'im ersten Monat', vermutlich des 40. Jahres, wieder in Kadesch an, an dem Ort, von dem aus sie ursprünglich in das Land hätten aufbrechen sollen. Und dabei hat sich ihr Verhalten kaum geändert. Immer noch murren und streiten sie, diesmal wegen der Wasserknappheit. Natürlich hat Gott einen Vorrat an Wasser bereit, und er sagt Mose, wie er an ihn herankommt: 'Sprich zu dem Felsen'.

Aber nachdem Mose so lange geduldig gewesen und über all die Jahre treu für das Volk eingestanden war, dreht er jetzt am Ende durch, schlägt in einem Wutanfall mit seinem Stock gegen den Felsen und fährt das Volk grob an. Dieser augenblickliche Fehltritt kostet ihn und Aaron das Vorrecht, selbst das Land betreten zu dürfen: 'Weil ihr mir nicht so weit vertraut habt, daß ihr mich vor den Israeliten als den Heiligen geehrt habt ...' (V. 12). Später hören wir, wie Mose zu Recht dem Volk die Schuld an diesem Gericht über ihn gibt (5. Mose 1,37), aber letzten Endes war es seine Sünde, nicht die des Volkes.

Mit dieser traurigen Notiz neigt sich dieser unglückliche Abschnitt unserer Geschichte seinem Ende zu. Er bleibt für immer ein anschauliches Lehrstück darüber, was es kostet, wenn man sein Leben nicht im Glauben und im Gehorsam führt, und weder Israel noch die Kirche darf diese Lektion jemals vergessen (Ps 95; 106; Hebr 3-4).

Moses Schwester Mirjam starb in Kadesch (V. 1), sein Bruder Aaron starb bald nachdem die Stämme Kadesch verlassen hatten, und Mose selbst sollte sterben, ehe das Jahr zu Ende ging. Trotz allem Versagen hatte diese Familie dem Herrn treu gedient. Es ist natürlich traurig, daß keiner von ihnen das Land betrat, aber ihre Rolle in der Geschichte war eigentlich vorüber, und wir empfinden es als richtig, daß zuerst Aaron und dann Mose ihre Leiterschaft jüngeren Männern übertragen.

3. VON KADESCH IN DIE EBENEN VON MOAB (4. MOSE 20-36)

Im 13. Jahrhundert v. Chr. fanden im Nahen Osten beträchtliche Umwälzungen statt. Die Machtstellung Ägyptens wurde schwer erschüttert durch das Einströmen der Seevölker von jenseits des Mittelmeeres, zu denen auch die Philister gehörten, die sich im südlichen Küstenland Kanaans niederließen. Gleichzeitig mit dem Schwinden der ägyptischen Macht in Kanaan begannen in seinem südlichen und östlichen Randgebiet die kleinen Königreiche von Edom, Moab und Ammon als starke politische Einheiten zu entstehen. Auch die kanaanäischen Städte im Landesinnern nutzten natürlich die Gunst der Stunde ihrer neu erlangten Freiheit dazu, ihre Befestigungen auszubauen. Wenn die Israeliten vor vierzig Jahren im Glauben vorangegangen wären, hätten sie im Land einen wesentlich schlechter organisierten Widerstand angetroffen. Kap. 13 deutet darauf hin, daß ursprünglich geplant war, von Kadesch aus geradewegs in das südliche Hügelland einzudringen, jetzt aber müssen sie sich um die neu entstandenen Königreiche herumschlängeln, bis sie endlich in den Ebenen von Moab, jenseits des Jordan bei Jericho ankommen, von wo aus Josua sie schließlich in das Land hineinführen wird. (In 5. Mose 1-3 wird die Geschichte noch einmal erzählt.)

20,14 – 21,20: Die Reise um Edom und Moab herum

Die Edomiter erlaubten den Israeliten zwar nicht, ihr Gebiet zu durchqueren, aber sie behelligten sie nicht, als sie darum herum zogen. Die Reise war aber keinesfalls ereignislos. Bald nachdem sie Kadesch verlassen hatten, starb Aaron, dann wurden sie von den Leuten aus Arad angegriffen, litten unter einer Schlangenplage und mindestens zweimal unter Wasserknappheit. Aber in jeder dieser Krisen sehen wir das Eingreifen des HERRN.

Der Tod Aarons war keine plötzliche, unerwartete Katastrophe, sondern ging einher mit der ordnungsgemäßen und friedlichen Übergabe seiner priesterlichen Vollmacht an seinen Sohn Eleasar (20,22-29).

Arad liegt in dem Hügelland, das die Israeliten vor 38 Jahren eigenmächtig versucht hatten einzunehmen; jetzt ist der HERR mit ihnen, und so erringen sie problemlos den Sieg (21,1-3; vgl. 14,40-45).

Die Schlangenplage war Gottes Antwort auf einen letzten Anfall von Murren und wurde dadurch beendet, daß Mose betete und eine bronzene Schlange hochhielt (21,4-9). Diese bronzene Darstellung wurde später in den Tempel zu Jerusalem gebracht, schließlich aber wieder hinausgeworfen, weil die Israeliten anfingen, Götzendienst mit ihr zu treiben (2. Kön 18,4).

Auch mit Wasser versorgt der HERR das Volk wieder, wie zuvor in Refidim und Kadesch (21,10-18; vgl. 2. Mose 17; 4. Mose 20).

21,21-35: Die Eroberung der Gebiete östlich vom Jordan
Von ihrem Stützpunkt in der Ebene von Moab aus besiegten die Israeliten Sihon, den König der Amoriter, der bis dahin das südliche Transjordanien beherrscht hatte und Og, den König von Basan, dessen Gebiet weiter nördlich am See Genezareth lag (vgl. 5. Mose 2,26 – 3,11).

Kap. 22-24: Die Moabiter versuchen, Israel zugrunde zu richten
Balak, der König von Moab, engagiert Bileam, einen berühmten heidnischen Propheten, damit er kommt und Israel verflucht, aber in einer einzigartigen Demonstration seiner Macht greift Gott ein und macht Bileam praktisch zu seinem eigenen Propheten. Zuerst macht er ihm seinen Willen klar in nächtlichen Visionen, durch Engelsbesuch und indem er seinen Esel reden läßt (Kap. 22). Dreimal versucht Balak, die Verfluchung durchzusetzen, aber jedesmal muß er hören, wie Bileam Israel segnet. Schließlich wird Bileam eine erstaunliche Vision geschenkt, in der er sieht, wie sich in Israel ein König erhebt, der seine Herrschaft auch über Edom und Moab aufrichtet (der 'Stern aus Jakob', 24,17 ist David); darüberhinaus wirft er sogar einen Blick auf die assyrische Eroberung im 8. Jahrhundert.

Kap. 25: Israel Sünde mit dem Baal-Peor
Bileam hatte zwar erstaunliche Visionen, aber er war ein Heide. Nachdem er Balak verlassen hatte, muß er durch die Moabiter und die Midianiter irgend einen verderblichen Einfluß auf Israel ausgeübt haben, aufgrund dessen die Frauen dieser Völker viele Israeliten zum Götzendienst mit dem Baal von Peor verführten (vgl. 31,16). In Offb 2,14 wird auf diese Begebenheit Bezug genommen.

Kap. 26-27: Mose beginnt mit den Vorbereitungen für den Einzug nach Kanaan
Zuerst stellt Mose die Kampfkraft fest, indem er die Männer im wehrfähigen Alter zählen läßt. Diese zweite Zählung seit dem Auszug aus Ägypten zeigt, daß Israel in den vierzig Jahren zahlenmäßig nicht gewachsen, sondern eher leicht geschrumpft ist (26,51; vgl. 1,46). Die Wüste muß wohl ihre Opfer gefordert haben, aber dennoch war Vermehrung die Verheißung Gottes

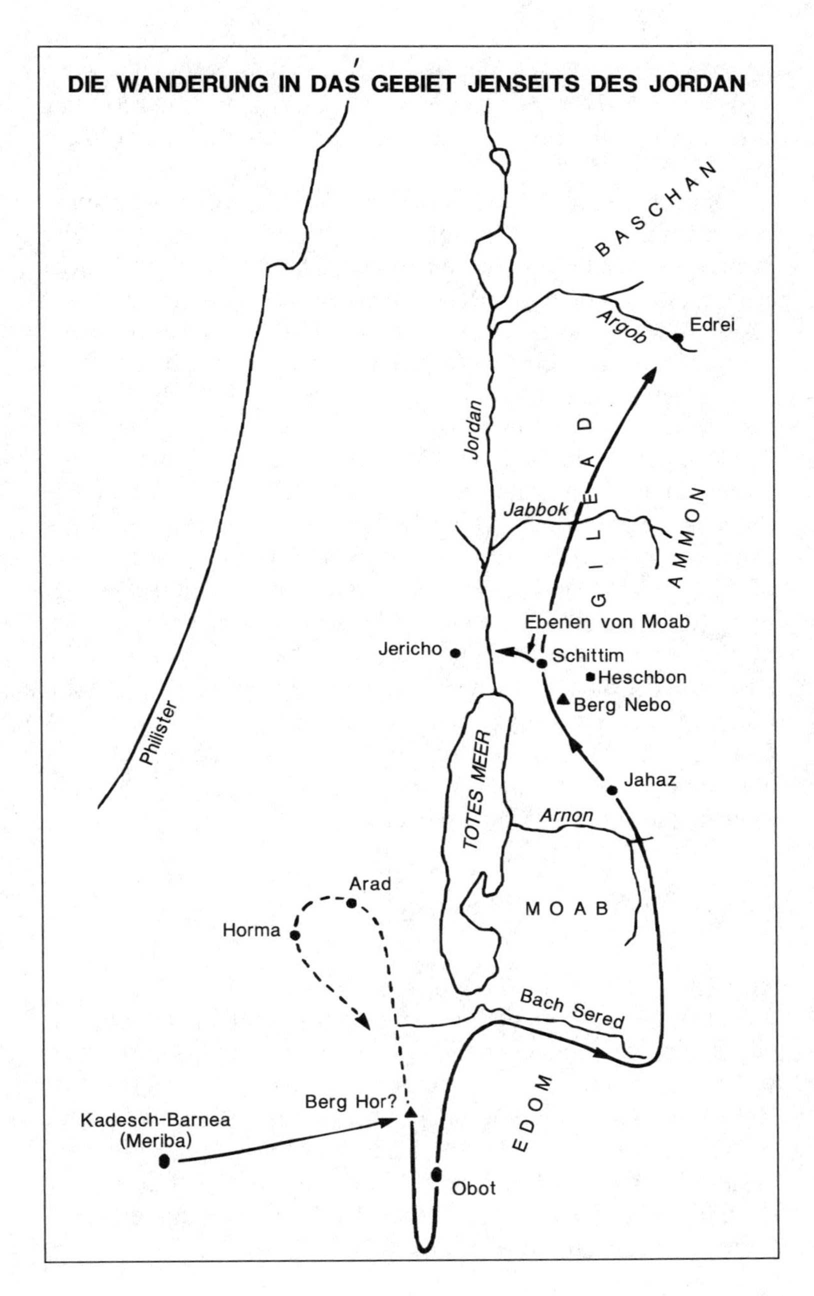
DIE WANDERUNG IN DAS GEBIET JENSEITS DES JORDAN
BASCHAN
Argob
Edrei
Jordan
GILEAD
AMMON
Jabbok
Ebenen von Moab
Jericho
Schittim
Heschbon
Berg Nebo
Philister
TOTES MEER
Jahaz
Arnon
Arad
MOAB
Horma
Bach Sered
EDOM
Berg Hor?
Kadesch-Barnea
(Meriba)
Obot

(3. Mose 26,9). Diese hing freilich vom Gehorsam ab – es ist klar, was wir daraus zu lernen haben. Die Zählung der Leviten weist eine – allerdings nur sehr leichte – Zunahme auf (26,62; vgl. 3,39).

Danach sucht er zweitens den Rat des HERRN in einer besonderen Frage des Erbrechts, die zu Streitigkeiten bei der Aufteilung des Landes führen könnte. Frauen, die keine Brüder haben, erhalten hier das Recht zu erben, was damals im Nahen Osten sehr ungewöhnlich war. Später wird dieser Bestimmung aber der Vorbehalt hinzugefügt, daß solche Frauen nur innerhalb ihres eigenen Stammes heiraten dürfen (siehe Kap. 36).

Drittens setzt er Josua öffentlich dazu ein, nach seinem Tod die Leitung zu übernehmen. Vorher hören wir nicht viel über Josua. In Refidim hatte er die Streitmacht Israels gegen die Amalekiter geführt (2. Mose 17,8-13), als Mose auf den Berg Sinai stieg, begleitete ihn Josua als sein persönlicher Diener (2. Mose 24,13), und später hielt er Wache beim Zelt der Begegnung (2. Mose 33,11). Er war verblüfft von dem, was geschah, als der Geist auf die siebzig Ältesten herabkam (4. Mose 11,28), aber er und Kaleb waren die einzigen unter den Kundschaftern, die hinsichtlich des Einzugs in das Land an der Perspektive des Glaubens festhielten (4. Mose 14,6-9). Jetzt wird er selbst als einer anerkannt, der den Geist hat und der eine weit größere Autorität ausüben soll als irgend ein Ältester.

Kap. 28-30: Siehe S. 112 und 162.

Kap 31-32: Die Ansiedlung in Transjordanien

Mit einer Schlacht, in der die Midianiter gründlich in die Flucht geschagen werden, gehen die Kämpfe Israels im Ostjordanland zu Ende (Bileam kommt in dieser Schlacht um; 31,8 vgl. V. 16). Ruben und Gad bitten Mose, die transjordanischen Gebiete in Besitz nehmen zu dürfen und bekommen sie zugesprochen, zusammen mit Machir, einem Teil des Stammes Manasse, jedoch unter der Bedingung, daß sie den übrigen Stämmen dabei helfen, Kanaan zu erobern.

Kap. 33-36: Territoriale Bestimmungen für Israel in Kanaan
Nach einem Rückblick auf die Etappen der Wüstenwanderung hält Mose den Israeliten eine Predigt darüber, wie wichtig es ist, das Heidentum aus Kanaan gründlich auszurotten, da die Kanaanäer sonst 'zu Dornen in euren Augen und zu Stacheln in euren Seiten werden' (33,55).

Danach skizziert er die Grenzen des Gebietes, das sie einzunehmen beabsichtigen und ernennt Stammesführer, die für die Aufteilung des Landes verantwortlich sein sollen (Kap. 34).

Den Leviten weist er Städte zu, da sie kein geschlossenes Gebiet für sich erhalten sollen und benennt bestimmte Zufluchtsstädte, in die solche, die eines Mordes beschuldigt wer-

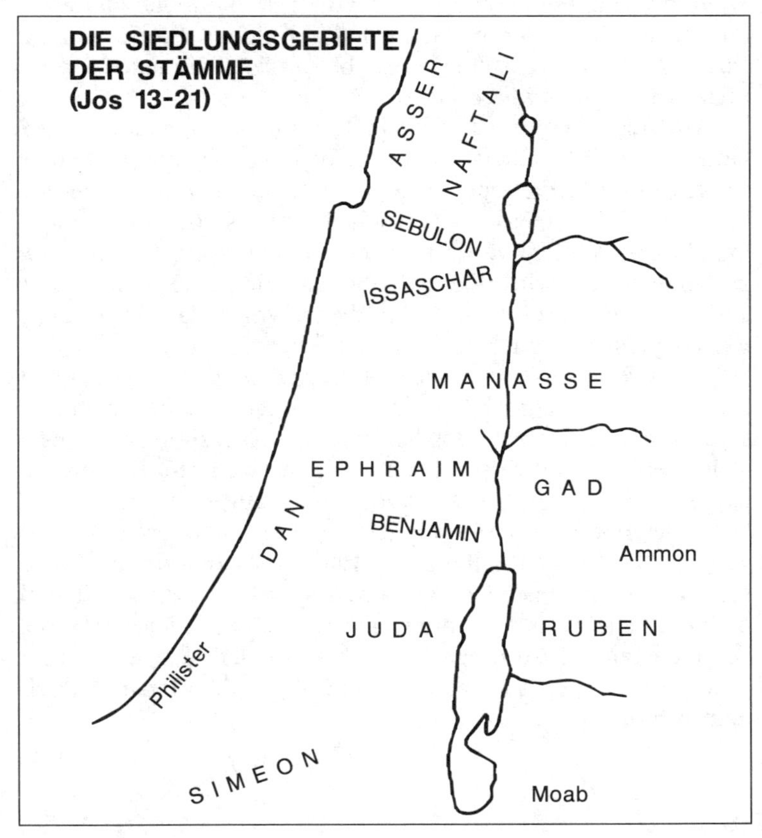

den, fliehen können und dort Schutz finden, bis sie vor Gericht gestellt werden (Kap. 35).

Schließlich trifft er eine Anordnung, die für den Fall, daß eine Familie keine Söhne hat, sicherstellt, daß ihr Landbesitz dennoch innerhalb des Stammes bleibt (Kap. 36).

Die Geschichte, der wir bisher gefolgt sind, ist folgerichtig und in sich zusammenhängend. Mose zeigte einen gewaltigen Glauben, als er Israel aus Ägypten herausführte und dann eine bewundernswerte Geduld, als er ihr Murren ertrug und immer wieder für sie eintrat, um den Zorn Gottes abzuwenden, sogar als sie ihn einmal steinigen wollten (4. Mose 14,10). Wir sehen in ihm einen Mann des Glaubens und der Vision, der wußte, was er zu tun hatte und wohin er sein Volk führen mußte, ob dieses nun willig war oder nicht, egal um welchen Preis. Wenige Männer standen ihm bei, einige beständiger als andere, aber meistens mußte er allein vor Gott stehen.

Am Sinai bekommt die Geschichte eine neue Perspektive, als Gott seinen Plan für die Zukunft und die Segnungen seines Volkes entfaltet, die er ihnen geben will, wenn sie seine Gebote befolgen. Leider müssen wir zusehen, wie das Volk immer mehr an Glaubwürdigkeit verliert, bis es schließlich an den Grenzen zurückgeworfen wird. Vierzig lange Jahre irren sie ziellos in der Wüste umher, bis Gott sie in die Ebenen von Moab weiterführt, wo sie einen Sieg nach dem anderen erringen.

Wiederholt sehen wir, wie Gott treu zu seinen Verheißungen und Absichten steht. Er bestraft zwar, aber er vergibt auch und stellt wieder her. Trotz des hartnäckigen Ungehorsams seines Volkes ernährt und versorgt er es nicht nur weiterhin, er bereitet es auch vor auf seinen letztendlichen Einzug in das Land. Als sie in der Ebene von Moab lagern, gibt er ihnen letzte Anweisungen über die Aufteilung des Landes. Und während Mose seine Leute zählt und letzte Vorbereitungen trifft, spüren wir, daß der Glaube jetzt als gerechtfertigt erwiesen wird, jener Glaube, der nicht nur Mose umgetrieben hat, sondern lange vor ihm schon Joseph, der den Tag kommen sah, an dem Israel endlich heimkehren würde.

6

Wähle das Leben!

DAS 5. BUCH MOSE (DEUTERONOMIUM)

Das Buch Deuteronomium ist eigentlich keine zusätzliche Sammlung neuer Gesetze (obwohl der Name 'Zweites Gesetz' bedeutet: griech. *deuteros* = zweites, *nomos* = Gesetz); es ist vielmehr eine erneute Darlegung der Gesetze, die bereits erlassen worden sind. Wie wir gesehen haben, sind die Israeliten mittlerweile gründlich unterwiesen und auf den Übertritt nach Kanaan vorbereitet worden. Gott überhäuft sie nicht in der letzten Minute mit Belehrungen, als ob ihm plötzlich all das eingefallen wäre, was er unbedingt noch sagen wollte, aber bisher noch nicht dazu gekommen ist. Auf diese Weise läuft es gewöhnlich bei uns ab, aber was Gott tut, ist immer gut durchdacht und solide. Das haben wir schon bei der Betrachtung der Schöpfungsgeschichte festgestellt, und wir sehen es wieder, als Jesus stirbt mit den Worten 'Es ist vollbracht' auf den Lippen.

Anders als die gesetzlichen Teile in 2.-4. Mose ist das 5. Buch Mose auch keine Wiedergabe von Worten, die Gott direkt zu Mose gesprochen hat. Fast das ganze Buch ist vielmehr eine einzige, lange Predigt, die Abschiedsrede Moses, in der er an die Israeliten, während sie sich auf den Einzug nach Kanaan vorbereiten, appelliert, das zu beachten, was Gott sie bereits gelehrt hat, sei es durch die Gesetze oder durch die Erfahrungen in der Wüste. Dies ist kurz zusammengefaßt der Inhalt:

Kap. 1-11:
Vergeßt nicht, was ihr in den vergangenen vierzig Jahren gelernt habt über die Liebe Gottes und seine Treue und über die Kosten der Rebellion. Ihr wißt, daß sein Wille darauf ausgerichtet ist, euch zu segnen.

Kap. 12-26:
Wendet die Gesetze an unter dem Vorzeichen der Dankbarkeit gegenüber Gott, der Liebe und des menschlichen Umgangs

miteinander. Ihr seid dazu berufen, das heilige Volk Gottes zu sein, und darum lebt auch so: seid ihm treu, einig untereinander und gehorcht seinen Gesetzen, damit es euch gut geht.

Kap. 27-31:
Der HERR stellt euch vor die Wahl, ihm entweder zu gehorchen und zu leben, oder ihm nicht zu gehorchen und zu sterben, entweder Segen zu empfangen oder Fluch.

Kap. 32-34:
Mit diesen Kapiteln endet die Lebensgeschichte Moses.

Die Herausforderung des 5. Buches Mose ist zusammengefaßt in der Bescheibung der 'Zwei Wege' in 11,26-28 und 30,15-20: dem Weg des Gehorsams, der zum Segen und zum Leben führt und dem Weg des Ungehorsams, der Fluch und Tod nach sich zieht. Wir sind dieser Lehre schon in 3. Mose 26 begegnet, aber hier, wo Mose seinen leidenschaftlichen Appell an das Volk richtet, wird sie zum alles übergreifenden Thema.

Es muß jedoch deutlich gesagt werden, daß diese Lehre kein Rezept darstellt, wie man die Erlösung erlangt. Diese hat Gott den Israeliten schon geschenkt, als er sie aus der Sklaverei in Ägypten rettete. Das 5. Buch Mose (und das Gesetz überhaupt) ist vielmehr eine Ausführung darüber, wie man nun sein Leben in dieser Erlösung führt: es beschreibt, wie Gottes bereits erlöstes Volk leben soll. Aber die Erlösung wird in der Bibel niemals vom Menschen verdient, sondern von Gott für ihn vollbracht. Paulus unterstreicht diese Wahrheit nachdrücklich im Römerbrief.

Der Lebensstil, der nach 5. Mose im Volk Gottes gepflegt werden soll, kann mit zwei Worten zusammengefaßt werden: dankbare Liebe Gott gegenüber, indem man ihm in ungeteilter Treue dient und den israelitischen Mitbrüdern gegenüber, indem man sich mitmenschlich verhält und Sorge trägt für die Armen und Bedürftigen (Kap. 12-26, vgl. 15,7-15) – Liebe, die aus den Herzen derer entspringt, die dankbar sind für alles, was Gott an Israel getan hat. Gott sehnt sich nach einem Volk, das ihn liebt und ihm aus der Dankbarkeit heraus dient, nicht aus einem Pflichtbewußtsein. Solch ein Dienen führt dann nur zu noch größerem Segen, wodurch wiederum Liebe und Dankbarkeit noch mehr zunehmen.

Mit dieser Lehre führt uns das 5. Buch Mose nah an das Neue Testament heran. Es führt uns hinein in das Herz Gottes, in welches das Gesetz eingebettet ist und stellt in mancher Hinsicht einen Meilenstein dar zwischen dem Gesetz vom Sinai und dem Gesetz Christi, das 'nicht mit Tinte, sondern mit dem Geist des lebendigen Gottes geschrieben ist, nicht auf steinerne Tafeln, sondern auf die Tafeln unserer Herzen' (2. Kor 3,3).

So gesehen ist 5. Mose, indem es auf den Sinai und die Erfahrungen in der Wüste zurückschaut, gleichzeitig ein prophetisches Buch. Es hat das unmittelbar bevorstehende Leben in Kanaan im Auge, aber es enthält auch die Vision von etwas Endgültigem. Mose hatte Offenbarungen über die Absichten Gottes, wie sie in jener Zeit keinem anderen zuteil wurden – er kannte das Herz Gottes, denn er redete mit ihm 'von Angesicht zu Angesicht, wie ein Mann mit seinem Freunde redet' (2. Mose 33,11). Als die siebzig Ältesten nur einen Blick erhaschten von dem, was er sah, wurden sie überwältigt und vorwärtsgetragen, hinein in einen Vorgeschmack von Dingen, die noch Jahrhunderte in der Zukunft lagen (4. Mose 11). Darum ist es kaum verwunderlich, daß seine Rede einen starken Duft zukünftiger Dinge verbreitet. Schließlich war er ein Mann des Geistes, und zur Tätigkeit dieses Geistes gehört es, das Zukünftige zu offenbaren (Joh 16,13).

In 5. Mose erschließt sich uns nicht nur das Herz und die Gesinnung Gottes, wir fangen auch an, das Herz und die Gesinnung des Menschen zu entdecken, der mit dem Geist Gottes erfüllt ist. Denn es ist ja Mose, nicht Gott, der hier spricht und diejenigen, die wirklich die Erfahrung gemacht haben, daß die Liebe Gottes in ihre Herzen ausgegossen wurde durch den Heiligen Geist (Röm 5,5), fühlen sich sehr zuhause in den Denkmustern und Empfindungen des Herzens, in denen er hier seine Wertschätzung der Liebe Gottes ausdrückt und uns dazu aufruft, uns auf sie einzulassen.

1. DIE LEHRE AUS DER GESCHICHTE (KAP. 1-11)

Kap. 1-4: Zieht die Lehren aus eurer Wüstenwanderung und gehorcht Gott!
Wir befinden uns am Ende der Wüstenzeit (1,3f). Mose beginnt seine Ansprache mit einem Rückblick auf die Hauptereignisse, seit sie den Horeb verlassen haben (der Berg Sinai wird in 5. Mose Horeb genannt, vgl. 2. Mose 3,1).

Kap. 1: Als Gott uns vom Horeb aufbrechen ließ, befahl er uns, geradewegs in das Land zu gehen, das er unseren Vätern verheißen hat (6-8, vgl. 4. Mose 10). Auf dem Weg mußte ich Älteste einsetzen, die mir dabei halfen, die Last all eurer Klagen zu tragen (9-18, vgl. 4. Mose 11). An der Grenze wußte ich, daß wir mutig vorgehen und Besitz ergreifen sollten, und unsere Kundschafter bestätigten uns, daß es ein gutes Land ist (19-25, vgl. 4. Mose 13). Aber trotz all meiner Appelle wolltet ihr Gott nicht vertrauen, und darum verurteilte er uns dazu, in der Wüste umherzuwandern (26-46, vgl. 4. Mose 14).

2,1 – 3,20: Während dieser 40 Jahre sorgte Gott gut für uns und führte uns dann um die Gebiete von Edom, Moab und Ammon herum, die er uns ohnehin nicht versprochen hat (1-23, vgl. 4. Mose 20-21). Aber jetzt haben wir Transjordanien eingenommen, das Land von Sihon und Og. Das war einfach, weil Gott es uns gegeben hat – es ist verheißenes Land, und ich habe es Ruben, Gad und einem Teil von Manasse zugeteilt (2,24 – 3,20, vgl. 4. Mose 21 & 32).

3,21-29: Josua wird euch nach Kanaan hineinführen; ich kann nicht mit euch gehen. Ihr habt gesehen, wie einfach es ist, Land einzunehmen, wenn Gott mit euch ist, darum geht diesmal mutig voran und fürchtet euch nicht. Ich muß den Preis für meinen Ungehorsam bezahlen. Es ist nicht einfach, und ich habe deswegen zu Gott gefleht; haltet darum bei allem, was ihr tut, die Lektionen im Gedächtnis, die ihr während dieser 40 Jahre gelernt habt.

Kap. 4: Hört genau auf das, was Gott euch jetzt befiehlt (1f). Erinnert euch daran, was noch vor wenigen Wochen mit denen geschehen ist, die sich dem Baal von Peor zugewandt haben (3f, vgl. 4. Mose 25).

Ihr habt Gebote erhalten, die euch weise machen unter den übrigen Völkern (5-8). Achtet darauf, daß ihr sie nicht vergeßt; bringt sie euren Kindern bei. Haltet sie im Gedächtnis, denn sie sind Gottes Ordnung für euer Leben in Kanaan (9-14).

Der Gott, dem ihr am Horeb begegnet seid, ist nicht wie die Götter der Heiden; laßt euch nicht dazu verführen, ihnen zu dienen. Er ist ein verzehrendes Feuer, ein Gott, der ausschließliche Verehrung beansprucht; das habe auch ich erfahren müssen, als er seine Hand zum Gericht gegen mich ausstreckte (15-24).

Wenn eine Zeit kommt, in der ihr euch zu anderen Göttern hin abwendet, werdet ihr aus dem Land vertrieben und erst zurückgeführt werden, wenn ihr von ganzem Herzen umgekehrt seid – und ihr werdet ganz gewiß zurückgeführt werden, denn Gott vergißt die Verheißung nicht, die er Abraham gegeben hat (25-31).

Denkt darüber nach; ihr seid dem Gott des Himmels und der Erde in einer für Menschen einzigartigen Erfahrung begegnet und das nur deshalb, weil er eure Väter geliebt hat. Jetzt bringt er euch nach Hause. Bitte haltet seine Gebote (32-40).

In diesen Kapiteln hat Mose wiederholt sowohl die Liebe und Güte Gottes zu Israel hervorgehoben, als auch den Ernst seiner Berufung. Wir haben gesehen, daß seine Liebe ebenso Beweggrund für unseren Gehorsam ist, wie die Ehrfurcht vor seiner Majestät.

Kap. 5-11: Nehmt zu Herzen, was der HERR am Horeb von euch gefordert hat – ihn zu lieben und ihm zu dienen.

Kap. 5: Als Gott aus dem Feuer zu euren Vätern redete, hat er auch zu euch geredet (1-4), und als ihr zuhörtet, standet ihr voll Ehrfurcht da und gelobtet, gehorsam zu sein (23-27), aber was Gott wirklich von euch will, ist eine Herzenshaltung der Treue (29).

Der Wortlaut der Zehn Gebote weicht geringfügig von 2. Mose 20 ab, was möglicherweise darauf zurückzuführen ist, daß Mose sie in seiner Predigt frei zitiert und sich damit eine Freiheit erlaubt, deren sich die meisten Prediger bedienen, um etwas auf den Punkt zu bringen. Das sehen wir besonders deutlich beim Sabbatgebot, wo er wiederum hervorhebt, daß der

Gehorsam in der dankbaren Erinnerung an die Taten des HERRN seinen Grund haben soll.

Dieselbe Betonung der Liebe und Dankbarkeit, des sich Erinnerns und nicht Vergessens, wie auch der Treue und des Gehorsams durchzieht auch die folgenden Kapitel.

Kap. 6: Wenn ihr in das Land mit all seinem Reichtum und seinen Annehmlichkeiten kommt, dann achtet darauf, daß ihr den HERRN nicht vergeßt. Ihr sollt ihn lieben von ganzem Herzen, von ganzer Seele und mit all eurer Kraft; lehrt eure Kinder die Gebote und die Geschichte von eurer Rettung und gehorcht dem HERRN, damit es euch gutgeht.

Kap. 7: Laßt euch nicht auf Beziehungen mit den Heiden in Kanaan ein; ihr seid dazu berufen, ein heiliges Volk für den HERRN zu sein. Ihr seid sein auserwähltes Eigentum und das keineswegs, weil ihr ein besonderes Volk wäret – im Gegenteil: ihr seid ein ziemlich unbedeutendes Geschlecht – , sondern weil der HERR euch liebhat. Gehorcht ihm und seid treu, denn er wird für euch sorgen und die Kanaanäer nach und nach hinaustreiben, solange ihr euch nicht in ihre widerwärtigen heidnischen Praktiken hineinziehen laßt.

Kap. 8: Vorsicht! Wenn ihr die Segnungen des Landes genießt, werdet ihr versucht sein zu vergessen, daß es der HERR ist, der sie euch gibt, und dann besteht die Gefahr, daß ihr alles verliert.

Kap. 9: Ihr habt es nämlich nicht verdient. Es wurde vielmehr eurem Stammvater Abraham verheißen. Achtet darauf, daß ihr nicht den Zorn Gottes hervorruft wie am Horeb, als ihr euch das goldene Kalb machtet und an all den anderen Orten, an denen ihr ihm nicht gehorchtet.

Kap. 10: Das hatte schlimme Folgen, aber Gott hat in seiner Treue und Barmherzigkeit den Bund und die Verheißungen erneuert; daraum fürchtet und liebt ihn, gehorcht und dient ihm, denn er ist nur darauf aus, euch Gutes zu tun. Er hat euch erwählt, er liebt euch, er ist euer Lobgesang, er ist euer Gott!

Kap. 11: Liebt ihn, gehorcht ihm, erinnert euch an alles, was er für euch getan hat. Er ist dabei, euch mit Gutem zu beschenken. Laßt euch nicht zu anderen Göttern verführen. Vor euch liegt die Wahl zwischen zwei Wegen: der eine führt zu Segen und Leben, der andere zu Fluch und Tod. Darum seid darauf bedacht, ihm zu gehorchen.

Mose muß ein gewaltiger Prediger gewesen sein! Er hat das Volk schon oft zusammengerufen, aber in 2. bis 4. Mose finden sich nur Bruchstücke seiner Predigten. Hier sehen wir in sein Herz hinein.

2. DIE LEHRE AUS DEM GESETZ (KAP. 12-26)

Mose führt uns durch verschiedene Aspekte des Gesetzes und prägt uns dabei dieselben Lektionen ein. Er ist nicht so sehr darauf bedacht, weitere Gesetze hinzuzufügen, als vielmehr das innerste Anliegen jener herauszuarbeiten, die schon vorhanden sind. Er will die Israeliten über die wesentlichen Grundsätze belehren, nach denen sie gemäß ihrer Berufung in dem Land leben sollen und sie daran erinnern, daß der Gehorsam aufgrund von dankbarer Liebe zu überfließendem Segen führt – und umgekehrt natürlich zum Gegenteil. Wir sollten diese Kapitel weiterhin als eine Predigt lesen. Ein kurzer Vergleich von Kap. 12 mit 3. Mose 1-7, wo ebenfalls vom Heiligtum und seinen Opfern die Rede ist, zeigt deutlich, daß wir hier eine Predigt hören und nicht nur gesetzliche Bestimmungen lernen sollen. Während 3. Mose alle praktischen Anordnungen für die Darbringung der Opfer am Altar enthält, spricht 5. Mose von den richtigen Einstellungen oder Herzenshaltungen, mit denen man sie zum Heiligtum bringen soll.

12,1 – 14,21: Ihr seid das Volk des HERRN; ihr dürft nur ihm allein dienen!

Kap. 12: Bringt eure Opfer in dem Heiligtum dar, das der HERR erwählen wird, nicht an den verschiedenen Plätzen, die den Kanaanäern heilig sind. Für Israel war jede Schlachtung zugleich ein Opfer, weil das Blut Leben bedeutete, und dieses gehört Gott. Darum sollte eine Schlachtung normalerweise nur am Altar erfolgen, aber falls das Haus des HERRN zu weit entfernt wäre, sollte entweder das Tier zu Hause geschlachtet werden und sein Blut zur Erde fließen, oder es sollte verkauft und für den Erlös ein anderes Tier gekauft werden, das dann im Heiligtum geopfert werden konnte; aber auf keinen Fall durfte es nach heidnischen Riten an einer lokalen Kultstätte geopfert werden. Am Fleisch sollte der ganze Haushalt Anteil bekommen, auch die Sklaven – und dabei sollten alle fröhlich und dankbar sein, weil der HERR sie gesegnet hat (V. 7.12.18).

Kap. 13: Diene auf keinen Fall anderen Göttern, selbst dann nicht, wenn ein noch so überzeugender Prophet, ein Familienangehöriger oder Freund oder sogar die Bevölkerung einer ganzen Stadt dich dazu überreden wollen. Schaltet solche Einflüsse auf euer Leben radikal aus.

14,1-21: Ihr seid Kinder Gottes, ein heiliges Volk, das besondere Eigentum des HERRN. Jeder Bereich eures Lebens muß diese Wahrheit widerspiegeln, sogar die Nahrung, die ihr zu euch nehmt.

14,22 – 15,18: Seid großzügig gegenüber euren israelitischen Mitgenossen!

Seid nicht nachlässig mit dem Abgeben eures Zehnten, damit die Fremdlinge, Waisen, Witwen und Leviten etwas zu essen haben. Haltet euch auch gewissenhaft an die Anordnung des HERRN, in jedem siebten Jahr euren israelitischen Mitbrüdern die Schulden zu erlassen und den hebräischen Sklaven die Freiheit zu schenken. 'Es sollte überhaupt kein Armer unter euch sein ... du sollst dein Herz nicht verhärten und deine Hand nicht zuhalten gegenüber deinem armen Bruder, sondern sollst sie ihm auftun und ihm leihen, soviel er Mangel hat ... und dein Herz soll sich's nicht verdrießen lassen, daß du ihm gibst' (15,4.7-8.10). Diese Gedanken stehen schon hinter den Anordnungen von 3. Mose (vgl. 25,6f), aber hier ermuntert Mose als Prediger das Volk, sie auch anzuwenden und danach zu leben.

15,19 – 16,17: Feste sollen Zeiten der fröhlichen Dankbarkeit für alle sein

Ein Blick auf 3. Mose 23 und 4. Mose 28-29 offenbart wiederum den auffallenden Gegensatz zwischen Predigt und gesetzlicher Anordnung. Obwohl 5. Mose auch auf einige Opferbestimmungen Bezug nimmt, wäre es nahezu unmöglich, das Wochenfest und das Laubhüttenfest allein auf der Grundlage der hier vorgetragenen Lehre kultisch zu feiern, denn es geht hier fast ausschließlich um die richtigen Herzenshaltungen, mit denen man diese Feste begehen soll: sie sollen Zeiten der Erinnerung (16,3.12) und darum der Fröhlichkeit (16,11.14f) und Dankbarkeit für alle Segnungen Gottes sein (16.1.10.17). Und niemand, auch wenn er noch so arm oder gering war, durfte von den Feierlichkeiten ausgeschlossen werden, alle sollten teilnehmen: Kinder, Sklaven, Leviten, Fremde, Waisen, Witwen, und was es sonst noch für Leute gab. Denkt daran: auch ihr seid einmal arm gewesen und unterdrückt worden, bis der HERR euch gerettet hat (16,12).

16,18 – 21,23: Bewahrt die Heiligkeit und die Mitmenschlichkeit in eurem sozialen Gefüge!
Es kommen verschiedene Bereiche der staatlichen Organisation zur Sprache: Justiz, Gesetzgebung, Priestertum, die Propheten, der König, die Armee, die Rechte der Söhne usw. Zwischen weltlichen und sakralen Einrichtungen wird nicht streng unterschieden. Israel war schließlich das Volk des HERRN, und die uns heute geläufige Unterscheidung zwischen Kirche und Staat kann nicht einfach auf Israel übertragen werden. Ein kurzer Überblick über die folgenden Kapitel zeigt, daß Mose immer noch am Predigen ist und nun seine grundlegende Lehre über die Treue zu Gott, über die Gerechtigkeit und die Mitmenschlichkeit auf die religiösen, sozialen und politischen Einrichtungen Israels anwendet.

16,18-20: Richter und Beamte müssen eine gerechte Justiz aufrechterhalten, um ein sicheres Leben im Land des HERRN zu ermöglichen.

16,21 – 17,7: Rechtsfälle religiöser Art können von weltlichen Gerichten entschieden werden – manche religiösen Vergehen sind so abscheulich, daß die weltlichen Gerichte dafür die Todesstrafe verhängen können, vorausgesetzt, die Anschuldigung kann auf die Aussage von zwei oder drei Augenzeugen hin aufrechterhalten werden.

17,8-13: Weltliche Rechtsfälle können der sakralen Justiz übertragen werden. Sie ist die letzte Instanz für alle Rechtsfälle, seien sie religiöser oder weltlicher Art.

17,14-20: Zum Wohl des Landes muß sich der König (wenn einer eingesetzt wird) eine Abschrift des Gesetzes verschaffen, darin täglich lesen und danach leben.

18,1-8: Jeder Levit muß seinen gerechten Anteil an den ihm gesetzlich verordneten Rechten und Pflichten erhalten; er hat ja keine andere Möglichkeit, seinen Lebensunterhalt zu verdienen, da sein Stamm nicht über ein eigenes Gebiet verfügt.

18,9-22: Heidnische Wahrsager dürfen nicht aufgesucht oder beachtet werden. Der HERR hat verheißen, euch einen Propheten wie mich zu senden, durch den er reden wird. Ihr werdet ihn erkennen, denn er wird im Namen des HERRN reden und seine Worte werden eintreffen.

19,1-3: Die Zufluchtsstädte sollen Orte sein, an denen jemand, der des Mordes angeklagt, aber nicht schuldig ist, Schutz findet.

19,14: Respektiere die Gemarkungsgrenzen, die deine Vorfahren gezogen haben.

19,15-21: Die Aussage von Augenzeugen muß überprüft werden, damit die Rechtsprechung nicht in ihr Gegenteil verkehrt wird.

Kap. 20: Kriege sollen furchtlos geführt werden, aber ohne mutwillige Grausamkeit; die Grundsätze der Mitmenschlichkeit und des Eifers für Gott müssen in ein ausgeglichenes Verhältnis zueinander gebracht werden.

21,1-9: Die Untersuchung unaufgeklärter Mordfälle kann mit einem Opfer abgeschlossen werden, damit weder auf einer Person noch auf einem Ort eine Blutschuld lasten muß.

21,10-14: Wenn einer eine Kriegsgefangene zur Frau nimmt, muß er sie mit der einer Ehefrau gebührenden Achtung behandeln.

21,15-17: Das Erbteil des Erstgeborenen muß ihm in jedem Fall zugestanden werden.

21,18-21: Wenn alle Erziehungsmaßnahmen fehlschlagen, kann es vorkommen, daß ein Gericht einen hartnäckig rebellischen Sohn zum Tod verurteilen muß, weil er seine Eltern nicht ehrt.

21,22f: Ihr sollt das Land nicht dadurch verunreinigen, daß ihr den Leichnam eines Verbrechers über den Tag der Hinrichtung hinaus zur Schau stellt.

Kap. 22-25: Verschiedene Gesetze
Es ist unmöglich, alle Gesetze in diesen Kapiteln zu kommentieren, aber schon eine flüchtige Durchsicht zeigt, daß ihnen dieselben Prinzipien zugrundeliegen.

(a) Mitmenschliche Fürsorge: Umgib das Flachdach deines Hauses mit einem Geländer, damit niemand herunterfällt und sich verletzt (22,8); wenn ein davongelaufener Sklave bei dir Zuflucht sucht, dann gewähre ihm deinen Schutz (23,16f); von einem israelitischen Bruder sollst du keinen Zins fordern (23,20); einen frisch verheirateten Mann sollst du für ein Jahr vom Militärdienst zurückstellen (24,5); einen armen Mann, der für dich arbeitet, sollst du nicht ausnützen (24,14f); erlaube den Armen, auf deinem Erntefeld Nachlese zu halten (24,19-22); usw.

(b) Ähnliche Fürsorge auch für die Tiere: Wenn du siehst, daß der Ochse oder das Schaf deines Nächsten in Not ist, dann hilf ihm (22,1-4); tu einer Vogelmutter nichts zuleide, wenn du ihr die Eier oder die Jungen wegnimmst (22,6f); erlaube deinem Ochsen, von den Getreidekörnern zu fressen, während er für dich dreschen muß (25,4).

(c) Heiligkeit: In der Ehe und in den sexuellen Beziehungen wird Reinheit gefordert (22,13 – 23,1); es muß sorgfältig darauf geachtet werden, wer in die Gemeinde Israels aufgenommen wird, damit sie rein bleibt (23,2-9); auch das Kriegslager muß rein und heilig gehalten werden (23,10-15).

(d) Gerechtigkeit und Ehrlichkeit: stehe zu deinen Gelübden (23,22-24); verhängt keine überzogenen Strafen (25,1-3); betrüge nicht, indem du zweierlei Gewichtsteine verwendest (25,13-16).

Einige dieser Gesetze haben kein genaues Gegenstück in den anderen Gesetzessammlungen, aber sie sind dennoch größtenteils Ausführungen jener zentralen Prinzipien, die wir herausgearbeitet haben und fügen darum nichts grundsätzlich Neues hinzu.

Kap. 26: Denkt an Gottes Güte und seid ihm treu
Am Schluß des Gesetzesteils stehen nicht so sehr weitere Bestimmungen über die Erstlingsfrüchte und den Zehnten im Mittelpunkt, als vielmehr der Aufruf des Predigers, in diesen Opfern

Gelegenheiten zu sehen, der Heilstaten Gottes zu gedenken, ihm für das Geschenk des Landes zu danken und das Versprechen zu erneuern, ihm treu zu dienen.

Dieser Teil der Predigt wird passend abgeschlossen mit einer Erinnerung daran, daß Israel das besondere Eigentum Gottes ist, dem er in seiner Liebe verheißen hat, es zu segnen – und das sollte für Israel Grund genug sein, ihm zu gehorchen (16-19).

3. SEGEN, FLUCH UND BUSSE (KAP. 27-30)

Mose setzt seine Predigt nun in einem anderen Stil fort mit einigen praktischen Anordnungen, durch die das Volk in der Bundestreue gefestigt und sichergestellt werden soll, daß es auch darin verharrt, wenn es sich im Land befindet.

Kap. 27: Zuerst ordnet er an, daß sie große Denkmale errichten sollen, auf denen für alle lesbar das Gesetz geschrieben steht. Dann beschreibt er eine Zeremonie, mit der sie sich erneut auf den Bund verpflichten sollen, indem sie Opfer darbringen und sich als Mahnung die Segnungen und Flüche vergegenwärtigen, die mit den Gesetzen verbunden sind.

Es ist bezeichnend, daß diese Zeremonie auf den Bergen Ebal und Garizim stattfinden sollte, denn am Fuß dieser Berge liegt die Stadt Sichem, die in der Geschichte der Landverheißung von besonderer Bedeutung ist. Dort hielt sich Abraham zuerst auf, nachdem er in Kanaan angekommen war (1. Mose 12,6f), und als Jakob aus dem Exil zurückkehrte, errichtete er dort zuerst sein Lager (1. Mose 33,18-20). Beide bauten in Sichem einen Altar, und nun soll Israel als erstes Zeichen der Rückkehr dort einen weiteren Altar bauen und dem HERRN Treue geloben. In späterer Zeit errichteten die Samaritaner auf dem Berg Garizim einen Tempel. Um 128 v. Chr. wurde er zerstört, aber die Samaritaner haben die Tradition von diesem heiligen Ort bis in die neutestamentliche Zeit (Joh 4,20) und bis heute bewahrt.

Kap. 28: Mose führt bis in die Einzelheiten die Segnungen und Flüche aus, die Israel zu erwarten hat, je nachdem, ob es gehorsam oder ungehorsam ist. Die Liste der Flüche ist beträchtlich länger, denn Mose war ein Realist – er kannte bereits den natürlichen Hang Israels zur Rebellion.

Die Segnungen und Flüche beziehen sich auf handfeste Dinge des täglichen Lebens und nicht so sehr auf geistliche Dinge. Das sollten wir auch erwarten, wenn wir uns in Erinnerung rufen, daß es die Absicht Gottes ist, seine Schöpfung so wiederherzustellen, wie er sie ursprünglich gewollt hat. Als er zuerst die Patriarchen und dann Israel berief, eröffnete er ihnen die Möglichkeit, einen provisorischen Vorgeschmack von dieser Wiederherstellung zu erleben, deren volle Verwirklichung natürlich noch in der Zukunft der Menschheit liegt. Gott hatte versprochen, Abraham zu segnen, und er wurde sehr reich an Vieh, Silber und Gold (1. Mose 12,2; 13,2). In ähnlicher Weise wird Israel 'Überfluß an Gutem' verheißen (5. Mose 28,11), so daß es praktisch wie im Garten Eden lebt (5. Mose 28,1-14). Aber der Weg dahin ist der Weg des Gehorsams.

Kap. 29: Danach überblickt Mose die gesamte Geschichte Israels in der Vergangenheit, Gegenwart und Zukunft und erinnert das Volk noch einmal daran, wie gnädig ihm Gott gewesen ist, seit er es aus Ägypten herausgeführt hat (2-8). Er macht ihnen den Ernst dessen klar, was sie jetzt tun, wenn sie sich erneut auf den Bund mit Gott verpflichten (9-21) und warnt sie noch einmal vor den katastrophalen Folgen der Rebellion (22-29).

Kap. 30: Gott will aber nicht zerstören, sondern wiederherstellen, und darum wollen auch die Flüche nicht in erster Linie Vergeltung androhen, sondern zur Umkehr leiten. Dann 'wird sich der HERR wieder über dich freuen, dir zugut' (9).

Es ist etwas Gutes, was euch der HERR anbietet, und es ist nicht unerreichbar für euch, aber die Wahl liegt letztlich bei euch – darum wählt das Leben.

4. MOSES LETZTE TAGE (KAP. 31-34)

Mose setzt Josua als seinen Nachfolger ein und ermutigt ihn, stark zu sein durch die Vision (31,1-8). Den Leviten befiehlt er, das Volk regelmäßig im Gesetz zu unterrichten (31,9-13).

Dann spricht zum erstenmal in 5. Mose Gott selbst. Er offenbart Mose, daß die Israeliten den Bund bald brechen und sich anderen Göttern zuwenden werden und fordert ihn auf, ein Lied zu verfassen, das sie lernen sollen, damit sie die Botschaft nicht vergessen. Dennoch wird Josua noch einmal ermutigt, das Volk in das Land zu führen, da Gott unter Eid verheißen hat, es ihnen zu geben (31,14-23).

Mose richtet diese Botschaft den Leviten aus, als er ihnen das Gesetzbuch zur Aufbewahrung übergibt (31,24-29) und lehrt danach das Volk sein Lied (31,30 – 32,47).

Nachdem Mose seine Aufgabe fast erledigt hat, ruft ihn Gott auf den Berg Nebo, um von dort aus das Land zu überblicken, das er selbst nicht betreten darf (32,48-52).

Zuvor aber segnet Mose das Volk und sieht dabei prophetisch, wie es in seinen Stammesgebieten wohnt. Die meisten Stämme sind stark und wohnen sicher, was angesichts der vorausgesagten Rebellion überrascht, aber für einige Stämme muß Mose auch um Kraft und Schutz beten (Kap. 33).

Schließlich steigt Mose auf den Berg Nebo und erblickt das Land, nach dem er sich all die Jahre gesehnt hat, das Land, das seinen Vätern verheißen worden war. Die Geschichte von seinem Tod ist, wie oft bei großen Männern Gottes, in wundersame Ereignisse gehüllt. Obwohl ein alter Mann, ist er noch rüstig und bei guter Gesundheit. Aber seine Arbeit für Gott ist beendet, und so stirbt er und wird auf geheimnisvolle Weise an einem Ort, den niemand kennt, zur letzten Ruhe gebettet (34,1-8).

In der Geschichte Israels bricht ein neuer Tag an, als Josua die Führung übernimmt. Das Volk akzeptiert ihn, nicht weil er diese Position von sich aus angestrebt hätte, sondern weil er bereits von Gott erwählt und durch Mose eingesetzt worden war (34,9). Die Geschichte von Josua gehört in den nächsten Band dieser Reihe, aber wir können schon hier nebenbei festhalten, daß im allgemeinen auch für die Einsetzung von christlichen Leitern dasselbe doppelte Prinzip gilt: Salbung durch den Geist Gottes und Ernennung durch die Gemeinde.

Es hat in Israel keinen Propheten mehr wie Mose gegeben (34,10-12), jedenfalls nicht bis in die Zeit Elias. Beide Männer lebten in Zeiten, in denen Gott große Taten der Rettung vollbringen mußte: Mose, als die Gefahr bestand, daß Israel durch die Sklaverei in Ägypten ausgelöscht wurde und Elia, als der Glaube Israels durch die heidnische Königin Isebel fast ausgerottet worden wäre (1. Kön 17 – 2. Kön 2). Durch beide Männer vollbrachte Gott viele Zeichen und Wunder, und beide waren auf ihre Weise Werkzeuge für eine Erweckung. Beide begegneten Gott auf dem Berg Sinai, waren gewaltige Propheten, verließen diese Erde unter geheimnisvollen Umständen und übertrugen zuvor ihre charismatisch-prophetische Salbung jüngeren Männern, die dann ihr Werk vollendeten. In beiden können wir Vorbilder für Jesus und seinen Dienst sehen. Dies ist wahrscheinlich auch der Hauptgrund dafür, daß Jesus auf dem Berg der Verklärung gerade mit diesen beiden zusammen war (Mk 9,4).

Wir sind zwar noch nicht in jenem Abschnitt der Geschichte Israels angekommen, in dem die prophetische Bewegung entstehen sollte, aber wir finden schon im persönlichen Leben und im Dienst Moses viele Züge des Glaubens der späteren Charismatiker und ahnen darum schon, was für ein Potential darin liegt. Mose steht gewissermaßen in der Mitte zwischen der Vision und ihrer Verwirklichung. Die Sünde Adams führte zum Tod, Abraham sah in einer Vision die Wiederherstellung des Lebens; Mose empfing diese Vision, sehnte sich danach, daß andere ihre Realität erfahren und versuchte, sie seinem Volk zu vermitteln; spätere Propheten sollten sehen, daß der Vision eines Tages breite Anerkennung widerfahren würde; und schließlich kam sie in Jesus zur Erfüllung. Den mittleren Teil der Geschichte müssen wir den folgenden Bänden überlassen und wenden uns nun der neutestamentlichen Erfüllung zu, da wir bisher mindestens soviel von der Vision mitbekommen haben, daß wir ihre Erfüllung verstehen können.

7

Das Herz des Gesetzes

Bevor wir einen Sprung um Jahrhunderte in die Zukunft machen, um im Neuen Testament die Fortsetzung zu studieren, die diesen Anfangsgeschichten der 5 Bücher Mose entspricht, müssen wir einen genaueren Blick auf die Gesetze werfen, die Gott Mose gegeben hat. Dadurch werden wir nicht nur besser verstehen, was das Neue Testament über sie zu sagen hat, es wird uns auch dabei helfen, die geistliche Dimension im Gesetz selbst schätzen zu lernen, das der Heilige Geist in der persönlichen Erfahrung des Christen zu pulsierendem Leben erwecken kann.

1. WAS DAS GESETZ ENTHÄLT

Kategorien und Sammlungen von Gesetzen

Die Gesetze können in verschiedene Kategorien eingeteilt werden:

– Kultische/sakrale/priesterliche Gesetze, die den Opferkult und das Priestertum betreffen;

– Strafgesetze, die die Strafen festlegen, die der Staat zu verhängen hat;

– bürgerliche Gesetze, in denen es hauptsächlich um Eigentum und Schadenersatz geht;

– moralische Gesetze, die zwischenmenschliche Beziehungen betreffen;

– religiöse Gesetze, die die Beziehung des Menschen zu Gott regeln.

Mit der ersten Kategorie (kultische Gesetze) beschäftigen wir uns im nächsten Kapitel; die letzten vier finden wir hauptsächlich:

– in den Zehn Geboten (2. Mose 20 & 5. Mose 5); dies sind hauptsächlich religiöse und moralische Gesetze, die zugleich die Grundlage für die Strafgesetzgebung Israels bilden;

– im Bundesbuch (2. Mose 21-23), das hauptsächlich bürgerliche Gesetze enthält, aber auch viele aus den übrigen drei Kategorien;

– im Heiligkeitsgesetz (3. Mose 17-26), das weitgehend kultisch ausgerichtet ist, aber auch viele religiöse und moralische Gesetze enthält (besonders die Forderung nach Heiligkeit, 3. Mose 19,2);

– im Deuteronomium (5. Mose 12-26) mit seinen unterschiedlichen Gesetzen, verbunden mit Ermahnungen zum Gehorsam, zur Nächstenliebe und Heiligkeit, usw.

Sprachliche Formen der Gesetze
Die einzelnen Gesetze sind in unterschiedlichen sprachlichen Formen verfaßt:

– Befehl, z. B. 'Ehre deinen Vater und deine Mutter' (2. Mose 20,12);

– Verbot, z. B. 'Du sollst nicht stehlen' (2. Mose 20,15);

– Verfluchung, z. B. 'Verflucht sei, wer einen Götzen oder ein gegossenes Bild macht' (5. Mose 27,15);

– kasuistischer Rechtssatz, z. B. 'Wenn jemand ein Rind oder ein Schaf stiehlt und schlachtet's oder verkauft's, so soll er fünf Rinder für ein Rind wiedergeben und vier Schafe für ein Schaf' (2. Mose 21,37).

Die normale Form der Gesetze in der altorientalischen Umwelt Israels war der kasuistische Rechtssatz, aber im Alten Testament wird auch von den übrigen Formen, besonders vom Verbot, reichlich Gebrauch gemacht. In dieser Hinsicht ist das Alte Testament einzigartig in seiner Gesetzgebung – eben weil es das Gesetz Gottes ist; Gott stellt nicht nur Regeln auf, er befiehlt auch. Sein Wille ist absolut.

Das ist auch der Grund dafür, warum wir diese einfachen Formen manchmal um kurze, predigtartige, ermahnende Klauseln oder Zusätze erweitert vorfinden, wie z. B. 'denn der Herr, dein Gott ist heilig', oder 'damit es dir gutgeht in dem Land, das der Herr, dein Gott, dir gibt' oder sogar noch längere Zusätze, wie sie uns in der Predigt von 5. Mose begegnen. Weltliche Herrscher halten normalerweise keine Predigten über ihre Gesetze; aber die Diener Gottes müssen seine Gesetze predigen, denn es handelt sich dabei ja nicht nur um gute Ideen, die sich Menschen ausgedacht haben, um die Gesellschaft auf die bestmögliche Weise in den Griff zu bekommen, sondern um das

Wort Gottes an sein Volk, um ihm den Weg zu weisen, der zum Leben führt.

Der Dekalog

Die Zehn Gebote sind einzigartig unter den Gesetzen der Fünf Bücher Mose. Diese Gebote hat Gott selbst vom Berg herab verkündigt und damit das Herzstück seines Bundes mit Israel hervorgehoben. Sie waren es auch, die auf steinernen Tafeln eingraviert in der Bundeslade aufbewahrt wurden.

Sie betreffen die Beziehung des Menschen zu Gott (die ersten vier Gebote) und seinem Mitmenschen (die letzten sechs Gebote) und drücken zusammengenommen das Wesen der Berufung Gottes für das alte Israel aus: völlige Hingabe an Gott und Achtung vor dem Mitmenschen. Die Zehn Gebote sind so wichtig, daß sie die Grundlage für die Strafgesetzgebung Israels bilden; darum steht auch auf Vergehen gegen jene Gesetze, die direkt von den Zehn Geboten abgeleitet sind, meistens die Todesstrafe (z. B. 3. Mose 20). Man kann sagen, die übrigen Gesetze sind ein Kommentar zu den Zehn Geboten oder Bestimmungen, wie diese in konkreten Einzelfällen anzuwenden sind.

2. WAS DAS GESETZ FORDERT

Recht und Gerechtigkeit

Die Strafgesetzgebung und die bürgerliche Gesetzgebung arbeiten nach denkbar einfachen Prinzipien: auf die schwersten Vergehen steht die Todesstrafe, sonst gilt der Grundsatz 'Auge um Auge, Zahn um Zahn' (2. Mose 21,23-25; 3. Mose 24,17-22), dem manchmal auch in Form einer angemessenen Entschädigung Genüge getan werden kann. Die Norm ist eine grundsätzlich ordentliche Gerichtsbarkeit, wobei maßlose oder grausame Bestrafungen, wie sie in der Umwelt Israels oft vorkommen, nicht gutgeheißen, manchmal sogar ausdrücklich verboten werden (5. Mose 25,2f).

Um diese Prinzipien auszudrücken, werden im Alten Testament allgemein die Begriffe Recht und Gerechtigkeit gebraucht. Obwohl viele Menschen heute mit diesen Begriffen leider oft Förmlichkeit, Gesetzlichkeit und Spießigkeit verbinden, sind sie zuerst und vor allem eine Beschreibung von Gottes eigenem

Charakter (vgl. 5. Mose 32,4). Sie sagen uns, daß ihm das Böse und alles, was die Menschen dadurch erleiden, nicht gleichgültig ist, daß er die Auswirkungen des Bösen ständig in Grenzen hält und dabei ist, es endgültig aus seiner Welt zu beseitigen. Dabei fordert er freilich jene, die zur Teilhabe an seinem Erlösungswerk berufen sind dazu auf, in ihrem privaten und gemeinschaftlichen Leben dieselbe Gesinnung zu zeigen. Das Gesetz markiert die Leitlinien für die Umsetzung dieser Gesinnung in die Tat und ist daher selbst ein Spiegel und Ausdruck von Gottes Gerechtigkeit und Recht. (Die Begriffe Recht und Gerechtigkeit werden später auch gebraucht, um das Wirken des Messias zu beschreiben, Jes 11,4.)

Mitmenschlichkeit und Liebe

Recht und Gerechtigkeit sind daher im Grunde genommen der Ausdruck seiner Liebe und die Gesetze seine Anweisungen, wie man auf diese Liebe eingeht und sie weitergibt. Wir haben schon festgestellt, wie Mose in seiner Predigt (5. Mose) herausgestellt hat, daß die Betonung des Gesetzes auf der Mitmenschlichkeit liegt, und wir dürfen auch nicht vergessen, wie Jesus später 5. Mose 6,4f und 3. Mose 19,18 zusammen zitiert als die Zusammenfassung des Gesetzes: 'Du sollst den Herrn, deinen Gott, lieben von ganzem Herzen und ganzer Seele, mit all deiner Kraft und deinem ganzen Verstand, und deinen Nächsten wie dich selbst' (Lk 10,27; Mk 12,30f). Paulus sagt dasselbe in Röm 13,8-10: 'Die Liebe ist die Erfüllung des Gesetzes'. Recht und Gerechtigkeit können ohne die Liebe hart und rein äußerlich sein; die Liebe und Mitmenschlichkeit kann ohne die Gerechtigkeit sentimental und chaotisch sein. Beide Eigenschaften sind nur die zwei Seiten ein und derselben Münze, und beide Seiten sind notwendig, wenn die Münze vollständig sein soll. Der Prophet Micha (6,8) faßt unseren Anteil an der Beziehung treffend zusammen:

Es ist dir gesagt, o Mensch, was gut ist
und was der HERR von dir fordert:
Recht tun, Güte und Treue lieben
und demütig den Weg gehen mit deinem Gott.

Heiligkeit

Dieser Begriff umfaßt alles, was wir über Gerechtigkeit, Recht und Liebe gesagt haben. Seine Grundbedeutung ist 'Absonderung', und damit ist in einzigartiger Weise Gott selbst beschrieben. Er ist der Eine, der ganz anders ist: 'Ich bin Gott und nicht ein Mensch und bin der Heilige unter dir' (Hos 11,9).

Orte und Gegenstände können heilig genannt werden, wenn sie ausschließlich für Gott ausgesondert sind. Mose beispielsweise begegnete Gott zum ersten Mal auf 'heiligem Boden' (2. Mose 3,5); der Sabbat war ein heiliger Tag (2. Mose 20,8); die wichtigsten Räume des Zelt-Heiligtums und später des Tempels wurden 'das Heilige' und 'das Allerheiligste' genannt (2. Mose 26,33).

Heiligkeit forderte Gott aber auch von seinem Volk, denn sie sollten seine eigene Heiligkeit widerspiegeln: 'Ihr sollt heilig sein, denn ich bin heilig, der HERR, euer Gott' (3. Mose 19,2). Das Volk Gottes sollte sich von allen anderen Völkern auf der Erde unterscheiden, es sollte von ihnen abgesondert sein durch einen anderen Lebensstil, der das Wesen Gottes widerspiegelte. Darum durfte sich Israel nicht mit den Heidenvölkern vermischen, 'denn du bist ein heiliges Volk dem HERRN, deinem Gott. Dich hat der HERR, dein Gott, erwählt zum Volk des Eigentums aus allen Völkern, die auf Erden sind' (5. Mose 7,6). Ihre Berufung bestand, wie Jesaja es später ausdrücken sollte, darin, ein 'Licht der Heiden' zu sein (Jes 42,6).

Moralische und kultische Reinheit

Die Reinheit ist ebenso ein Teil der Heiligkeit wie Recht, Gerechtigkeit und Liebe. Im Alten Testament findet sie ihren Ausdruck in erster Linie in den Gesetzen, die sich auf sexuelle Mißbräuche beziehen, wie in 3. Mose 18 und 20. Paulus hebt im Neuen Testament zu Recht hervor, daß sich die sexuelle Unmoral von anderen Sünden unterscheidet, weil sie den Leib befleckt, der doch ein Tempel des Heiligen Geistes ist (1. Kor 6,18-20).

Das mosaische Gesetz kennt allerdings auch andere Ursachen für die Verunreinigung des Leibes wie etwa Hautkrankheiten, falsche Ernährung, Berührung eines Leichnams und bestimmte Körperausscheidungen. Verschiedene Gesetze in 3. Mose 11-15 befassen sich damit.

An den Vorschriften darüber, wie mit den beiden Arten von Verunreinigung umzugehen ist, kann man erkennen, daß zwischen ihnen ein gravierender Unterschied besteht. Bei der zweiten Art kann normalerweise durch Zeremonien, Reinigungsriten und Darbringung von Opfern abgeholfen werden. Verunreinigungen der ersten Art kann man dagegen nicht so leicht beseitigen. In Bezug auf sie sind die Gesetze apodiktisch formuliert: 'Du sollst nicht ... du sollst nicht ... du sollst nicht ... (3. Mose 18)., und die entsprechenden Vergehen müssen mit dem Tod bestraft werden (3. Mose 20). Das Gesetz unterscheidet genau nach dem Grad der Vorsätzlichkeit und schreibt z. B. für ein Mädchen, das vergewaltigt worden ist, nicht dasselbe Verfahren vor, wie für Personen, die vorsätzlich Ehebruch begehen (5. Mose 22,13-29), aber weder im einen noch im anderen Fall verordnet es Opfer, durch welche die so entstandene Unreinheit beseitigt werden könnte. Der Opferkult war nur das von Gott verordnete Mittel, um mit kultischer oder rein äußerlicher Unreinheit fertigzuwerden, aber Unreinheit, die dadurch entstand, daß jemand die Grundforderungen des Bundes vorsätzlich übertrat, konnte damit nicht beseitigt werden. Der Bund forderte Gehorsam, und das Sündopfer war durchaus keine Möglichkeit, diese Forderung einfach zu umgehen.

3. WAS DAS GESETZ BIETET

'Die Worte dieses Gesetzes ... sind euer Leben' (5. Mose 32,46f)
In diesem Kapitel haben wir versucht, unter die äußere Haut des Gesetzes zu schauen und zu seinem Herzen vorzudringen. Dabei haben wir etwas Lebendiges entdeckt, in dem ein Herz voll Gerechtigkeit und Liebe schlägt. Wir haben in Wahrheit das Herz Gottes angerührt – und das war auch zu erwarten, denn das Gesetz ist sein Wort.

Wenn die Beziehung des Menschen zu Gott nach dem Gesetz in Ordnung sein soll, dann muß das Herz mit dem Herzen zusammenkommen. Darum vernehmen wir, besonders im 5. Mose, den wiederholten Aufruf Moses zu einer Antwort des Herzens: 'Diese Worte, die ich dir heute gebiete, sollst du zu Herzen nehmen' (6,6), 'so nehmt nun diese Worte zu Herzen und in eure Seele' (11,18), 'nehmt zu Herzen alle Worte' (32,46). Besonders auffallend ist der Abschnitt 5. Mose 30,11-20, wo Mose betont, daß das Gesetz nicht etwas weit Entferntes ist, das man sich nur schwer aneignen kann, sondern das Wort, das ganz nahe bei dir ist, 'in deinem Munde und in deinem Herzen, daß du es tust' (V. 14), und in den unmittelbar folgenden Versen fügt er hinzu, daß die von Herzen kommende Antwort des Gehorsams Leben und Wohlergehen bedeutet.

Dieselbe Wahrheit liegt den langen Abschnitten über Fluch und Segen zugrunde, die aus dem Gehorsam bzw. dem Ungehorsam folgen: 'Gesegnet wirst du sein in der Stadt und gesegnet auf dem Land ... Gesegnet wirst du sein, wenn du kommst und wenn du gehst ... Der HERR wird seinen Segen entbieten in deine Scheunen und zu allem Werk deiner Hände ...' (5. Mose 28,3-8). Die Atmosphäre hier unterscheidet sich nicht sehr von jener in der Bergpredigt Jesu (Mt 5-7), wo auch er uns dazu auffordert, unter die Außenhaut des Gesetzes vorzudringen und das Herz anzurühren, das in seinem Innern schlägt: 'Die Worte dieses Gesetzes sind euer Leben!'

'Bewahrt und tut sie, denn das ist eure Weisheit' (5. Mose 4,6)

Den Israeliten war befohlen worden, ihre Kinder in den Gesetzen zu unterrichten, nicht indem sie sie zu Gesetzeslehrern oder Priestern schickten, sondern zu Hause (5. Mose 6,7; 11,19). Gewiß waren auch Priester und Leviten damit beauftragt, das Gesetz zu lehren (5. Mose 31,9-13), aber das Gesetz ist zuerst und vor allem eine Angelegenheit des Herzens und der Ort, wo sich die Herzenshaltung eines Menschen unmittelbar auswirkt, ist seine Familie. Dort wird den Kindern jene Erziehung zum Leben zuteil, die sich von ihrer akademischen oder beruflichen Ausbildung unterscheidet, und dort zuallererst muß das Wort Gottes seine Wirkung zeigen.

Dasselbe Prinzip steht hinter den Lehren des Buches der Sprüche, das in mancher Hinsicht vielem ähnlich ist, was wir im mosaischen Gesetz finden. Dort hören wir den Familienvater, wie er seine Kinder über Fragen des sozialen Verhaltens und des Lebens allgemein unterrichtet. Auch hier befiehlt der Vater seinem Sohn, die Lehre in sein Herz aufzunehmen und so das Leben zu gewinnen. Der Begriff, mit dem in den Sprüchen der Inhalt dieser familiären Unterweisung zusammengefaßt wird, lautet 'Weisheit' (vgl. 4,1-9). Weisheit ist das, was einem Mann Ansehen verleiht, was ihn zum gesellschaftlichen Aufstieg befähigt, was ihn davor bewahrt, Wege zu betreten, die zu Leid und Sorge führen, und was ihn allgemein ermutigt, das Beste aus seinem Leben zu machen. Dem allem liegt jene Weisheit zugrunde, die Gott zu Anfang Mose am Sinai offenbart hat – das Gesetz: 'das ist eure Weisheit'.

'Die Befehle des HERRN sind richtig und erfreuen das Herz' (Ps 19,9)

Wenn das Gesetz Leben und Weisheit bedeutet, sollten wir erwarten, daß das Befolgen seiner Gebote ein Gefühl von Freude und Wohlergehen bewirkt. Darum finden wir in den Psalmen gelegentlich auch Loblieder auf das Gesetz, wie Psalm 19 oder den sehr langen Psalm 119. Ps 1,2 spricht von dem Mann, der 'Lust hat am Gesetz des HERRN' und der Festigkeit, die er in seinem Leben hat. Mose gebraucht dafür den Begriff 'gesegnet' (5. Mose 28,1-14; vgl. Ps 1,1). Wer nach dem Gesetz wandelt, stellt fest, daß im Herzen des Gesetzes ein Lied erklingt, das in der ganzen Schöpfung widerhallt, jenes Lied, das Ps 19 singt. So sollte es auch sein, denn das Gesetz ist ja Gottes Gabe, 'um das Herz zu erfreuen!'

'Dein Wort ist meines Fußes Leuchte und ein Licht auf meinem Wege' (Ps 119,105)

Trotzdem wurde das Gesetz nicht dazu gegeben, daß Menschen Loblieder darauf singen, sondern danach leben. Die einzige positive Forderung an den König von Israel lautet dahingehend, daß er eine Abschrift davon besitzen, jeden Tag darin lesen und danach leben soll (5. Mose 17,18-20). Josua wurde angewiesen, Tag und Nacht darüber nachzusinnen (Jos 1,8). Die Leviten mußten es regelmäßig an den Festtagen vorlesen (5. Mose 31,9-13), und wir bekommen einen Einblick in den Aufwand, der mit dieser Verlesung verbunden war, wenn uns von Esra berichtet wird, wie er von seinem Rednerpult aus jeden Tag während des siebentägigen Herbstfestes dem Volk aus dem Gesetz vorlas, und zwei Wochen später noch einmal einen viertel Tag lang (Neh 8,1 – 9,1).

Mit jeder dieser Aufforderungen, das Gesetz zu lesen, ist die Verheißung verbunden, daß das Leben danach Gutes zur Folge hat. Das Gesetz war eine Art Landkarte oder ein Handbuch, das dem Volk und seinen Vorstehern Auskunft gab, wie sie ihr eigenes Leben führen und die ihnen Anbefohlenen leiten sollten. So wie man durch die Gebrauchsanweisung angeleitet wird, einen neuen Apparat optimal zu nutzen, so war das Gesetz die Gebrauchsanweisung Gottes, die den Israeliten mitteilte, wie sie das Beste aus dem neuen Leben machen konnten, das er ihnen in Kanaan eröffnete: es war 'ihres Fußes Leuchte und ein Licht auf ihrem Weg'.

Gesetz und Gesetzlichkeit

Zur neutestamentlichen Zeit hatten sich die Einstellungen dem Gesetz gegenüber sehr gewandelt. Es gab zwar einigen Streit über die Anerkennung jener anderen Schriften, die später unser Altes Testament bildeten, aber alle Richtungen des Judentums akzeptierten den Pentateuch als ihre grundlegende heilige Schrift. Die strengsten Ausleger der Schrift waren die Pharisäer. Sie waren glühende Eiferer nach der Gerechtigkeit, aber ihr Zugang zum Gesetz war, der wiederholten Kritik Jesu nach zu urteilen, kleinlich und am Buchstaben verhaftet.

Paulus war dem Gesetz nach ein Pharisäer (Phil 3,5), aber als er sich zu Christus bekehrte, wurde ein Schleier von seinen Augen weggenommen, und der Geist zeigte ihm Dimensionen in seiner Bibel, von denen seine jüdischen Mitgenossen nicht einmal ahnten, daß es sie überhaupt gab (2. Kor 3,14-18). Dennoch war seine Bekehrung für ihn kein Grund, den Wert des Gesetzes in Frage zu stellen. 'Vielmehr', sagt er, 'bestätigen wir das Gesetz ... das Gesetz ist heilig, und das Gebot ist heilig, gerecht und gut' (Röm 3,31; 7,12). Dennoch hören wir ihn mehrmals nachdrücklich für die Freiheit des Geistes eintreten, gegen das alte Leben unter der Knechtschaft des Gesetzes (vgl. Röm 7-8; 2. Kor 3; Gal 5). An diesem Punkt haben viele seine Lehre als widersprüchlich und verwirrend empfunden, jedoch zu Unrecht, denn alles, was er sagt, ist dies, daß die gesetzliche Einstellung des Judentums das Herz des Gesetzes verhüllt, aber als der Geist ihm die Augen öffnete, da sah er, was Mose gesehen hatte, was Jesus gelehrt hatte, was Gott ursprünglich vermitteln wollte; er sah, daß im Herzen des Wortes Gottes Leben pulsiert, das, wenn es in das Herz eines Menschen gelegt wird, dort auf eine Weise Leben hervorbringt, wie es der Buchstabe niemals vermag. Der bloße Buchstabe verdeckt in der Tat dieses Leben und tötet es sogar. Das Kleben am Buchstaben und die Gesetzlichkeit sind vielleicht religiös, aber sie bedeuten den Tod (2. Kor 3,1-6).

VIERTER TEIL

OPFER UND KREUZ

Je länger wir im Glauben und Gehorsam mit Gott gehen, desto mehr öffnet er uns sein opferbereites Herz. Auf jeder Station unseres Weges mit ihm findet sich ein Element des Opfers: Abraham mußte seine familiären Bindungen opfern, als er sein Heimatland verließ; Mose erkannte von Anfang an, daß ihn seine Berufung Opfer kosten würde und bat darum, davon befreit zu werden. Als sie aber dennoch ihren Weg fortsetzten, begann Gott, ihnen die verborgenen Tiefen des Opfers zu enthüllen und ihnen damit eigentlich sein Herz zu offenbaren. Gegen Ende seines Lebens durfte Abraham auf dem Berg Morija einen Blick auf etwas von ewiger Bedeutung werfen, dessen Sinn er noch nicht voll erfassen konnte. Mose erreichte den Höhepunkt seines Dienstes, als er auf dem Berg Sinai stand und die Offenbarung von dem himmlischen Opferheiligtum empfing, die er dann in den Aufbau und die Ordnung des irdischen Heiligtums umsetzen mußte. Dasselbe Grundmuster entdecken wir auch im Leben Jesu. Zuerst weckt er mit bestätigenden Zeichen und Wundern den Glauben, aber bald muß er seine Jünger beiseite nehmen und mit ihnen über das Opfer sprechen, in dem sein Dienst den Höhepunkt erreichen wird.

Glaube und Gehorsam führen uns in das Herz Gottes hinein, und dort finden wir das Lamm, das von Grundlegung der Welt an geschlachtet ist. Beim Studium dieses Abschnittes ist es wichtig für uns, im Gedächtnis zu behalten, daß es das Opfer Christi ist, das für die Erde den Himmel und damit die Schleusen geöffnet hat für eine Ausgießung des Geistes Gottes, wie sie die Welt niemals für möglich gehalten hätte. Unsere Berufung zum Glauben und Gehorsam ist letzten Endes die Berufung, an der Opfertätigkeit Gottes teilzunehmen und so die Freisetzung des Segens zu fördern, jenes Segens, dessen Verheißung ursprünglich Abraham empfangen hatte, der als erster auf den Pfad des Glaubens berufen worden war.

8

Priestertum und Opfer

1. DAS HEILIGTUM

Das erste, was Gott nach dem Bundesschluß am Berg Sinai (2. Mose 24) Mose zeigte, war der Plan für das Heiligtum, das der beständige Ort ihrer Zusammenkünfte und Gemeinschaft miteinander sein sollte (2. Mose 25-27 + 30-31; vgl. 35-40).

Der Grundriß des Heiligtums wie auch des Tempels, der es später ersetzen sollte, war im Grunde recht einfach (siehe Skizze).

In Hebr 8-10 lesen wir, daß das Heiligtum, das Mose errichten ließ, ein 'Abbild und Schatten der himmlischen Dinge' (8,5) war. Als Mose auf dem Berg stand, zeigte ihm Gott sein Heiligtum im Himmel und wies ihn an, sozusagen eine verkleinerte irdische Kopie davon anzufertigen, wo die Menschen im angemessenen Rahmen mit ihm zusammenkommen konnten und an die geistliche Realität erinnert wurden, die das Abbild darstellte.

Ein Blick auf Jes 6 zeigt uns, was das bedeuten konnte. Dort sehen wir Jesaja im Tempel, aber in seiner Vision hat er sich für ihn in den himmlischen Thronsaal Gottes verwandelt, und wir sind beim Lesen nie ganz sicher, ob wir uns nun im Tempel oder im Himmel befinden. Irgendwie sind wir an beiden Orten zugleich, denn einerseits sah er 'den HERRN sitzen auf einem hohen und erhabenen Thron', andererseits aber füllte sein Saum 'den Tempel'; und obwohl er den Lobpreis der Seraphim um den Thron vernahm, 'bebten die Türpfosten und Schwellen, und das Haus wurde mit Rauch erfüllt'; dann flog einer der Seraphim vom Thron Gottes herbei und nahm eine glühende Kohle 'vom (Räucher-) Altar'. Jesaja muß eines Tages gesehen haben, wie der Vorhang zurückgezogen wurde, die Lade sich in den Thron Gottes verwandelte und die Cheruben als helle, strahlende Wesen (*Seraphim* bedeutet 'Brennende') zum Leben erwachten und Gott im Himmel anbeteten, obwohl er selbst sich immer noch im Tempel befand.

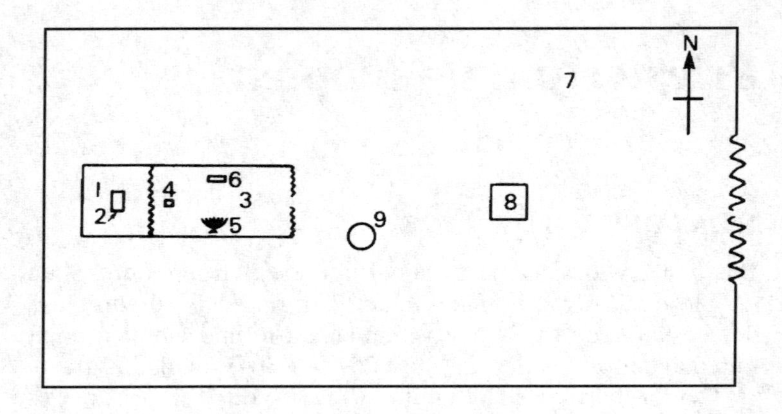

1. *Das Allerheiligste*: nur einmal im Jahr betrat es der Hohepriester. Dort befand sich die Bundeslade.
2. *Die Bundeslade*: ein Kasten aus Holz, der 'das Zeugnis' enthielt, die beiden Tafeln mit den Zehn Geboten. Die Deckplatte (der 'Sühnedeckel' oder 'Gnadenthron') war aus massivem Gold, und an beiden Enden befanden sich die zwei Figuren der Cheruben, deren Flügel zum Zeichen der Abschirmung ausgebreitet waren.
3. *Das Heilige*, vom Allerheiligsten durch einen Leinenvorhang getrennt.
4. *Der Räucheraltar*: ein kleiner Altar mit Hörnern an seinen vier Ecken vor dem Vorhang; auf ihm wurde jeden Tag morgens und abends Weihrauch verbrannt.
5. *Der Leuchter*: er hatte sieben Arme und war die einzige Lichtquelle im Raum.
6. *Der Tisch* befand sich ebenfalls im Heiligen. Auf ihm wurden jeden Sabbat zwölf frische Brote ('Brot des Angesichts', manchmal auch 'Schaubrote' genannt) als Opfer ausgelegt.
7. *Der Vorhof*: das eigentliche Heiligtum/der Tempel befand sich an seinem westlichen Ende.
8. *Der Brandopferaltar*: auf ihm wurden die Tieropfer dargebracht.
9. *Das Waschbecken*: ein großes Becken aus Bronze, an dem sich die Priester ihre Hände und Füße wuschen, bevor sie das Heiligtum/den Tempel betraten oder Opfer darbrachten.

Das Heiligtum und später der Tempel sollte eindeutig der von Gott gesetzte Schnittpunkt sein, an dem Himmel und Erde einander begegnen konnten und an dem die Gegenwart Gottes in ganz besonderer Weise erfahrbar war.

2. PRIESTER UND LEVITEN

Auf dem Berg gab Gott Mose auch Anweisungen über die Einsetzung und Weihe von Priestern, die im Heiligtum Dienst tun sollten (2. Mose 28f; vgl. 3. Mose 8-10. 21f). Die Einzelheiten ihrer Kleidung und die zahlreichen Rituale, die sie vollzogen, sind zwar interessant, aber für unsere Interessen hier nicht besonders wichtig. Nur die folgenden Tatsachen müssen wir kennen:

(a) Die Priester entstammten der Familie von Moses Bruder Aaron, der zur Sippe Kehats unter den Leviten gehörte.

(b) Ihre Hauptaufgabe bestand in der Überwachung und im Vollzug des Opferdienstes am Heiligtum.

(c) Nur der Hohepriester besaß das Vorrecht, das Allerheiligste betreten zu dürfen, und auch das nur am Versöhnungstag (3. Mose 16).

Weil der Stamm Levi in der Wüste Gott treu gewesen war, wurde er dazu ausgesondert, ihm in besonderer Weise zu dienen (2. Mose 32,25-29; 5. Mose 33,8-11), aber anders als der Dienst der Priester, wurde die Art ihres Dienstes erst geoffenbart, als das Heiligtum bereits errichtet und in Dienst gestellt worden war (4. Mose 1,47-53; 3,5-37; 8,5-26). Die Leviten sollten Tempeldiener sein, die den Priestern bei der Erfüllung ihrer Pflichten zur Seite standen, außer dem Opferdienst.

Die Leviten unterteilten sich in drei Gruppen:

– die Kehatiter, die für die Inneneinrichtung des Tempels sorgten;

– die Gerschoniter, die für die Vorhänge und Abdeckungen sorgten;

– die Merariter, die für das Gerüst des Heiligtums sorgten.

In späterer Zeit bildeten Männer aus ihren Reihen die Tempelchöre (1. Chron 15,16-22), und einige von ihnen verfaßten wahrscheinlich auch Psalmen, wie z. B. Ps 85 und 87.

Die Leviten sollten in Kanaan kein eigenes Stammesgebiet erhalten, sondern vom Volk durch die Abgabe des Zehnten unterstützt werden. 48 Städte wurden ihnen zugeteilt (4. Mose 18; 35; 5. Mose 18; Jos 21).

Weitere Pflichten der Priester und Leviten:
Sie bildeten die letzte Entscheidungsinstanz für alle Fragen, die sonst niemand beantworten konnte. Manchmal bezogen sich diese Fragen auf das Gesetz, manchmal ging es auch um militärische oder politische Probleme. Um zu einer Entscheidung zu gelangen, bediente sich der Priester manchmal der *Urim* und *Tummim,* heiliger Steine, die der Hohepriester in einem Beutel aufbewahrte, den er auf seiner Brust trug; Urim bedeutete 'ja', Tummim 'nein' (2. Mose 28,30; 5. Mose 17,8-13; 33,8-11).

Ihre wahrscheinlich wichtigste Pflicht bestand darin, das Volk im Gesetz Gottes zu unterweisen, eine Aufgabe, an der sowohl die Priester als auch die Leviten beteiligt waren (5. Mose 31,9-13; 33,8-11; Neh 8,1-12). Nach Auskunft der Propheten versagten sie dabei leider sehr oft (Hes 44,10-14; Hos 4,1-9; Mal 2,7-9).

3. DIE OPFER

Das erste, was Gott nach der Errichtung des Heiligtums Mose zeigte, war der Opferkult, der darin vollzogen werden sollte (3. Mose 1-7). Es werden fünf Arten von Opfern unterschieden:

1. *Das Brand- oder Ganzopfer*: Dieses Opfer symbolisierte die völlige Hingabe an Gott. Nachdem sein Blut an den Altar gesprengt worden war, wurde das ganze Tier verbrannt (3. Mose 1 + 6,1-6).

2. *Das Speisopfer*: Es bestand aus Mehl, gebackenen Fladen oder rohen Getreidekörnern, jeweils mit Öl und Weihrauch. Ein Teil (der Gedächtnisanteil, 'Askara') wurde auf dem Altar verbrannt, verbunden mit der Bitte, Gott möge des Darbringers zum Guten gedenken; der Rest diente den Priestern als Nahrung (3. Mose 2 + 6,7-11).

3. *Das Gemeinschafts- oder Heilsopfer*: Nur das Fett, die Nieren und die Leber des Tieres wurden verbrannt; das Blut wurde an den Altar gesprengt und das Fleisch von den Darbringern in einem gemeinsamen Mahl verzehrt (3. Mose 3 + 7,11-34).

4. *Das Sündopfer*: Es wurde dargebracht, 'wenn jemand aus Versehen sündigte'. Der Ritus war ähnlich wie beim Gemeinschaftsopfer, aber von dem Blut wurde etwas vor den Vorhang gesprengt und an die Hörner des Räucheraltars (wenn es für einen Priester oder die Gemeinde dargebracht wurde) oder des Brandopferaltars geschmiert (für einen Fürsten oder eine Privatperson), das übrige wurde am Fuß des Brandopferaltars ausgegossen; das Fleisch erhielten die Priester (3. Mose 4 + 6,17-23).

5. *Das Schuldopfer*: Im Grunde genommen dasselbe wie das Sündopfer; der Unterschied zwischen beiden wird nicht ganz deutlich, nur daß mit dem Schuldopfer zusätzlich eine Ausgleichszahlung verbunden war (3. Mose 5,14-26 + 7,1-10).

Opfer und Sünde

Auf jedem dieser Opfer lag ein anderer Akzent. Das Brandopfer war ein Akt der Ehrerbietung, der Hingabe und Danksagung, das Gemeinschaftsopfer war eher ein Ausdruck der Harmonie und der wiederhergestellten Beziehung zu Gott und anderen Menschen, das Sündopfer war fast ausschließlich ein Akt der Buße. Aber mit jedem Opfer, gleich welcher Art, war immer in gewissem Maß auch die Absicht verbunden, Sühne zu leisten für Sünde.

Im letzten Kapitel haben wir den Unterschied zwischen moralischer und kultischer Reinheit betrachtet und dabei festgestellt, daß manche Sünden nicht einfach durch Opfer zugedeckt werden konnten. Die Bestimmungen für das Sündopfer stellen eindeutig fest, daß sein Zweck nur darin bestand, versehentlich begangene Sünden zu sühnen (3. Mose 4,2.13.22.27). 3. Mose 5 gibt einige Beispiele für die Art von Sünden an, die damit zugedeckt werden konnten: das Versäumnis, vor Gericht als Zeuge auszusagen, Berühren von etwas kultisch Unreinem, Berührung mit menschlicher Unreinheit und gedankenloses Schwören. In ähnlicher Weise deckte auch das Schuldopfer nur unbeabsichtigte Vergehen zu (3. Mose 5,14.18), und die Liste der Beispiele nennt Lügen, Stehlen, Betrügen, Einbehalten von Fundsachen und Meineid; in diesen Fällen mußte zuerst die notwendige Wiedergutmachung in voller Höhe geleistet werden, bevor das Opfer dargebracht wurde (5,20-26).

In 4. Mose 15,22-31 wird der Gegensatz zwischen dem, was durch Opfer zugedeckt werden kann und dem, was dadurch nicht zugedeckt werden kann, noch einmal nachdrücklich bekräftigt. Wiederum wird wiederholt von versehentlicher Sünde gesprochen und die betonte Feststellung hinzugefügt: 'Wer aber vorsätzlich sündigt, der begeht eine Gotteslästerung, und ein solcher Mensch muß aus seinem Volk ausgemerzt werden ... seine Schuld bleibt auf ihm' (V. 30f). Wir müssen diese Unterscheidung im Gedächtnis haben, wenn wir uns mit der christlichen Interpretation des Opfers in Hebr 9-10 beschäftigen.

Wenn das Opfer im Blick auf die Sünde nur solch eine begrenzte Wirkung hatte, können wir uns schon fragen, warum Gott es überhaupt forderte. Die Antwort darauf liegt zum Teil im Verständnis der Unterscheidung zwischen versehentlicher und vorsätzlicher Sünde. Bestimmte Sünden sind offensichtlich unbeabsichtigt, wie etwa ein verletzendes Wort, das uns fast unbewußt von den Lippen geht und uns dann leidtut oder das gedankenlose Berühren von Dingen, die man nicht anfassen sollte; aber es ist uns kaum begreiflich, wie einige von den Sünden, die 3. Mose 5 nennt, in diesem fast entschuldigend empfundenen Sinn als 'Versehen' betrachtet werden können.

Die Antwort liegt auf einer tieferen Ebene: in der Unterscheidung, ob es sich bei der Sünde um einen Akt der bewußten *Rebellion* gegen Gott handelt. Jede Übertretung der ersten vier Gebote des Dekalogs war ein solcher Akt der Rebellion: Verehrung anderer Götter, Götzenbilderkult, Verunehrung des Namens Gottes und Entheiligung des Sabbats (weil der Sabbat der speziell für die Verehrung Gottes eingesetzte Tag war). Bei den nächsten fünf Geboten mußte entschieden werden, ob sie versehentlich oder vorsätzlich übertreten wurden. Ein Sohn, der sich seinen Eltern widersetzte, sollte zunächst gezüchtigt werden; erst für den Fall, daß er sich weiterhin uneinsichtig widerspenstig und rebellisch zeigte, sah das Gesetz eine drastische Strafe vor (5. Mose 21,18-21). Das Gesetz unterscheidet auch zwischen Mord und Totschlag (5. Mose 19), zwischen einer Ehebrecherin und dem Opfer einer Vergewaltigung (5. Mose 22,13-20), zwischen Diebstahl und dem Behalten von Entliehenem, zwischen Leihgut und Fundsachen (3. Mose 6,2f), zwischen vorsätzlicher Falschaussage vor Gericht und dem Versäumnis, überhaupt auszusagen (3. Mose 5,1). Hinsichtlich des zehnten Gebotes kann nicht auf die gleiche Weise entschieden werden, da es sich auf innere Herzenshaltungen des Menschen bezieht.

Jede Gesetzesübertretung war Sünde, gleichgültig ob vorsätzlich oder versehentlich und mußte irgendwie bereinigt werden; aber nicht jede Sünde war ein Akt der bewußten Rebellion gegen Gott. Sünde, die keine Rebellion war, verunreinigte zwar den Gläubigen selbst und trübte die Heiligkeit des Bundesvolkes Gottes, aber auf diese Sünde erstreckte sich die Wirkung des Opfers, das den Darbringer und die Gemeinde wiederherstellte und reinigte und so von den negativen Folgen der Sünde befreite. Im Gegensatz dazu war die vorsätzliche Sünde ein Akt der Rebellion, sozusagen die erklärte Entscheidung, diesem Gott nicht mehr dienen zu wollen, oder ihm jedenfalls nicht auf die von ihm geforderte Weise dienen zu wollen. Durch solch eine Sünde stellte sich der Sünder selbst außerhalb der schützenden Deckung von Gottes Bundesverheißung und der Vergünstigungen, die der Opferkult innerhalb des Bundes bot. Die Opfer sollten tatsächlich eine umfassende Abdeckung für alle Sünden bieten, aber nur für jene Personen, die sich nicht dafür entschieden, durch Rebellion die Bundesgemeinde selbst zu verlassen.

Wir müssen auch bedenken, daß der Zweck der Opfer nicht nur darin bestand, Vergebung zu bewirken. Durch sie konnte auch Dankbarkeit und Anbetung ausgedrückt (Ps 96,8; 107,22; 116,17), Gebeten um Gottes Hilfe Nachdruck verliehen (1. Sam 13,8-12; Ps 20,4) oder die Einwilligung in ein Versprechen oder Bündnis besiegelt werden (2. Mose 24,5-8); sie wurden an besonderen Festen dargebracht (4. Mose 28-29) oder waren einfach Teil des täglichen Gottesdienstes im Tempel (4. Mose 28,1-8) usw. Grundsätzlich besteht ein Opfer, das man Gott darbringt, in etwas, das speziell für ihn ausgesondert wurde. In dem Ritual beim Heiligtum legt der Darbringer dann seine Hand auf den Kopf des Tieres und identifiziert damit sich selbst vor Gott feierlich mit seinem Opfer (Subjektübertragung, vgl. 3. Mose 1,4; 3,2; 4,4.15 u.a.). In unserer Alltagssprache bezeichnet das Wort 'Opfer' den Preis, den es kostet, etwas aufzugeben, und dieselbe Bedeutung hattes es schon im alten Israel. Das für den Lebensunterhalt notwendige Vieh war damals nicht weniger

DIE OPFER	
A. OPFER ALS AUSDRUCK DER DANKBARKEIT:	
Brandopfer	Ausdruck völliger Selbsthingabe
Speisopfer	dankbare Weihe des Ertrages
Gemeinschaftsopfer	Danksagung in der Gemeinschaft mit anderen
B. OPFER FÜR DIE SÜNDE:	
Sündopfer	Vergebung durch stellvertretendes Blutvergießen (= Lebenshingabe)
Schuldopfer	wie Sündopfer, zusätzlich Schadenersatz
Versöhnungstag	wie Sündopfer, aber für das ganze Volk

wert als heute. Sühne war niemals billig. Letzten Endes ist das einzige für Gott wirklich annehmbare Opfer für die Sünde das einer echten Buße, 'eines zerbrochenen und zerschlagenen Herzens' (Ps 51,18-19), sind wir selbst ganz und gar.

Im Herbst wurde ein besonderer Versöhnungstag begangen, an dem Opfer dargebracht wurden, um die Sünden der Priester und des Volkes zu sühnen (siehe unten). Durch das Ritual dieses Tages sollte das Heiligtum und die Gemeinde einmal im Jahr gründlich gereinigt werden, aber auch dabei erstreckte sich die Wirkung hauptsächlich auf jene versehentlichen Sünden, mit denen es die regulären Sünd- und Schuldopfer zu tun hatten (vgl. Hebr 9,10-13). Das Ritual des Versöhnungstages ist, wie wir sehen werden, der Schlüssel für das Verständnis des Opfers Christi im Markusevangelium und in der Auslegung des Hebräerbriefes.

4. DIE FESTE

Die Anordnungen für die Feste stehen verstreut in der Auszugs- und Wüstenerzählung, beginnend mit dem Augenblick, als die Israeliten Ägypten verließen und ihr erstes Passafest feierten (2. Mose 12). Die Feste werden im Bundesbuch erwähnt (2. Mose 23,14-17; vgl. 34,18-26) und in 5. Mose 16 erläutert, aber die detailliertesten Ausführungen finden wir in 3. Mose 23 und 4. Mose 28-29.

Sie fallen hauptsächlich auf drei Gelegenheiten im Jahr, die weitgehend von den Zeiten des Anbaus und der Ernte im Nahen Osten bestimmt sind.

FRÜHJAHR

Passa (14. Nisan/Ende März)
Ein Lamm wurde geschlachtet und sein Blut an die Oberschwelle und die Pfosten der Haustüre gestrichen. Dann wurde das Lamm in einem gemeinsamen Mahl verzehrt, bei dem die Teilnehmer ihre Reisekleidung trugen, zur Erinnerung an die Nacht des Auszugs. Es war ursprünglich in erster Linie ein häusliches Fest, aber in neutestamentlicher Zeit war es auch zu einem Wallfahrtsfest geworden, das im Tempel begangen wurde. Zu dem Mahl gehörte ungesäuertes Brot, weshalb mit dem Passafest auch das Fest der Ungesäuerten Brote begann.

Das Fest der Ungesäuerten Brote (14.-21. Nisan)
Während dieser Woche wurde zum Backen kein Sauerteig verwendet, in Erinnerung an die Ereignisse des Auszugs. Später gedachte man damit auch des ersten Brotes, das vom neuen Korn des Landes gebacken wurde (Jos 5,10-12).

Die Erstlingsfrüchte
Zur Zeit des Passafestes wurde am Tag nach dem Sabbat eine Garbe vom ersten Getreide, das geerntet worden war, vor dem HERRN hin- und hergeschwungen (3. Mose 23,9-14); im übrigen ist der Begriff 'Erstlingsfrüchte' häufiger mit dem Wochenfest verbunden (2. Mose 23,16; 34,22; 4. Mose 28,26).

SOMMER

Wochenfest/Erntefest/Erstlingsfrüchte/Pfingsten (7 Wochen nach der Darbringung der Erstlingsgarbe, Anfang Mai)
Mit diesem Fest wurde die Getreideernte gefeiert, indem zwei vom neuen Mehl gebackene Fladen dargebracht wurden, begleitet von anderen Opfern. Es war auch die Zeit, in der die Israeliten das Herniedersteigen Gottes auf den Sinai und die Gabe des Gesetzes feierten; das Fest ist darum die passendste Gelegenheit

JAHRESZEITEN UND FESTE

Jahreszeit	Landwirtschaft	Monat	Feste
REGENZEIT	Traubenernte	SEPT	Posaunenblasen (Neujahr) Versöhnungstag
	Frühregen	OKT	Laubhütten
	Pflügen und Säen	NOV	
		DEZ	Tempelweihe
		JAN	
	Spätregen	FEB	Purim
TROCKENZEIT	Flachsernte	MÄRZ	
	Gerstenernte	APRIL	Passa Ungesäuerte Brote
		MAI	Wochenfest / Pfingsten
	Weizenernte	JUNI	
	Sommerfrüchte	JULI	
		AUG	
	Traubenernte	SEPT	Posaunenblasen (Neujahr) Versöhnungstag
		OKT	Laubhütten

für die Ereignisse, die in Apg 2 berichtet werden. Der Name 'Pfingsten' findet sich nicht im Alten Testament. Er ist vom griechischen Wort für 'fünfzig' abgeleitet und bezieht sich auf die Datierung des Festes (3. Mose 23,16).

HERBST

Neujahr/Trompetenblasen (1. Tischri/Mitte September)
Das neue Jahr begann mit einem Tag der Ruhe und der Anbetung, an dem Widderhörner geblasen wurden (Schofarblasen; vgl auch 4. Mose 10,10).

Der Versöhnungstag (10. Tischri/Ende September)
Dies war ein Tag des Sündenbekenntnisses für die ganze Nation. Der Hohepriester opferte für seine eigenen Sünden und die seiner Familie einen Stier. Dann betrat er das einzige Mal im Jahr das Allerheiligste hinter dem Vorhang und sprengte etwas von dem Blut des Stieres auf den Sühnedeckel (der Bundeslade). Als nächstes opferte er einen Ziegenbock für die Sünde des Volkes und tat mit dem Blut das gleiche wie zuvor. Danach wurde ein 'Sündenbock' in die Wüste gejagt als Zeichen dafür, daß die Sünden des Volkes weggetragen wurden. Das Fest endete damit, daß der Hohepriester den Aaronitischen Segen (4. Mose 6,24-26) sprach (Einzelheiten über den Versöhnungstag können in 3. Mose 16 nachgelesen werden).

Erntefest/Laubhütten (15.-21. Tischri/September-Oktober)
Dieses einwöchige Fest markierte das Ende der Erntesaison. Die Leute wohnten in laubgedeckten Hütten oder Zelten, in Erinnerung an die Zeit Israels in der Wüste. Es war ein Anlaß für fröhliches Feiern und die Erneuerung des Bundes (außer den oben angegebenen Stellen siehe auch 5. Mose 31,9-13; Neh 8,14-17).

In neutestamentlicher Zeit wurden außer den Festen, die Mose befohlen worden waren, noch weitere begangen, vor allem das Fest der *Tempelweihe* oder *Lichterfest* (*Chanukka*, 25. Kislev/Dezember) zur Erinnerung an die Wiederweihe des Tempels durch Judas Makkabäus im Jahre 165 v. Chr. (vgl. Joh 10,22), und das *Purimfest* (13.-14. Adar/Ende Februar), mit dem der

Triumph der Juden gefeiert wird, von dem das Esterbuch berichtet.

5. DIE SÜHNENDE KRAFT DES BLUTES

Je nach Art des Opfers verfuhr der Priester anders mit dem Blut. Gewöhnlich wurde es an den Brandopferaltar gesprengt oder an dessen Fuß ausgegossen, aber es wurde niemals verbrannt oder gegessen. Auch dann, wenn es nicht möglich war, ein Tier am Altar zu schlachten, mußte das Blut auf die Erde geschüttet werden (5. Mose 12,16.23f). Stets wurde es als besonders heilig angesehen, weil es der Lebensträger des Tieres war.

Das Blut war engstens mit dem Sühnegeschehen verbunden, weil es das Leben darstellte, das an Stelle des Darbringers oder als Ersatz für ihn dahingegeben wurde. In 3. Mose 17,11 sagt Gott: 'Das (individuelle) Leben des Fleisches ist im Blut, und ich selbst habe es euch auf den Altar gegeben, damit ihr die Sühne vollzieht für euer Leben; denn das Blut ist es, das für ein Leben sühnt'.

Wenn wir dies wissen, verstehen wir den Zweck der besonderen Blutriten beim Sünd- und Schuldopfer besser. Dabei wird das Blut entweder an die Hörner des Brandopferaltars geschmiert oder in das Heilige gebracht, um dort vor den Vorhang gesprengt oder an die Hörner des Räucheraltars geschmiert zu werden, sozusagen am Eingang des Thronsaales Gottes. Am Versöhnungstag wird dieses Ritual dadurch noch verstärkt, daß der Hohepriester das Blut hinter den Vorhang bringt und auf den Sühnedeckel der Lade sprengt, das heißt, auf den Thron der Gegenwart Gottes im Heiligtum.

Stellen Sie sich den Hohepriester vor, wie er sich am Versöhnungstag auf das Opfer vorbereitet. Zuerst wäscht er sich, dann zieht er das reine Leinengewand an und setzt den Kopfbund auf, die Kleidung, die er nur bei dieser Gelegenheit trägt (3. Mose 16,4). Dann bringt er den Stier und die beiden Ziegenböcke herbei (6-10), schächtet den Stier und geht mit dem Blut in das Heilige. Er nimmt Weihrauch vom Räucheraltar, füllt ihn in eine Räucherpfanne und geht hinter den Vorhang, eingehüllt in eine Wolke von Weihrauch, die ihn in der Gegenwart Gottes schützen soll (11-13). Mit dem Finger sprengt er etwas von dem Blut auf den Sühnedeckel und danach siebenmal vor die Lade (14). Dieser Vorgang wird wiederholt mit dem Blut eines der beiden Zigenböcke (15-17). Dann geht der Hohepriester zum Brandopferaltar hinaus, um auch seine Hörner mit dem Blut des Stiers und des Ziegenbocks zu beschmieren und ihn siebenmal damit zu besprengen (18f).

All diese Blutriten dienen, wie uns gesagt wird, dazu, für den Hohepriester, seine Familie und die ganze Gemeinde Israels die Sühne zu vollziehen (11.17.33), aber auch für das Allerheiligste, das Zelt der Begegnung und den Altar (20.33). Alles und jeder mußte mit dem Blut bedeckt werden, denn die Sünde verunreinigt auch alles und jeden (16). Durch Gottes Fürsorge bedeckt das Blut die ganze Sünde, die zu der Verunreinigung geführt hatte und stellt auf diese Weise die Gemeinschaft zwischen ihm und seinem Volk her.

Das Ritual des Versöhnungstages wird fortgesetzt, indem man den Sündenbock die Sünden der Gemeinde symbolisch wegtragen läßt (21f) und die Opfertiere verbrennt (24f). Zuvor aber muß der Hohepriester sein besonderes Leinengewand ausziehen und seine gewöhnliche Opferkleidung anziehen, denn das Leinenkleid ist dem Sühnevollzug durch das Blut vorbehalten (23f. 32f).

In Sacharja 3 teilt uns der Prophet eine Vision mit, in der er sah, wie Jeschua, der Hohepriester seiner Zeit, in schmutzigen Kleidern dastand und der Satan ihn mit Gedanken der Schuld und Unzulänglichkeit so sehr anklagte, daß er einfach dort stehen blieb und nichts tat, weil er sich völlig hilflos fühlte. Die Vision spiegelt etwas von der depressiven Stimmung wider, die nach dem Exil unter den Juden herrschte, bevor der Tempel wieder aufgebaut wurde, aber sie offenbart auch, daß geistige Mächte am Werk waren, die verhindern wollten, daß der sühnende Opferkult wieder aufgenommen wurde. In der Vision greift der HERR selbst ein, weist den Satan zurück und beauftragt seinen Engel, dafür zu sorgen, daß Jeschua sein Gewand angelegt und der Kopfbund aufgesetzt wird für den Dienst, den er zu verrichten hat. Der HERR offenbart ihm, daß sein Dienst und der seiner Gefährten 'ein Zeichen' zukünftiger Dinge sei, denn Gott werde seinen Knecht, 'Sproß' genannt (= der Messias, vgl. Jes 11,1), kommen lassen und dann, erklärt er, 'werde ich die Schuld dieses Landes entfernen an einem einzigen Tag'.

Als Jesus kam, brachte er dieses endgültige Sühnopfer dar, indem sein Blut auf dem Altar des Kreuzes vergossen und für uns vor den himmlischen Thron Gottes gebracht wurde, um unsere Sünden zu bedecken, diesmal aber mit ewiger Gültigkeit. Er durchlitt eine ähnliche satanische Versuchung wie Jeschua, und auch ihm dienten Engel (Mk 1,13), aber er bekleidete sich mit seinen Gewändern und betrat für uns das Allerheiligste. Damals wurde der alttestamentliche Opferkult schon seit über tausend Jahren vollzogen, und jeder Jude wußte genau Bescheid über die Kraft des Blutes – so gründlich bereitete Gott sein Volk vor, damit es die sühnende Kraft des Blutes in seinem letzten und ewig gültigen Opfer begreifen und daran glauben konnte.

Es ist wichtig, diese Gesamtschau vor Augen zu behalten, wenn wir die harten Aussagen der Propheten über den Tempelgottesdienst lesen, die sie gelegentlich machten. Manchmal bekommen wir den Eindruck, sie hätten es am liebsten gesehen, wenn der ganze Kult abgeschafft worden wäre, aber beim genaueren Hinsehen stellen wir fest, daß sie nicht so sehr den Kult verurteilten, als vielmehr die Herzenshaltungen derer, die daran teilnahmen. Jeremia z. B. sagt, es sei nutzlos, sich auf den Tempel zu verlassen und gleichzeitig unbußfertig in der Sünde zu leben (Jer 7,3-15); Amos und Jesaja betonen, daß das Festefeiern und Opfern nur den Zorn Gottes hervorruft, wenn es nicht mit einem Leben in Recht und Gerechtigkeit einhergeht (Am 5,21-24; Jes 1,11-17).

Zur Zeit des Neuen Testaments lebten die Juden zerstreut in der gesamten antiken Welt, die meisten zu weit von Jerusalem entfernt, als daß die Tempel- und Opfergesetze in ihrem Alltagsleben ein große Rolle hätten spielen können, aber viele von ihnen pilgerten dennoch nach Jerusalem, um dort zu opfern. Trotz dieser praktischen Einschränkungen infolge der Exilsituation blieb das Blutopfer von wesentlicher Bedeutung für die Aufrechterhaltung einer guten Beziehung zu Gott. Darum mußte ein Blutopfer dargebracht werden, als der Messias kam. Aber sein Opfer hatte eine viel umfassendere Bedeutung, so daß, nachdem es vollbracht und die Nachricht davon überallhin zu allen Juden durchgedrungen war, der Tempel nicht länger gebraucht wurde.

Im Jahre 70 n. Chr. wurde er endgültig beseitigt. Aber um diese Zusammenhänge noch gründlicher zu verstehen, wollen wir nun zum Neuen Testament übergehen.

9

Die neutestamentliche Fortsetzung

1. DER CHRISTLICHE ZUGANG ZUM PENTATEUCH

Viele Christen heute sind der Meinung, der Opferkult des Alten Testaments sei wegen des Opfers Christi so sehr überholt, daß man keinen Gedanken mehr daran verschwenden müsse. Sie betrachten die Opfer als Teil eines veralteten religiösen Systems, von dem wir freundlicherweise befreit worden sind, und darum sei es wohl am besten, den Opferkult zu vergessen und ungestört im Antiquitätenmuseum vor sich hin modern zu lassen; die Kenntnis seiner Zusammenhänge und Ordnungen habe ohnehin keine Bedeutung mehr für den heutigen Glauben und das moderne Alltagsleben.

Andere religiöse Gesetze wie Beschneidung, Speisegesetze, Sabbatheiligung u. dgl. ordnen sie in dieselbe Kategorie der Dinge ein, die sie für überholt und bedeutungslos halten. Schließlich hat Paulus doch gesagt, 'in Christus gilt weder Beschneidung noch Unbeschnittensein etwas, sondern der Glaube, der durch die Liebe tätig ist' (Gal 5,6).

Diesem modernen Trend vieler entspricht es auch, einen großen Teil der moralischen und sozialen Lehren der 5 Bücher Mose aus demselben Blickwinkel zu betrachten, nämlich als völlig überholt durch das große Liebesgebot Christi, so daß sie heute praktisch bedeutungslos sind, wenn nicht sogar gefährlich wegen ihrer scheinbar vorchristlichen Gesetzlichkeit.

In ähnlicher Weise werden auch viele von den alten Geschichten in 1.-5. Mose als urzeitlich und von geringer Bedeutung für den Glauben des modernen Menschen beurteilt, zumal wir ja die Evangelien haben mit ihren aufgeklärteren und weniger primitiven Aussagen.

Aber die Einstellung Jesu dem Gesetz gegenüber ist alles andere als abfällig. In Wirklichkeit befindet sich jede Theologie, die das Gesetz oder irgend einen anderen Teil des Alten Testaments für das christliche Leben als nicht mehr von Bedeutung ansieht, im Widerspruch zu dem, was Jesus selbst gelehrt hat, denn im der Bergpredigt sagt er:

> *Denkt nicht, ich sei gekommen, um das Gesetz und die Propheten aufzuheben. Ich bin nicht gekommen, um aufzuheben, sondern um zu erfüllen. Ich sage euch die Wahrheit: Bis Himmel und Erde vergehen, wird auch nicht der kleinste Buchstabe des Gesetzes vergehen, bevor nicht alles geschehen ist. Wer auch nur eines von den kleinsten Geboten aufhebt und die Menschen entsprechend lehrt, der wird im Himmelreich der Kleinste sein. Wer sie aber hält und halten lehrt, der wird groß sein im Himmelreich. Darum sage ich euch: Wenn eure Gerechtigkeit nicht weit größer ist als die der Schriftgelehrten und Pharisäer, werdet ihr nicht in das Himmelreich kommen'* (Mt 5,17-20).

Sogar Paulus, der in seiner Lehre das Gesetz oft scheinbar abtut, hat in Wirklichkeit dieselbe grundlegende Einstellung, denn im Zusammenhang mit einer Bemerkung über die Beschneidung hören wir ihn sagen: 'Heben wir denn das Gesetz auf durch den Glauben? Keinesfalls! Vielmehr bestätigen wir das Gesetz' (Röm 3,31).

Gewiß führt uns der christliche Glaube über die Gesetze hinaus, die Gott Mose gegeben hat. Es wäre undenkbar, daß heute in einem christlichen Gottesdienst Tieropfer dargebracht würden, und Jesus hat seine Jünger dazu aufgerufen, die einfachen Anforderungen der Zehn Gebote zu übertreffen (Mt 5,21-48), aber die Gesetze können nicht einfach aufgehört haben, für unseren Glauben und unsere Lebensführung von Bedeutung zu sein. Wenn wir nun zum Neuen Testament übergehen, wollen wir untersuchen, welche Sicht dieser Dinge die Urgemeinde für christlich angemessen hielt. Dabei werden wir feststellen, daß das Neue Testament eine sehr positive Enstellung dem Pentateuch gegenüber hat, die auch für unsere Zeit maßgeblich bleibt.

Die Briefe an die Römer und an die Hebräer stehen dabei im Zentrum unserer Aufmerksamkeit, weil sie sich speziell mit diesen Fragen beschäftigen. In beiden, besonders im Hebräerbrief, wird der Tod Christi als das Sühnopfer verstanden, das alle weiteren Opfer für die Sünde überflüssig macht. Demgegenüber spricht Johannes in seinem Evangelium und in der Offenbarung von Jesus als dem Lamm Gottes und lenkt damit die Aufmerksamkeit auf einen anderen Aspekt seines Opfertodes, nämlich darauf, daß er jenes Erlösungswerk abschließt, das durch das Blut des Passalammes gekennzeichnet ist. Diesen Aspekt werden wir uns in einem weiteren Band im Zusammenhang mit dem Johannesevangelium näher ansehen, aber es ist hier nebenbei bemerkenswert, daß auch Paulus diesen Aspekt sehr wohl kannte, obwohl er ihn im Römerbrief nicht erwähnt (siehe 1. Kor 5,7: 'auch wir haben ein Passalamm, das ist Christus, der geopfert ist'). Wenn wir uns nachfolgend in erster Linie auf die Sühne konzentrieren, so bedeutet dies nicht, daß das Opfer Christi nur auf diese eine Weise verstanden werden kann. Jesus identifizierte auch das ungesäuerte Brot mit seinem für uns dahingegebenen Leib (Lk 22,19); ferner ist er der 'Erstling' der Entschlafenen (1. Kor 15,20); das christliche Pfingsten ist die unmittelbare Folge seines Opfertodes (Apg 2,31-33). Alle Feste, Opferarten und priesterlichen Funktionen sind in seinem Dienst zusammengefaßt und zur vollkommenen Erfüllung gebracht. Dennoch werden wir uns hier notwendigerweise auf die Frage konzentrieren, in welcher Beziehung seine Selbsthingabe zu den Opfern des Versöhnungstages steht.

Wir haben in den 5 Büchern Mose aber nicht nur die Opfer studiert. Glaube und Gehorsam sind ebenfalls wesentliche Bestandteile des Hebräer- und des Römerbriefes; aber noch bevor einer von ihnen geschrieben worden war, rückten alle drei Askpekte deutlich ins Blickfeld im Leben Jesu Christi. Das Portrait, das Markus von Jesus zeichnet, zeigt dies sehr deutlich, und darum werden wir mit einer Besprechung seines Evangeliums beginnen.

2. PALÄSTINA ZUR ZEIT JESU

Die Juden und das Gesetz

Seit den Tagen Moses sind über 1200 Jahre vergangen, und in dieser Zeit hat sich viel verändert. Da ist zuerst das alte Zeltheiligtum zu erwähnen, das unter der Herrschaft Salomos durch einen Tempel ersetzt wurde. Die Babylonier zerstörten ihn, und

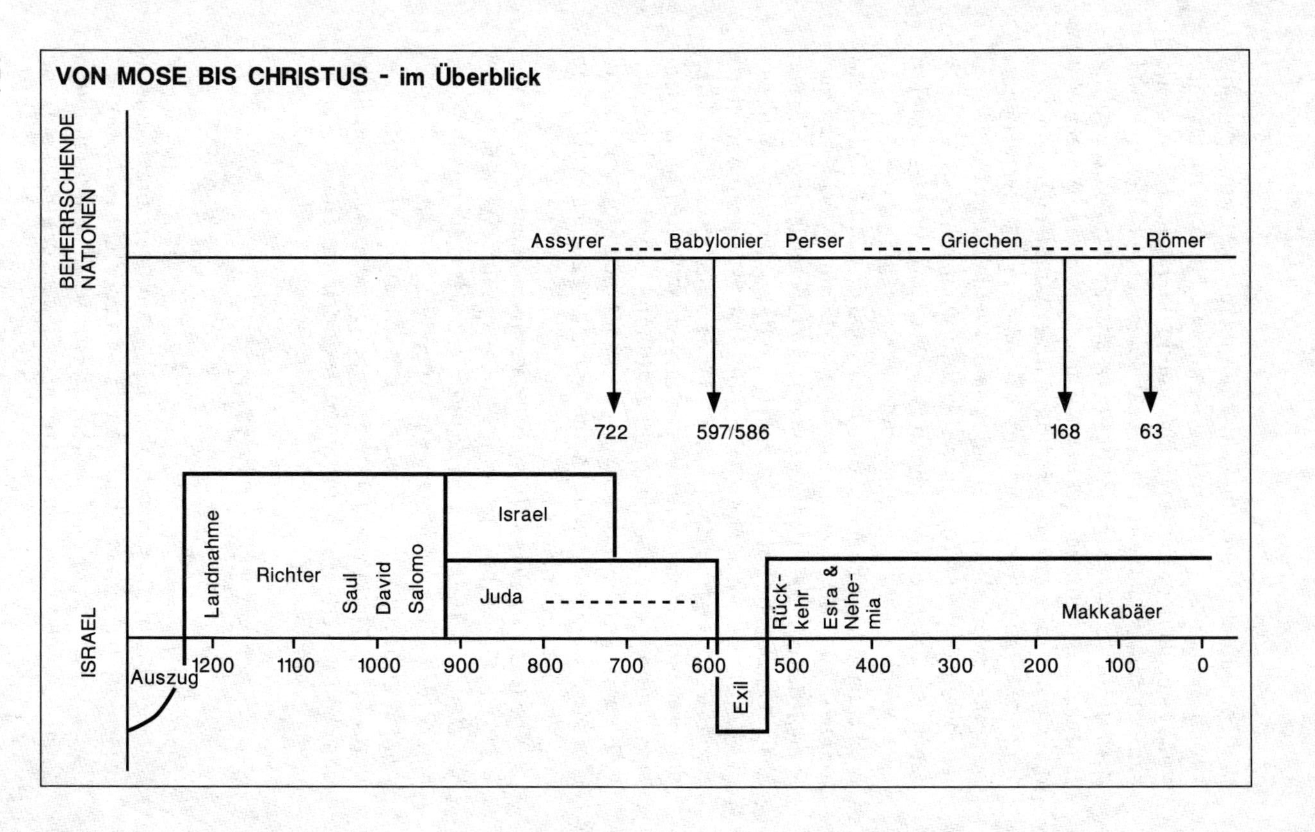

VON MOSE BIS CHRISTUS - im Überblick
BEHERRSCHENDE NATIONEN
Assyrer
Babylonier
Perser
Griechen
Römer
722
597/586
168
63
ISRAEL
Israel
Landnahme
Richter
Saul
David
Salomo
Juda
Rück-
kehr
Esra &
Nehe-
mia
Makkabäer
Auszug
1200
1100
1000
900
800
700
600
500
400
300
200
100
0
Exil

die aus dem Exil zurückgekehrten Juden bauten zur Zeit der Perser einen neuen. Nach einer wechselvollen Geschichte wurde er im Auftrag Herodes des Großen so erweitert und verschönert, daß es praktisch einem Neubau gleichkam. Obwohl die groben Bauarbeiten zehn Jahre nach dem Baubeginn im Jahre 19 v. Chr. abgeschlossen waren, wurde zur Zeit Jesu immer noch daran gearbeitet. Vielfach bewundert wegen seiner Pracht, ist es dennoch eine Ironie der Geschichte, daß er nur sechs Jahre nach seiner endgültigen Fertigstellung von den Römern zerstört wurde, wie es Jesus vorausgesehen hatte.

Auch hinsichtlich der religiösen Praxis der Juden hatte sich viel geändert. Da die meisten zu weit von Jerusalem entfernt lebten, als daß der Tempel und sein Kult eine direkte Bedeutung für ihr Leben hätte haben können, traten andere religiöse Gesetze in den Vordergrund, besonders jene, die man als die unterscheidenden Merkmale des jüdischen Glaubens und der jüdischen Identität betrachtete, wie Beschneidung, Sabbatregeln, Zehnten, Speisegesetze und dergleichen. Im Leben vieler Juden in Palästina und in der Diaspora spielte die Einhaltung dieser Gesetze eine so große Rolle, daß sowohl Jesus als auch die Urgemeinde beträchtliche Schwierigkeiten hatten, mit den gesetzlichen Haltungen, die dadurch hervorgerufen wurden, fertigzuwerden.

Eine weitere Neuentwicklung infolge der Diasporasituation der Juden war die Synagoge. Wir wissen wenig über die Anfänge ihrer Geschichte, aber zur Zeit des Neuen Testaments hatte jede jüdische Ortsgemeinde eine solche, sogar in Palästina, wo der Weg zum Tempel nicht immer so weit war. Aber die Synagoge war nur ein Ort für das gemeinsame Gebet, die Lehre und den allgemeinen gesellschaftlichen Umgang der Juden untereinander, nicht jedoch für den Opfergottesdienst. Sowohl Jesus als auch Paulus nutzten die in den Synagogen gegebene Möglichkeit, das Evangelium zu verkündigen.

Die politische Landkarte um das Jahr 30 n. Chr.

Politisch hatte sich alles völlig geändert. Jahrhundertelang war Palästina das Aufmarschgelände fremder Armeen gewesen. Seit dem Jahr 722 v. Chr., als Samaria an Assyrien fiel, konnten die Israeliten das Joch der Fremdherrschaft nicht mehr abschütteln;

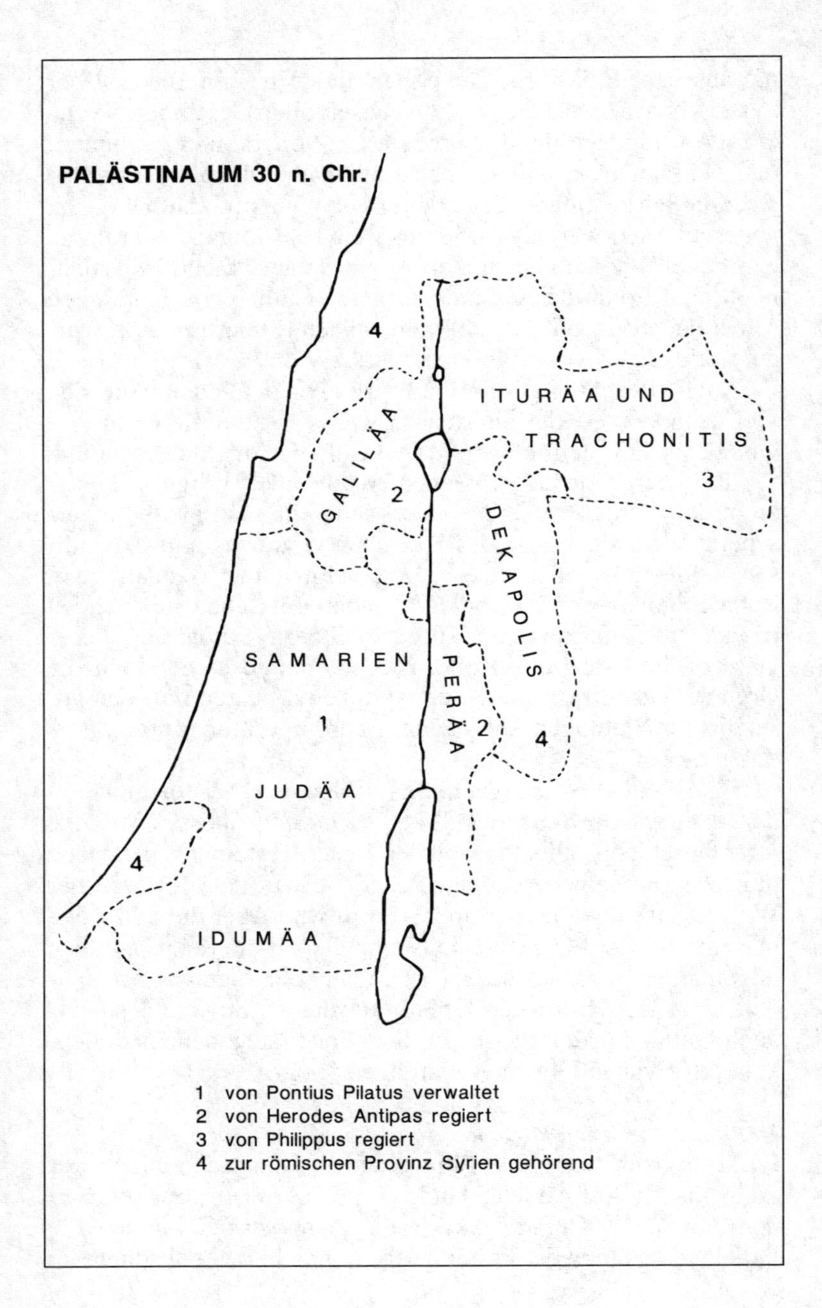
PALÄSTINA UM 30 n. Chr.
4
ITURÄA UND
TRACHONITIS
3
GALILÄA
2
DEKAPOLIS
SAMARIEN
PERÄA
1
2
4
JUDÄA
4
IDUMÄA
1 von Pontius Pilatus verwaltet
2 von Herodes Antipas regiert
3 von Philippus regiert
4 zur römischen Provinz Syrien gehörend

nur den Makkabäern gelang es im zweiten Jahrhundert, ein gewisses Maß an Unabhängigkeit zu behaupten, bis die Römer im Jahre 63 v. Chr. unter Pompejus Jerusalem einnahmen. Herodes der Große regierte unter römischer Oberhoheit mit beachtlichen persönlichen Freiheiten, aber er war bei den Juden keineswegs beliebt. Nachdem er gestorben war, wurde sein Königreich zwischen seinen Söhnen aufgeteilt: Archelaus erhielt Judäa und Samaria, Herodes Antipas Galiläa und Peräa und Philippus erhielt das Gebiet nordöstlich von Galiläa, das in Lk 3,1 Ituräa und Trachonitis genannt wird (das Gebiet der Dekapolis gehörte nicht zum Reich Herodes des Großen; es war Teil der römischen Provinz Syrien). 6 n. Chr. wurde Archelaus verbannt und sein Gebiet der direkten Verwaltung eines römischen Prokurators unterstellt, von denen der fünfte Pontius Pilatus war. So ungefähr sah die Landkarte zur Zeit Jesu aus.

Bald nach dem Tod Jesu begann sich die Situation wieder zu verändern. Philippus starb im Jahr 34, und sein Gebiet fiel an Herodes Agrippa, den Enkel Herodes des Großen. Als 39 Antipas abgesetzt und verbannt wurde, fügte er seinem Herrschaftsgebiet Galiläa und Peräa hinzu. Im Jahre 41 erhielt er auch noch Judäa und Samaria und wurde damit König über das ganze Gebiet, das einst sein Großvater beherrscht hatte. Im Neuen

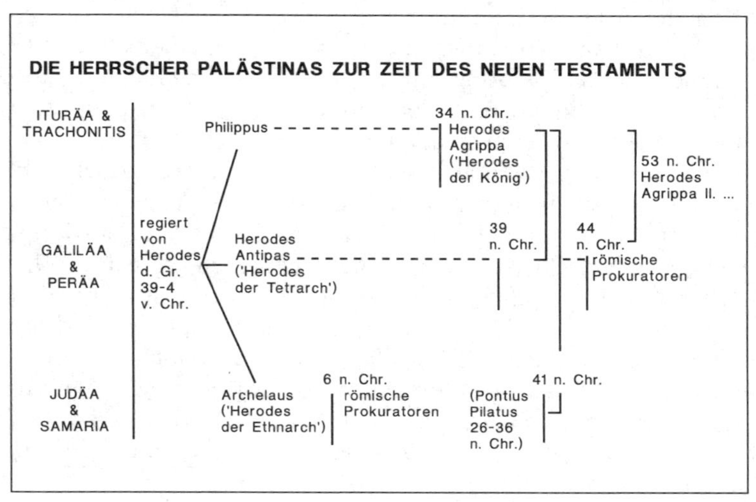

Testament wird er als ein Verfolger der Gemeinde erwähnt (Apg 12). Nach seinem Tod im Jahre 44 wurde das Land wieder durch Statthalter der direkten Herrschaft Roms unterstellt, unter denen Felix und Festus waren (Apg 24-25). Im Jahre 53 wurde Agrippa II., der Sohn von Herodes Agrippa, zum König über das nördliche Palästina ernannt und herrschte bis 90 n. Chr.

66 n. Chr. brach in Jerusalem ein Aufstand aus, und im Jahre 70 plünderten und zerstörten die Römer die Stadt und den Tempel. Danach wurde Jerusalem durch römische Legaten regiert, und seine Geschichte als kultisches Zentrum des Judentums war beendet. Nach einem weiteren Aufstand im Jahre 135 wurden die Juden aus Palästina vertrieben, um erst im 20. Jahrhundert wieder dorthin zurückzukehren.

Das Judentum in Palästina zur Zeit des Neuen Testaments

Das palästinische Judentum zur Zeit Jesu war in verschiedene Sekten und Parteiungen zerspalten. Das Folgende ist nur ein grober Überblick über die verschiedenen Gruppierungen. Wir wollen hier ja nicht die Geschichte des Judentums nachzeichnen, sondern die Absichten Gottes verstehen, wie er sie durch Männer wie Abraham, Mose und zuletzt durch Jesus Christus geoffenbart hat. Das Judentum ist an sich ein interessantes Studiengebiet, aber hier brauchen wir nur ein wenig Hintergrundinformation, die uns beim Studium des Neuen Testaments hilft.

1. *Die Pharisäer* bildeten eine exklusive Gemeinschaft (ihr Name bedeutet 'die Abgesonderten'). Sie waren glühende Eiferer nach Heiligkeit und Gerechtigkeit, und ihr Zugang zum Gesetz war sehr streng, der Kritik Jesu nach zu urteilen, oft kleinlich und gesetzlich. Sie bekannten sich uneingeschränkt auch zu geistigen Glaubensinhalten (Apg 23,8). Viele von ihnen wurden Christen (auch Paulus), aber einige hatten Schwierigkeiten, ihre exklusiven Ansprüche aufzugeben (Apg 15,5). Ihr Ursprung kann bis auf Esra, den Schriftgelehrten zurückverfolgt werden, aber ihre Geschichte ist ziemlich kompliziert und mit der Politik verquickt. Weil ihr Glaube sehr persönlich ausgerichtet war, überlebten sie als einzige die Katastrophe des Jahres 70 n. Chr. und wurden zur führenden Kraft unter den Juden. Um das Jahr 200 bedeutete Judentum und Pharisäismus ein und dasselbe.

2. *Die Sadduzäer* bildeten die zweite Hauptrichtung. Sie waren zahlenmäßig ziemlich klein, denn sie bestanden ausschließlich aus priesterlichen und ihnen nahestehenden Familien. Sie vertraten konservative religiöse Ansichten und hatten wenig Raum für persönliche und geistige Aspekte des Glaubens (Mk 12,18; Apg 23,8). Für sie war die Religion weitgehend eine Angelegenheit dessen, was im und um den Tempel vor sich ging, und folglich verschwanden sie mit dem Jahre 70 aus der Geschichte.

3. *Die Herodianer* waren als Freunde und Parteigänger von Herodes Antipas eher eine politische denn eine religiöse Gruppierung. Sie erscheinen immer in Opposition zu Jesus, aber wohl eher aus sozialen als aus religiösen Gründen, möglicherweise weil Herodes Jesus mit Johannes dem Täufer in engem Zusammenhang sah, der es gewagt hatte, ihn öffentlich wegen seines unmoralischen Lebenswandels zu kritisieren.

4. *Die Zeloten* waren politische Extremisten, die militant ihren Standpunkt vertraten, Gott und nicht der Kaiser sei der wahre Herrscher Israels. Sie entstanden, als Judas von Galiläa im Jahre 6 n. Chr. einen Aufstand gegen die Römer anführte, und setzten danach in seinem Geist den Kampf fort. Schließlich zettelten sie den jüdischen Aufstand der Jahre 66-70 an; ihre letzte Festung, Masada, fiel im Mai 74. Einer von den Jüngern Jesu, Simon, war ein Zelot (Lk 6,15).

5. *Die Essener* scheinen sich, im Gegensatz zu den Zeloten, weitgehend aus der Politik zurückgezogen zu haben. Sie praktizierten einen gemeinschaftlichen Lebensstil, größtenteils in einer Art klösterlichen Siedlungen, von denen Qumran am Toten Meer wohl eine gewesen ist. Im Neuen Testament werden sie nicht erwähnt. Auch sie verschwanden nach dem Jahre 70.

6. *Die Samaritaner* waren Nachkommen jener fremden Leute, die die Assyrer nach 722 v. Chr. im Gebiet von Samaria angesiedelt hatten, aber als gesonderte religiöse Gruppierung entstanden sie erst im 4. Jahrhundert, als sie auf dem Berg Garizim, gegenüber von Sichem, einen eigenen Tempel errichteten. Der wurde um 128 v. Chr. von Johannes Hyrkanus, einem der makkabäischen Könige, zerstört, aber der Garizim blieb für die Samaritaner ihr heiliger Berg (Joh 4,20). Als heilige Schrift haben sie nur die von ihnen überlieferte Version des Pentateuch.

Über ihre Glaubensansichten zur Zeit Jesu wissen wir wenig, aber viele von ihnen öffneten sich dem Evangelium. Eine sehr kleine Samaritanergemeinde hat bis heute überlebt.

3. DER MESSIAS, DER NEUE BUND UND DER GEIST

Um verstehen zu können, warum die Teile des Neuen Testaments, die wir nun studieren wollen, eine logische Fortsetzung der 5 Bücher Mose darstellen, müssen wir zusätzlich zu den religiösen und politischen Veränderungen auch die hauptsächlichen geistlichen Entwicklungen, die in der Zwischenzeit stattfanden, skizzenhaft vor Augen haben.

Die Bündnisse des Alten Testaments

Das hebräische Wort, das wir mit 'Testament' übersetzen, kann auch mit 'Bund' wiedergegeben werden. Ein Bund ist eine Übereinkunft zwischen zwei Personen oder zwei Parteien. In der biblischen Theologie sind dies natürlich Gott und ein Mensch oder Gott und sein Volk.

Die Verträge der damaligen Zeit waren Bündnisse, die oft eine gewisse Ähnlichkeit mit den biblischen Formen haben. In ihnen verspricht der siegreiche Oberherr, seinen Vasallen Schutz zu gewähren unter der Bedingung, daß sie ihm völligen Gehorsam erzeigen. Er stellt verschiedene Bedingungen auf, denen sie zustimmen müssen, und belegt sie mit Flüchen für den Fall, daß sie diese Auflagen nicht erfüllen. 5. Mose schließt sich eng an dieses Muster an.

Der Mose- oder Sinaibund beschreibt ein Verhältnis, das jenem in den Verträgen des alten Orient ähnlich ist. Gott als der Oberherr bietet seinen Schutz und seinen Segen an unter der Bedingung, daß Israel seine Gesetze oder Auflagen erfüllt, und er spricht eine Reihe von Flüchen aus, die wirksam werden, falls die Gesetze nicht eingehalten werden. Das eine Wort, das die Anforderungen des mosaischen Bundes zusammenfaßt, heißt 'Gehorsam'.

Der Abrahamsbund ist von anderer Art. In ihm legt Gott keine Forderungen auf, er gibt nur Verheißungen. Dabei handelt es sich nicht um allgemeine Segensverheißungen wie im Mosebund, z. B. langes Leben, Gesundheit, Wohlstand usw., sondern um die speziellen Verheißungen von Land und Nachkommenschaft und um die universale Verheißung des letztendlichen Segens, noch nicht für Abraham selbst, aber durch Abraham für die gesamte Menschheit. Abraham spielt in diesem Bündnis eine fast passive Rolle, denn es sind weder Auflagen zu erfüllen noch Flüche für den Fall des Versagens zu befürchten. Alles, was von ihm verlangt wird, ist der Glaube, daß Gott das, was er verheißen hat, tun kann und tun wird. Das eine Wort, das den menschlichen Teil im Abrahamsbund überschreibt, heißt 'Glaube'.

Es gibt noch weitere Bündnisse im Alten Testament. Eines davon ist *der Davidsbund* (2. Sam 7,5-16). Er gleicht dem Abrahamsbund darin, daß er keine Auflagen enthält, sondern nur die Herrschaft über das Volk Gottes für immer David und seinen Nachkommen zusichert, um auf diese Weise das Geschlecht vorzubereiten, aus dem der Messias kommen soll.

Ein neuer Bund

Die Propheten sagten einen 'Neuen Bund' voraus:

Jeremia (31,31-34) sagt, er werde dem Mosebund darin gleich sein, daß auch in ihm das Gesetz im Zentrum stünde, aber gleichzeitig werde er sich vom Mosebund darin unterscheiden, daß in ihm das Gesetz in die Herzen der Menschen und nicht mehr auf steinerne Tafeln geschrieben sei. Israel war unfähig gewesen, den alten Bund zu halten, aber diesen neuen würden sie halten können, weil Gott zwei Dinge für sie tun werde: erstens wolle er die Vergangenheit vergeben und vergessen und ihnen damit einen Neuanfang ermöglichen, und zweitens wolle er sich ihnen in ihrem Innern persönlich so eindrücklich zu erkennen geben, daß daraus Gehorsam entstünde, nicht aufgrund menschlicher Unterweisung, sondern aus dem innersten Wesen heraus.

Hesekiel gebraucht in 36,25-28 zwar nicht das Wort 'Bund', aber er erklärt dort, wie dieser Neue Bund funktioniert. Auch er spricht vom Herzen, von den Gesetzen, der Reinigung von der Vergangenheit und einer besonderen, neuartigen Gottesbeziehung, aber er fügt hinzu, daß Gott seinen Geist in die Menschen hineingeben werde, um sie zu einem Gehorsam zu befähigen, der ihnen aus eigener Kraft niemals möglich wäre.

Der Neue Bund werde also nicht nur wie der alte ein Bund der Verheißung oder des Gesetzes sein, sondern ein Bund der *verwirklichten* Verheißung und des *erfüllten* Gesetzes. Die Anforderung besteht immer noch in Glaube und Gehorsam, aber der Zugang ist grundlegend anders. Wo Glaube und Gehorsam dem alttestamentlichen Menschen so schwergefallen war, da wird nun beides ermöglicht durch die Gabe und die Kraft des Heiligen Geistes, der auf das neutestamentliche Bundesvolk ausgegossen wird.

Der Messias und der Neue Bund

Die früheren Bündnisse waren durch die Vermittlung von Männern wie Abraham, Mose und David eingeführt worden. Der Neue Bund sollte ebenfalls durch einen Mann eingeführt werden, aber einen solchen, auf dem der Geist Gottes auf besondere Weise ruhte (Jes 11,1-5). Er werde unter der Salbung durch den Geist Gottes auftreten und gute Botschaft, Trost, Befreiung, Freude und Lobpreis bringen (Jes 61,1-3) und sein Leben als das endgültige Opfer für unsere Sünden darbringen (Jes 53); in seinen Tagen werde Gott seinen Geist auf die Menschen ausgießen wie Wasser auf ausgetrocknetes Land (Jes 44,3). Dies sei das Wesen des messianischen Königreichs und das Vorrecht aller, die darin Bürgerrecht erhielten.

Der Neue Bund

Dieser Mann ist in Jesus, dem Messias, dem Sohn Gottes, gekommen. Beim letzten Mahl mit seinen Jüngern wies er darauf hin, daß sein Tod das Opfer zur Besiegelung des Neuen Bundes zwischen Gott und den Menschen sei, und daß sein Blut als Opfer die Kraft habe, jene Vergebung der Sünden zu bewirken, die Jeremia und Hesekiel vorausgesagt hatten (Mt 26,28). Bei diesem Mahl sprach er auch lange zu ihnen über die Gabe des Geistes, die sie empfangen sollten, wenn sein Opfer vollbracht sei (Joh 14-16).

Sieben Wochen später, an Pfingsten, wurde diese Gabe geschenkt, und darum konnte Paulus von einem 'Brief Christi' sprechen, 'der nicht mit Tinte, sondern mit dem Geist des lebendigen Gottes geschrieben ist, nicht auf steinernen Tafeln, sondern auf die fleischernen Tafeln des menschlichen Herzens', von einem 'neuen Bund, nicht des Buchstabens, sondern des Geistes' (2. Kor 3,3.6). In diesem Zusammenhang fügt er hinzu:

> *Bis auf den heutigen Tag, wenn Mose* (gemeint ist der Pentateuch oder sogar das ganze Alte Testament) *gelesen wird, liegt eine Decke auf ihrem Herzen* (d. h. der Menschen des Alten Bundes). *Sobald sich aber einer dem Herrn zuwendet, wird die Decke weggenommen. Der Herr aber ist der Geist, und wo der Geist des Herrn ist, da ist Freiheit. Und wir alle, die mit aufgedecktem Angesicht die Herrlichkeit des Herrn widerspiegeln, werden verwandelt in sein Bild, von Herrlichkeit zu Herrlichkeit, und zwar durch den Herrn, der der Geist ist* (3,15-18).

Es ist vor allem dieses weiterentwickelte geistliche Konzept, das das Neue Testament zur logischen Fortsetzung des Alten macht. Auf der Ebene der Religion oder der Politik hat das Judentum ebenso das Recht wie das Christentum, die historische Nachfolge des Alten Testaments für sich zu beanspruchen, aber auf der Ebene der geistlichen Weiterentwicklung stellt nur das Christentum eine Fortsetzung dar. Jene Juden, die sich dem Evangelium nicht öffnen, warten immer noch darauf, daß der Messias kommt und seine Königsherrschaft aufrichtet. Sie halten immer noch Ausschau nach der Erfüllung der Verheißungen über den Neuen Bund und den Geist. Die gute Botschaft (= Evangelium), die die Christen zu bringen haben, lautet, daß Jesus der Messias ist, und daß er seine Herrschaft schon in die Welt gebracht hat; er hat den Neuen Bund aufgerichtet, in dem uns Vergebung unserer Sünden gewährt und die Gabe des Heiligen Geistes geschenkt wird.

Wer das Wirken des Geistes, das Paulus in 2. Kor 3 beschreibt, aus eigener Erfahrung kennt, wird kaum Schwierigkeiten haben, die Wahrheit dieser Dinge zu erkennen, nicht weil er aufgrund einer bestimmten Lehre voreingenommen wäre, sondern weil ihm das innere Wirken des Geistes zu einer lebendigen Erfahrung geworden ist. Er trägt die Dimension, in der die geisterfüllten Christen ihr Leben führen, in sich selbst und bedarf ebensowenig der Rechtfertigung durch Vernunftgründe, wie die Liebe eines Mannes zu seiner Frau oder seinen Kindern gerechtfertigt werden muß. Trotzdem ist es gut, wenn wir in der Lage sind, unseren Glauben auch denkend zu verantworten, und dieses Buch will unter anderem auch zu dieser Befähigung beitragen.

10

Glaube in Aktion

DAS MARKUSEVANGELIUM

1. MARKUS UND SEINE DARSTELLUNG JESU

Von den vier Evangelien ist das von Markus das kürzeste und früheste; es wurde wahrscheinlich um 65 n. Chr. verfaßt. Eusebius von Cäsarea zitiert in seiner *Kirchengeschichte* (Anfang 4. Jahrhundert) einen Bischof aus dem 2. Jahrhundert mit Namen Papias, der wiederum gehört hat, wie ein ein gewisser Presbyter Johannes, ein Jünger des Herrn, folgendes berichtete:

> *Markus hat die Worte und Taten des Herrn, an die er sich als Dolmetscher des Petrus erinnerte, genau, allerdings nicht der Reihe nach, aufgeschrieben. Denn er hatte den Herrn nicht gehört und begleitet; wohl aber folgte er später, wie gesagt, dem Petrus, welcher seine Lehrvorträge nach den Bedürfnissen einrichtete, nicht aber so, daß er eine zusammenhängende Darstellung der Reden des Herrn gegeben hätte. Es ist daher keineswegs ein Fehler des Markus, wenn er einiges so aufzeichnete, wie es ihm das Gedächtnis eingab. Denn für eines trug er Sorge: nichts von dem, was er gehört hatte, auszulassen und sich im Berichte keiner Lüge schuldig zu machen* (Eusebius, Kirchengeschichte III 39,15).

Es ist schwer zu sagen, wie weit man solch einem Bericht aus dritter Hand trauen darf, zumal Eusebius, der ihn zitiert, von den intellektuellen Fähigkeiten des Papias nicht viel hielt. Dennoch legt ein kurzer Blick auf die Lebensgeschichte des Markus, soweit wir sie kennen, die Vermutung nahe, daß wohl mehr als nur ein Körnchen Wahrheit darin liegt.

Die Freundschaft von Johannes Markus mit Petrus begann wahrscheinlich bereits gegen Ende der Wirksamkeit Jesu oder bald danach. Zu jener Zeit lebte er als Teenager in Jerusalem, und es ist wohl möglich, daß er jener junge Mann in Mk 14,51f war, der im Garten Gethsemane Zeuge der Verhaftung Jesu wurde. Mit Sicherheit war das Haus seiner Mutter eine der ersten Versammlungsstätten der Jerusalemer Urgemeinde – Petrus begab sich sofort dorthin, nachdem er aus dem Gefängnis befreit worden war (Apg 12,12). Markus begleitete Paulus und dessen Vetter Barnabas auf der ersten Missionsreise ein Stück weit, verlor aber bei Paulus an Ansehen, weil er sich abwandte und nach Jerusalem zurückkehrte (Apg 13,5.13; 15,37-39). Als Paulus später in Rom im Gefängnis war, gehörte Markus neben Lukas und einigen anderen zu denen, die ihn versorgten (Kol 4,7-14). Nach späterer kirchlicher Überlieferung diente er auch Petrus in Rom als dessen persönlicher Assistent, bis Petrus und Paulus dort um das Jahr 67 den Märtyrertod starben.

Markus befand sich eindeutig mitten im Zentrum des Geschehens jener Anfangszeit und hatte sicher viele Gelegenheiten, den Berichten der Augenzeugen zuzuhören, die Jesus auf seinen Wanderungen begleitet hatten. Einige sind sogar der Meinung, das Evangelium, das er geschrieben hat, sei eher das des Petrus als sein eigenes. Wie dem auch sei, auf jeden Fall haben wir hier ein Buch vor uns, das aus der lebendigen Erfahrung heraus entstanden ist von Menschen, die Jesus begleitet und mit ihm gesprochen haben. Es ist gerade dieser erfrischende Wind des unmittelbaren Erlebens, der vor allem dieses Evangelium viel stärker als die anderen durchweht, in denen wir sorgfältiger bearbeitete Berichte, systematischere Darbietung von Lehre und mehr theologische Reflexion finden. Tatsächlich bringt Markus weniger von der Lehre Jesu als die anderen Evangelien; er zeichnet das Portrait eines Mannes mit einem erstaunlichen Glauben und ebensolcher Tatkraft, vor dem die Menschen nur staunend dastehen.

Das heißt nicht, daß Markus einfach nur Geschichten erzählt ohne theologische Struktur und Überlegung. Keinesfalls, denn wenn wir das Evangelium durchlesen, werden wir einige seiner herausragenden Themen betrachten, wie die Verborgenheit der Messianität Jesu, seine charismatische Kraft und Autorität, das ständige Staunen der Volksmengen, das Verlangen Jesu, mit seinen Jüngern allein zu sein, die Wichtigkeit des Glaubens, die ineinander verwobenen priesterlichen und königlichen Aspekte, die in seinen letzten Tagen deutlich werden.

Zur Bezeichnung dessen, was er geschrieben hat, gebraucht Markus den Begriff 'Evangelium' (wörtlich: 'gute Nachricht', 1,1) und legt damit die Vorstellung nahe, daß er wie ein moderner Reporter die aufregende, gute Neuigkeit über einen Mann namens Jesus aufschrieb, der erstaunliche, berichtenswerte Dinge sagte und tat, von denen die Leute in Kenntnis gesetzt werden mußten, zumal es sich um eine Neuigkeit handelte, die ihr Leben verändern würde. In mancher Hinsicht gleicht dieses Büchlein den charismatischen Lebensberichten, die wir heute in christlichen Buchläden finden, in denen erzählt wird, wie jemand durch den Geist Gottes mit Kraft ausgerüstet wurde und dann einen wunderbaren Dienst ausübte, der viele Menschen beeinflußte. Solche Literatur weckt im Leser gewöhnlich das Verlangen nach engerer Gemeinschaft mit Gott und den Wunsch, die Segnungen des Heiligen Geistes selbst zu erfahren. Markus muß mit der Niederschrift seiner aufregenden, guten Nachricht eine ziemlich ähnliche Absicht verfolgt haben.

Im Grunde genommen ist die Geschichte, die er erzählt, sehr einfach. Jesus trat im Gefolge des Wirkens von Johannes dem Täufer auf und predigte die Dringlichkeit, zu Gott umzukehren, weil seine Herrschaft nahe bevorstünde. Seine Verkündigung war so vollmächtig und von Zeichen und Wundern begleitet, daß die Menschen überall in Erstaunen versetzt wurden und aus ganz Palästina in Scharen zusammenströmten, um ihn zu hören. Er hatte ein paar Begleiter, die ihm nahestanden und die er gerne eingehender unterrichten wollte, aber er kam selten dazu, weil sich überall, wohin er auch ging, die Leute auf ihn stürzten. Schließlich gelang es ihm, sich eine Weile mit ihnen zurückzuziehen. Bis dahin hatte niemand so richtig wahrgenommen, wer er eigentlich war (abgesehen von den Dämonen), aber nun begannen seine Jünger zu erkennen, daß er der Messias war. Danach machte er sich auf den Weg nach Jerusalem, und auch andere fingen an, diese Wahrheit zu begreifen. Aber die religiösen Autoritäten der Juden fühlten sich gestört und suchten ihn zum Schweigen zu bringen. Bald nachdem er Jerusalem betreten und es als seine königliche Residenz beansprucht hatte, ließen sie ihn verhaften und kreuzigen, aber in seinem Tod trat die sühnende Wirksamkeit des Opfers mit solcher Macht zutage, daß sogar der Zenturio, der die Kreuzigung überwachte, überwältigt war. Und am Ende konnte ihn selbst der Tod nicht halten, denn er war der Sohn Gottes.

Während wir der Geschichte im einzelnen folgen, werden wir auch sehen, daß dieser Jesus, obwohl er der Sohn Gottes war, mit denselben Herausforderungen, denen wir uns gegenüber sehen, konfrontiert wurde und sie überwinden mußte. Wie werden sehen, wie er ihnen in der Haltung des ergebenen Gehorsams und des unbeugsamen Glaubens gegenübertrat und sich darin als wahrer Nachfolger seiner großen Vorläufer aus der Frühzeit des Alten Testaments erwies.

2. 'DER ANFANG DES EVANGELIUMS' (1,1-13)

Markus hat im Vergleich zu den anderen Evangelien eine kurze Einführung. Er bringt keine Geburtsgeschichten, kaum Einzelheiten über den Dienst Johannes des Täufers und nur einen knappen Hinweis auf die dramatische Begegnung mit dem Satan in der Wüste. Er ist deutlich von der Absicht geleitet, uns sofort zu den Ereignissen des öffentlichen Wirkens Jesu hinzuführen.

1,1: Das Messiasgeheimnis

Obwohl uns der Eröffnungsvers Jesus freiheraus als den 'Messias' (= Christus), den 'Sohn Gottes' (in einigen Handschrifen fehlt 'der Sohn Gottes') vorstellt, und obwohl er sich spätestens bei seiner Taufe selbst dessen bewußt wird, werden wir bald feststellen, daß er während seines Wirkens die offene Bekanntmachung dieser Wahrheit zu verhindern suchte und sie geheimhalten wollte (vgl. 1,24f.34). Es scheint, als wollte er, daß die Menschen ihn einfach als einen Mitmenschen ansahen, ohne durch Ansprüche im voraus beeinflußt worden zu sein, die falsch ausgelegt werden könnten; er wollte es anscheinend dem Geist überlassen, den Menschen in der Begegnung mit ihm den verhüllenden Schleier wegzunehmen und ihnen die tiefere Wahrheit zu offenbaren. Markus fordert uns als Leser auf, ebenso offen zu sein, unsere vorgefaßten Meinungen auf die Seite zu legen und einfach mit Jesus in Galiläa umherzuwandern, ihm zuzuhören, wenn er lehrt, das Staunen über seine Wundertaten mitzuerleben und es dem Geist zu erlauben, uns zu zeigen, wer er ist, so daß auch wir am Ende mit dem Zenturio unter dem Kreuz erkennen: 'Wahrhaftig, dieser Mensch ist Gottes Sohn gewesen' (15,39) – und dies nicht, weil Markus es uns befohlen, ja nicht einmal, weil Jesus uns diesen Glauben eingeredet hätte, sondern weil Gott es uns so tiefgründig offenbart hat, daß wir nie wieder vergessen können, was wir erkannt haben, so wie es Petrus und den übrigen Jüngern offenbart worden ist (8,27-30; 9,2-8).

1,2-8: Johannes der Täufer
Jesaja hatte von der Stimme eines Rufenden gesprochen, der das Kommen des Herrn ankündigen sollte (Jes 40,3), und am Ende der alttestamentlichen Zeit hatte einer der letzten Propheten Israels, Maleachi, wiederum von einem Boten gesprochen, der gesandt werden sollte, um dem Herrn den Weg zu bereiten (Mal 3,1). Maleachi identifizierte ihn sogar mit Elia (3,23). Danach schwieg die prophetische Stimme über 400 Jahre lang, bis Johannes der Täufer auftrat, bekleidet mit einem Kamelhaarmantel und einem ledernen Gürtel (vgl. 2. Kön 1,8) oder, wie es im Lukasevangelium heißt, der 'im Geist und in der Kraft des Elia' vor dem Herrn herging (Lk 1,17). Jesus lehrte seine Jünger, daß Johannes Elia gewesen sei, der letzte Prophet der alten Ordnung (Mk 9,12f; Mt 11,7-14), obwohl es scheint, daß Johannes selbst sich dessen nicht so sicher war (Joh 1,21). Aber darin war er sich gewiß, daß seine Berufung darin bestand, den Weg dessen zu bereiten, 'der stärker ist als ich …, der euch mit dem Heiligen Geist taufen wird'.

1,4.15: Die Verkündigung der Buße
Johannes bereitete das Kommen Jesu hauptsächlich dadurch vor, daß er anfing, die Botschaft von der Buße zu predigen, die Jesus dann aufgreifen sollte. Von jeher, seit Mose das Gesetz offenbart worden war, hatte Israel es manchmal mehr, manchmal weniger mißachtet. Als Antwort darauf sandte Gott Propheten, die das Volk aufriefen, Buße zu tun. Mose hatte vorausgesehen, daß ein solcher Ruf notwendig sein würde (5. Mose 30,1-10), und er erscholl tatsächlich und wurde in jeder Generation wiederholt durch Männer wie Samuel (1. Sam 7,3), Hosea (Hos 14,1f), Jeremia (Jer 4,1f) und die meisten anderen Propheten,

die im Namen des HERRN redeten. Johannes erneuerte diesen Ruf, um den Weg für jenen Prediger zu bereiten, dessen Verkündigung die Botschaft aller vorausgegangenen Propheten umfassen sollte. Seitdem ist dieselbe Botschaft auch in den folgenden Jahrhunderten bis heute erschollen. Es ist der Ruf der ersten christlichen Prediger (Apg 2,38) bis hin zum Ende der neutestamentlichen Zeit (Offb 2,5.16; 3,3.19). So gesehen war die Botschaft Jesu nicht neu, sondern stand in einer Linie mit der alttestamentlichen Predigt in bezug auf das mosaische Gesetz. Der Unterschied bestand darin, daß sie nun mit einer bisher nicht gekannten letzten Verbindlichkeit und Vollmacht ausgerichtet wurde; aber das lag hauptsächlich an dem , der nun ihr Prediger war.

1,8: 'Er wird euch mit dem Heiligen Geist taufen'
Mose hatte sich nach diesem Tag gesehnt, die Propheten hatten ihn vorausgesagt. Johannes erklärte, daß er nun unmittelbar bevorstehe, und wenige Jahre später sollte Petrus die Erfüllung der Verheißung verkünden (Apg 2). Die Taufe im Heiligen Geist ist keine zusätzliche, erfreuliche Sondervergünstigung für ein paar wenige, die sie gerne bekommen möchten. Sie gehört vielmehr zum Kern der biblischen Botschaft, und unser Christsein ist ohne sie unvollständig. Sie ist 'die Verheißung des Vaters' (Lk 24,49) und steht in enger Beziehung zum Gesetz, weil sie die Kraft verleiht, die uns zum Gehorsam und zum Glauben befähigt, wie z. B. Hesekiel festgestellt hatte. Es ist eine auffallende Tatsache, daß Jesus, bevor der Heilige Geist auf ihn herabkam, keine Werke vollbrachte, die die Schreiber der Evangelien für berichtenswert gehalten hätten. Diese Ausrüstung ermöglichte den Beginn seines kraftvollen Dienstes, so wie später die Geistestaufe den Dienst der Apostel möglich machte (Apg 1,8), und seither hat sie auf das Leben zahlloser Christen dieselbe dynamische, befähigende Auswirkung gehabt. Ohne sie ist ein christliches Leben und Dienen, das der Bibel und der Art Jesu entspricht, nicht möglich. Weit davon entfernt, bloß eine freiwillige Möglichkeit zu sein, ist die Geistestaufe vielmehr der wesentliche Startpunkt jedes christlichen Dienstes.

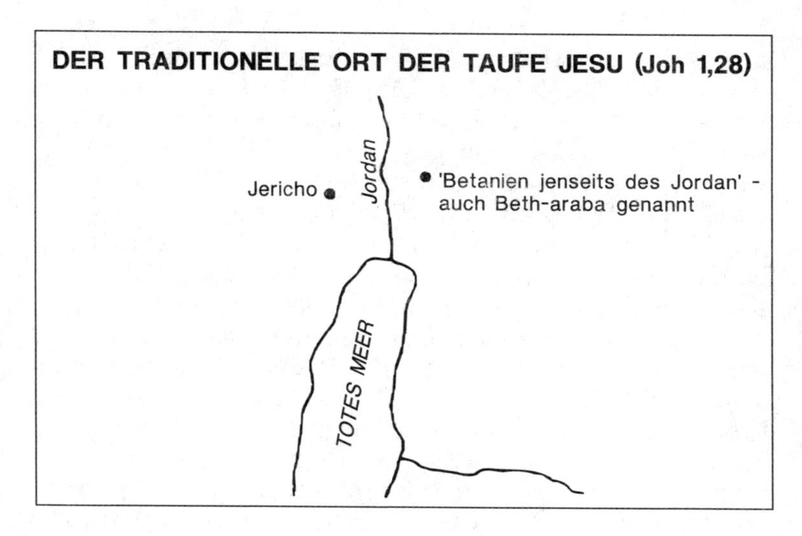

1,12f: Die Versuchung Jesu

Von Matthäus und Lukas erfahren wir, daß der Satan Jesus dadurch versuchte, daß er ihm die Gewißheit seiner Gottessohnschaft rauben wollte, die ihm der Heilige Geist gegeben hatte: Wenn du der Sohn Gottes bist ... dann beweise es! Markus berichtet diese Einzelheiten nicht, aber seine Darstellung Jesu, wie er vom Satan bedrängt und von Engeln bedient wird, erinnert uns an die Vision Sacharjas vom Hohenpriester Jeschua, dessen Zuversicht der Satan untergräbt, der aber von dem Engel beschützt und ermutigt wird. Wir werden später sehen, daß Jesus nach der Darstellung des Markus *der* Hohepriester ist, der gekommen ist, um Gott das endgültige Sühnopfer darzubringen, und wie der Satan Jeschua aufzuhalten suchte, so versucht er auch Jesus aufzuhalten. Hatte nicht Sacharja auch geweissagt, daß Jeschua und seine Gefährten zukünftige Ereignisse zeichenhaft darstellten?

Die Taufe Jesu und sein Menschsein

Die meisten Leute fragen: 'Wenn Jesus doch der Sohn Gottes war, warum mußte er dann den Heiligen Geist auf diese Weise empfangen?' Die Antwort liegt zum Teil darin, daß Jesus von Maria als ein Mensch geboren wurde, der 'seinen Brüdern in allem gleich' war (Hebr 2,17). Der einzige Unterschied bestand in seiner Sündlosigkeit (Hebr 4,15). Folglich hatte er einen Leib wie wir, der denselben Beschränkungen unterlag, einen Verstand, seelische Empfindungen usw. wie wir. Darum mußte er auch an Weisheit und Größe zunehmen (Lk 2,52) und sogar Gehorsam lernen (Hebr 4,8). Mit anderen Worten, er war *wirklich* Mensch, nicht nur zum Schein. Das bezeugt der Hebräerbrief ebenso wie Paulus in Phil 2,6-11, wo er sagt, daß Jesus seine Gleichheit mit Gott nicht krampfhaft festhielt, sondern sich selbst zu nichts machte und erniedrigte, um so zu werden, wie wir sind; oder in 1. Kor 15, wo er Jesus mit Adam vergleicht und schreibt: 'wie durch einen Menschen der Tod kam, so kommt auch die Auferstehung der Toten durch einen Menschen' (V. 21). Gewiß war Jesus wegen der besonderen Art seiner Empfängnis schon ganz am Anfang seines Lebens aus dem Geist geboren worden, wogegen wir erst nach unserer natürlichen Geburt wiedergeboren werden aus dem Geist; aber wie die wiedergeborenen Christen mit dem Heiligen Geist erfüllt werden müssen, um an dem wunderbaren Dienst Jesu teilhaben zu können, so mußte auch Jesus selbst den Geist empfangen, um für diesen Dienst mit Kraft ausgerüstet zu sein. Die Geburt aus dem Geist (Joh 3,5-8) kann nicht dasselbe sein wie die Erfüllung mit dem Geist. Wenn Jesus beide Erfahrungen benötigte, wieviel mehr dann wir!

Das Verhältnis zwischen der menschlichen und der göttlichen Natur Christi ist eines der tiefsten Geheimnisse unseres Glaubens, das nicht leicht zu erklären ist. Wir haben hier nur eine einfache Parallele zwischen seiner und unserer Erfahrung gezogen, die uns etwas von diesem Geheimnis verstehen hilft. Johannes gibt eine andere Erklärung, denn er spricht davon, daß Jesus in seiner Taufe 'Israel offenbar werde', wobei er voraussetzt, daß seine gänzliche Gottheit, die schon da war, vor den Menschen nur noch enthüllt werden mußte (Joh 1,31). Eine ähnliche Auffassung kann man natürlich auch von unserer Geistestaufe haben, nämlich daß sie eine Erfahrung sei, in der das hervortrete oder freigesetzt werde, was schon seit unserer Bekehrung und unserem ersten Bekenntnis des Glaubens in uns vorhanden sei. Lukas weist noch auf eine weitere Dimension der Taufe Jesu hin, indem er sie als seine Berufung in den prophetischen Dienst schildert, ähnlich den Berufungserlebnissen der alttestamentlichen Propheten. In den weiteren Bänden unseres Werkes werden wir diese anderen Perspektiven eingehender studieren.

Nachdem wir schon angefangen haben, über den kraftvollen Dienst Jesu zu sprechen, wollen wir uns nun dem Bericht des Evangeliums zuwenden, um festzustellen, wie er sich praktisch gestaltete. Markus hebt die Dimension der Kraft deutlich hervor, aber wir werden das Besondere daran nicht richtig erfassen, wenn wir Jesus von Anfang an als Gott betrachten. Erinnern wir uns daran, daß uns Markus auffordert, ihn zuerst einmal als einen Menschen zu sehen, ihm durch Galiläa zu folgen, mit ihm nach Jerusalem zu gehen, um so beim Lesen seiner Geschichte allmählich zu erkennen, daß er Gott ist – durch Offenbarung, nicht durch Beeinflussung im voraus.

Während wir mit ihm gehen, werden wir sehen, wie echt sein Menschsein war. Immer wieder sucht er sich vor den Menschenmengen in Sicherheit zu bringen, bittet etliche von denen, die er geheilt hat dringend, ihn nicht weiter bekanntzumachen, und wird, wie alle Menschen, von Erschöpfungszuständen heimgesucht. Er sehnt sich danach, mit seinen Freunden allein zu sein, muß aber feststellen, daß dies fast unmöglich ist, weil ihm die Leute in Scharen überallhin nachlaufen. Er hält sich von Siedlungen fern und sucht einsame Orte auf (1,45), er geht mit seinen Jüngern hinauf in die Berge (3,13), setzt mit ihnen in einem Boot über den See (4,35f), aber immer folgt ihm die Menschenmenge oder wartet dort, wo er ankommt, schon auf ihn. Einmal kamen und gingen so viele Leute, daß sie nicht einmal eine Gelegenheit fanden, etwas zu essen, so daß er zu seinen Jüngern sagte: 'Kommt mit mir allein an einen ruhigen Ort, um etwas auszuruhen' – aber auch dann folgte ihnen eine Menge von etwa 5000 Menschen (6,31-44). Nur indem er die Gegend ganz verläßt, gelingt es ihm schließlich, zusammen mit seinen Jüngern zu entkommen (8,27). Das ist der Preis für die Popularität, die ein kraftvoller Dienst mit sich bringt. Wenn wir heute dasselbe Phänomen im Leben großer Evangelisten sehen, so verstehen wir besser, warum Jesus in der Anfangszeit seines Wirkens seine Identität als Messias geheimhalten wollte.

3. ANFÄNGLICHER DIENST AM SEE GENEZARETH (KAP. 1-5)

Das Markusevangelium hat einen recht einfachen Aufbau. Jesus übte in Galiläa einen sehr vollmächtigen Dienst aus, der von vielen Wundern begleitet war und fand dort mit seiner Lehre großen Anklang. Dann ging er hinauf nach Jerusalem und stieß dort auf Feindseligkeit, erlitt Verfolgung und den Tod. Die Wende vollzieht sich in Kap. 8-9, als seine Jünger anfangen zu erkennen, wer Jesus wirklich ist. Obwohl uns Markus einlädt, uns an dem erstaunlichen Dienst Jesu in Galiläa mitzufreuen, ist in seiner Gesamtperspektive die letzte Woche Jesu in Jerusalem so wichtig, daß er ihr ein Drittel seines Evangeliums widmet. Wir müssen dies im Gedächtnis behalten, wenn wir nun anfangen, über die großen Glaubenstaten des Herrn zu lesen.

1,14-34: Ein dramatischer Anfang

Der Dienst des Täufers bricht abrupt ab, und Jesus übernimmt ihn, aber, wie Johannes vorausgesehen hatte, auf seine Weise. Galiläa, das damals einer der geschäftigsten und am meisten international geprägten Landstriche war, bildet dafür den Schauplatz und nicht das Wüstengebiet am Jordan. Seine Botschaft ist einfach und dringlich: 'Die Zeit ist da. Das Reich Gottes ist nahe. Kehrt um und glaubt an die gute Botschaft!' (V. 15). Das heißt, der Zeitpunkt, auf den ihr gewartet habt, seit Gott zum erstenmal zu Abraham gesprochen hat über den Segen, der durch seine Nachfahren kommen sollte, ist endlich da; der König (Messias) ist gekommen, um seine Herrschaft aufzurichten; kehrt um zu Gott; glaubt daran, und ihr werdet es selbst sehen!

Fast augenblicklich zieht er solche an, die ihm nachfolgen, von denen einige alles aufgeben, um bei ihm zu sein. Schon jetzt entdecken wir in ihm eine außerordentlich dynamische Persönlichkeit.

In der Synagoge von Kapernaum schreckt er die Versammlung durch die dramatische Befreiung eines Besessenen und seine vollmächtige Lehre auf. Die Nachricht davon verbreitet sich wie ein Lauffeuer und fast augenblicklich, als Jesus in das Haus der Schwiegermutter des Petrus geht, findet er sich umla-

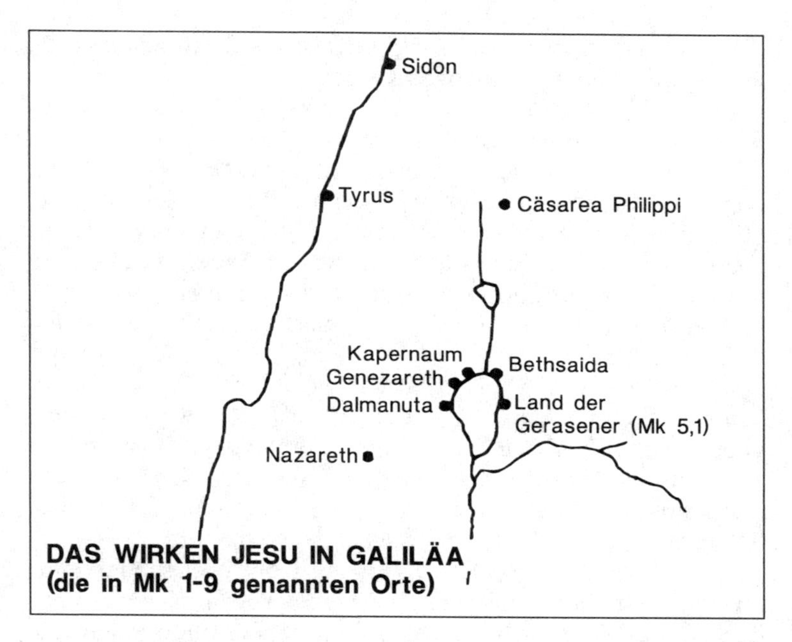

DAS WIRKEN JESU IN GALILÄA
(die in Mk 1-9 genannten Orte)

gert von Scharen kranker Menschen, die geheilt werden wollen. 'Die ganze Stadt war an der Tür versammelt' (V. 33).

1,35-45: Die Vision erweitert sich

Am nächsten Morgen bekommt er eine erweiterte Vision. Die Menschenmenge will, daß er dableibt, aber er weiß, daß er seinen Dienst nach ganz Galiläa hinaustragen muß. Einen Mann mit einer Vision kann man nicht festhalten; er muß weitergehen.

In diesem ersten Kapitel zeigt sich das bleibende Muster, nach dem sich der Dienst Jesu vollzieht. Scharen von Menschen versammeln sich zu ihm, angezogen von den dramatischen Auswirkungen seiner Kraft. Immer wieder werden sie in Erstaunen versetzt, aber sie scheinen keine klare Vorstellung zu haben, wer er ist. Die Dämonen schon, aber er bringt sie zum Schweigen. Er ist ein Mann mit einer brennenden Vision, die ihn vorwärtstreibt, aber schon am Ende des Kapitels macht sich eine gewisse Erschöpfung bemerkbar, als er den Aussätzigen, den er geheilt hat, nachdrücklich auffordert, niemandem etwas über ihn zu erzählen. Der Geheilte tut natürlich genau das Gegenteil, und die Menschenmengen nehmen so sehr zu, daß Jesus genötigt ist, an einsamen Orten Zuflucht zu suchen.

Kap 2: Der erste Widerstand macht sich bemerkbar
Als er wieder nach Kapernaum kommt, nimmt die Volksmenge weiter zu und kommt aus dem Staunen nicht mehr heraus – 'so etwas haben wir noch nie gesehen!' (12). Aber jetzt beginnt sich auch Widerstand abzuzeichnen, nicht von Seiten des Volkes, sondern von den religiösen Lehrern. Sie stören sich weder an seinen Wundern noch an seiner Popularität, sondern an seiner Theologie (7)!

Im Verlauf des Kapitels nimmt die Kritik zu. Sie kommt hauptsächlich von den Pharisäern, den eifrigsten Religionsausübern jener Zeit. Es sind drei Dinge, über die sie sich besonders aufregen: die Gemeinschaft Jesu mit 'Sündern' (16), die Festtagsatmosphäre unter seinen Jüngern (18) und seine offensichtlich nachlässige Haltung dem Sabbat gegenüber (24).

Die Theologen zerbrachen sich den Kopf über seinen lehrmäßigen Standpunkt, die Frommen waren wegen seiner Einstellung zur Religionsausübung beunruhigt, aber er wußte jedem die rechte Antwort zu geben, und noch wagte niemand, den göttlichen Ursprung seiner Wundertaten anzuzweifeln; aber bald sollte es auch dazu kommen (3,22).

Kap. 3: Zunehmender Dienst und wachsender Widerstand
Jesus betont den Vorrang des Reiches Gottes und seiner Sendung vor solchen Dingen wie der Einhaltung von Sabbatvorschriften (2,27f), aber kleinliche, religiöse Geister können sich darüber nicht freuen, und nach einer Heilung am Sabbat beginnt sich der Widerstand selbstbewußt zu organisieren (1-6).

Trotzdem breitet sich der Ruf Jesu weiter aus, und Menschenmengen aus allen Teilen des Landes versammeln sich zu ihm, von Judäa und Idumäa im Süden bis nach Tyrus und Sidon im Norden (7-12). Immer noch ist Jesus darauf bedacht, seine Identität geheimzuhalten (11).

Mit zunehmender Arbeit erkennt Jesus die Notwendigkeit, ein unterstützendes Team heranzubilden. Darum sucht er zwölf aus, 'die er selber wollte', um sie auszubilden: 'die er bei sich haben und dann aussenden wollte, um zu predigen und mit

Vollmacht die Dämonen auszutreiben'; d. h. sie sollten lernen, den Dienst, den er ausübte, selbst auch zu tun (13-19).

Die Menge der Menschen liebt ihn, seine Familie meint, er sei verrückt geworden, die Theologen behaupten, er sei besessen, aber Jesus anerkennt jene als zu ihm gehörig, die bereit sind, den Willen Gottes zu erkennen und zu tun (20-35).

4,1-34: Eine Kostprobe von der Lehre Jesu
Schon wieder Volksmengen! Jesus muß von einem Boot aus predigen. Bisher sind wir gut über die Auswirkungen der Lehre Jesu unterrichtet worden, aber nur wenig über ihren Inhalt. Hier hören wir ihn in Gleichnissen lehren, was offenbar seine übliche Methode war, außer wenn er mit seinen Jüngern alleine war, denen er alles besonders erklärte (34). Die Gleichnisse machen die Herausforderung des Reiches Gottes bekannt: Wird das Wort Jesu aufgenommen und erlaubt man ihm, Wurzeln zu schlagen (3-20)? Wird es zwar aufgenommen, dann aber versteckt (21-25)? Oder läßt man es wachsen (26-29)? Läßt man es genügend heranwachsen, damit es andere segnen kann (30-32)?

Wie schon Jesaja vor ihm, machte sich Jesus keine Illusionen über die Wirkung seiner Lehre auf die Hörer (11f). Alle Evangelisten müssen mit der traurigen Tatsache leben, daß sie mit ihrer Predigt zwar einige zur Rettung führen, andere aber davon abstoßen.

4,35 – 5,20: Zusammenstoß mit den Mächten des Bösen
Vielleicht setzte Jesus nur darum über den See, um den Volksmengen zu entkommen, aber es scheint, als ob nicht einmal die Naturgewalten ihm Ruhe gönnen wollten. Vielleicht sahen auch sie voraus, was am anderen Ufer geschehen würde und wollten verhindern, daß er dorthin gelangte. Beachten Sie, daß die Jünger immer noch nicht erkennen, wer Jesus ist, nicht einmal nach dieser erstaunlichen Ausübung seiner Autorität; aber wenigstens kommen sie jetzt ins Fragen (4,35-41).

Die Heilung des Besessenen ist eine ebenso erstaunliche Offenbarung der Vollmacht Jesu, und wieder einmal gerät eine Volksmenge dadurch in Verwunderung (5,20). Im Gegensatz zu seinem üblichen Verhalten fordert Jesus den Mann, den er geheilt hat, auf, seiner Familie zu erzählen, was der Herr für ihn getan hat (19); vielleicht deshalb, weil er im Begriff steht, die Gegend wieder zu verlassen und nicht beabsichtigt, noch einmal wiederzukommen.

5,21-43: Sogar Tote stehen auf!
Zurück am anderen Ufer sammelt sich wieder eine Menschenmenge um ihn, und wieder hören wir ihn verbieten, daß sein Heilungsdienst weiter bekanntgemacht wird (43). Diesmal läßt sein Wunder alle ganz außer sich geraten vor Erstaunen (42).

4. ERWEITERTER DIENST IN GALILÄA UND DARÜBER HINAUS (KAP. 6-9)

6,1-6: Die absolute Notwendigkeit des Glaubens
Als ein Mann, den ganz Galiläa treffen möchte, kehrt Jesus in seine Vaterstadt zurück und wird dort mit gemischten Gefühlen empfangen, so daß zur Abwechslung einmal er an der Reihe ist, sich zu wundern – 'über ihren Unglauben'.

Jesus versetzte mit seinem Dienst die Volksmengen in Erstaunen über die 'Vollmacht' (*exousia*) seiner Lehre (1,22) und die 'Kraft' (*dynamis*), die hinter seinen Wundern stand (2,10; 5,30). Aber von Zeit zu Zeit erinnert uns Markus mit Bedacht daran, daß Jesus kein Zauberer war, der sich magischer Kräfte bediente, auch kein Wunderheiler oder Geschichtenerzähler. Er stellt klar, daß Kraft und Vollmacht Jesu auf den Geist und das Wort Gottes zurückzuführen sind, und daß sie nur in Übereinstimmung mit dem Glauben wirksam werden. So ist es der Glaube, der den Gelähmten, der durch das Dach herabgelassen wurde, befreit (2,5), der die blutflüssige Frau heilt (5,34), und der Bartimäus das Augenlicht wiedergibt (10,52). Bei verschiedenen Gelegenheiten sehen wir, wie Jesus zum Glauben ermuntert, bevor er einem Kranken dient. Er versichert dem Aussätzigen, daß er ihn tatsächlich heilen *will* (1,41), er fordert den Synagogenvorsteher auf zu glauben, daß seine Tochter wieder zum Leben erweckt werden kann (5,36), und einen anderen Vater ermutigt er, Glauben zu haben, daß sein Sohn befreit wird (9,23f). Wir hören auch, wie er seine Jünger auf ganz andere Weise zum Glauben auffordert, indem er sie wie ein Lehrer tadelt: für ihren Mangel an Glauben während des Sturms auf dem See (4,40) und für ihr Versagen, im Fall einer Befreiung von der Glaubenvollmacht Gebrauch zu machen (9,18f).

Hier in Nazareth wird uns zum ersten Mal deutlich vor Augen geführt, wie entscheidend der Glaube dafür ist, daß das Wirken Gottes freigesetzt wird, und wie unmöglich es selbst für Gott ist, dort etwas zu tun, wo der Glaube fehlt (vgl. 9,18f). Gleichzeitig lehrt Jesus, was für eine unermeßliche Kraft durch den Glauben erschlossen werden kann, nicht nur von ihm selbst, sondern auch von uns: 'Alles ist möglich dem, der glaubt' (9,23); 'alles, um was ihr bittet in eurem Gebet, glaubt, daß ihr es empfangen habt, und es wird euch zuteil' (11,24); 'diese Zeichen werden denen folgen, die glauben ...' (16,17).

6,6-30: Die Aussendung der Zwölf

Unterwegs dehnt sich die Missionstätigkeit Jesu aus, und die Zeit ist reif dafür, daß Jesus die Zwölf aktiv in die Arbeit miteinbezieht. All dies war natürlich Teil ihrer Ausbildung als Jünger, denn in nicht allzu ferner Zukunft würden sie die Arbeit selbst fortsetzen müssen (6,6-13,30).

Um diese Zeit wird Johannes der Täufer enthauptet (14-29). Der Zeitpunkt ist möglicherweise bezeichnend, denn er war ja gekommen, um den Weg zu bereiten für den Dienst Jesu und nun, da dieser Dienst in vollem Gange ist und andere darauf vorbereitet werden, ihn von Jesus zu übernehmen, stirbt Johannes.

Lk 10,17-24 bezieht sich zwar auf das Ergebnis einer anderen Aussendung, aber dort bekommen wir einen Eindruck von der Begeisterung, die solche versuchsweisen Einsätze unter den Jüngern und bei Jesus selbst hervorriefen.

6,31-56: Jesus sehnt sich danach, mit seinen Jüngern allein zu sein

Nach der Rückkehr seiner Jünger hat Jesus das Bedürfnis, mit ihnen allein zu sein, aber die Volksmenge läßt es nicht zu. Stattdessen steht er wieder im Dienst an 5000 Menschen (30-44).

Danach schickt er die Jünger auf die andere Seite des Sees, vermutlich, um einen Ort ausfindig zu machen, an dem sie für sich sein können, aber wieder läuft das Volk zusammen. Überall dasselbe, wohin sie auch gehen – Volksmengen, Volksmengen und noch einmal Volksmengen (45-56).

Beim Weiterlesen wird uns deutlich, warum sich Jesus mit seinen Jüngern zurückziehen wollte. Sie haben ihn auf seinen 'Dienstreisen' begleitet, ihm beim Lehren zugehört, ihn dabei beobachtet, wie er geheilt und Dämonen ausgetrieben hat und haben die grundlegenden Dinge gelernt, um den Dienst selbst weiterführen zu können. Nun muß Jesus sie in die tiefgründigeren Herausforderungen des aufopfernden Dienstes und der messianischen Berufung einführen. Sie müssen endlich erfahren, wer Jesus wirklich ist und auf sein kommendes Leiden vorbereitet werden. Trotzdem vergeht noch einige Zeit, bis er in der Lage ist, diese Sache gründlich anzugehen.

7,1-23: Das Problem der Religion
Inzwischen führt Jesus seinen Dienst weiter, der sich manchmal als sehr heikel erweist. Er muß sich auf drei Gruppierungen einstellen: die Religiösen (Pharisäer und Gesetzeslehrer, V. 1), die Volksmenge (14) und seine Jünger (17). Jede Gruppe spricht er anders an: die erste mit scharfer Kritik, die zweite mit herausfordernder Predigt, die dritte mit eingehender Lehre und Erklärung.

In diesem Abschnitt wird die Einstellung Jesu zum Gesetz deutlich. Gegenüber gesetzlicher Religionsausübung ist er ziemlich unduldsam und führt vielmehr, wie Mose im Deuteronomium (5. Mose), seine Hörer zum Herzstück des Gesetzes. Im wesentlichen lehrt er hier dasselbe wie Paulus im Römerbrief, wie wir noch sehen werden.

7,24 – 8,9: Jesus geht in die heidnische Umgebung
Immer noch von der Sehnsucht getrieben, allein zu sein, überschreitet er die Grenze nach Syrophönizien und dann zur Dekapolis jenseits des Jordan, aber überallhin ist ihm sein Ruf schon vorausgeeilt. Am See von Galiläa versammeln sich wieder Volksmengen um ihn, und er speist 4000 Menschen, diesmal möglicherweise vorwiegend Heiden (vgl Mt 15,31), denn er befindet sich immer noch am Ostufer des Sees, 'mitten in der Dekapolis' (7,31; vgl. 6,30-45).

8,10-26: Der Abschluß des Dienstes in Galiläa
Am anderen Ufer begegnen wir wieder den mißtrauischen Reaktionen der Pharisäer (11) und auf einer erneuten Überfahrt der Verständnislosigkeit der Jünger (14ff).

Mit der Heilung eines Blinden in Bethsaida beendet Jesus seinen Dienst in Galiläa (22-26). Sein letztes Wunder, bevor er Jerusalem betritt, wird ebenfalls darin bestehen, daß er einem Blinden die Augen öffnet (10,46-52). Unmittelbar nach beiden Berichten wird Jesus als Messias erkannt. Es scheint, als ob das Öffnen der natürlichen Augen symbolisch sei für das Öffnen der geistlichen Augen, um zu erkennen, wer Jesus ist. Hier werden es zunächst die Jünger sein, die sehend werden, später die Volksmengen in Jerusalem.

8,27 – 9,13: Den Jüngern werden die Augen geöffnet
Cäsarea Philippi markiert den Wendepunkt im Wirken Jesu. Als er seine Jünger, immer noch in dem Bestreben, den Volksmengen zu entkommen, nach Norden führt, erkennen sie ihn zum ersten Mal als den Messias. Gleich darauf beginnt er, von seinem Leiden, Tod und seiner Auferstehung zu sprechen, aber immer noch fordert er zur Geheimhaltung auf (8,27-38).

Sechs Tage später gelingt es ihm, mit dreien seiner Jünger allein zu sein, indem sie einen hohen Berg besteigen. Dort offenbart ihnen Gott die Wahrheit dessen, was sie in Cäsarea Philippi zu erkennen begonnen haben. Sie vernehmen nun selbst die Stimme, die Jesus bei seiner Taufe gehört hat (vgl. 2.Petr 1,16-18).

Die Verklärung bringt, wie wir schon vermerkt haben, die drei größten Erwecker und Befreier der Geschichte des Volkes Gottes zusammen. Lukas teilt uns mit, daß Mose und Elia mit Jesus sprachen 'über sein Ende, das sich in Jerusalem erfüllen sollte' (Lk 9,31). Das Geschehen sollte also nicht nur den Jüngern nützen, sondern auch Jesus stärken für den schweren Weg, der vor ihm lag. Kein damals lebender Mensch hätte zu diesem Zeitpunkt Jesus angesichts seiner bevorstehenden Prüfung ermutigen können, weil noch niemand das Wesen seiner Sendung verstand, nicht einmal die ihm am nächsten stehenden Jünger, die eben erst begriffen hatten, daß er der Messias ist, aber noch nicht mit dem zurechtkamen, was das für Jesus bedeuten sollte (8,29-33). Nur der Vater konnte ihn jetzt ermutigen, und er tat dies, indem er ihn auf wundersame Weise Gemeinschaft haben ließ mit zwei Glaubenshelden, die selbst das Vorrecht genossen hatten, an der Vision und am Werk der Erlösung grundlegend beteiligt gewesen zu sein.

Der von Gott berufene Mensch mit einer Vision spielt immer eine einsame Rolle. Es gibt selten jemanden, mit dem er über seine Berufung sprechen kann, denn jene, die zu führen er berufen ist, sind ihm auf seinem Weg nicht vorausgegangen. Wie Mose, Elia und Jesus muß er immer wieder beim Vater Zuflucht suchen und sich auf geistliche Weise stärken lassen.

5. AUF NACH JERUSALEM (9,14 – 10,52)

Unmittelbar nach ihrer Rückkehr sind sie wieder von der Menschenmenge umlagert, und es gibt wieder zu tun (9,14-29). Aber Jesus geht weiter. Die Zeit seiner evangelistischen Sendung ist vorüber, und er muß unbedingt noch einige Zeit allein mit seinen Jüngern verbringen, um sie auf das Kommende vorzubereiten (30-32) und sie weiter über die Lebensweise im Reich Gottes zu unterrichten (33-50).

Auf dem Weg nach Süden nehmen die Wunder und der Dienst an der Volksmenge nach und nach ab, aber die Lehrtätigkeit nimmt zu. Sie befaßt sich nun hauptsächlich mit der Herausforderung an die Menschen, Jesus gegenüber Stellung zu nehmen und mit dem Preis, den es kostet, ihm nachzufolgen (10,1-45).

Jesus nimmt den Weg durch das Land jenseits des Jordan und vermeidet es so, durch Samarien wandern zu müssen (1). In Jericho, als er sich zur letzten Etappe seiner Reise aufmacht, trifft er den blinden Bartimäus, der ihm nachfolgt, nachdem er sein Augenlicht wiedererlangt hat (46-52). Abgesehen von den Jüngern Jesu ist er der erste, der ihn als Messias anerkennt ('Sohn Davids'; vgl. die Ausführungen zu 8,22-26). Während sich der Dienst Jesu seinem Ende zuneigt, leuchtet das Morgenrot dieser Wahrheit nun immer deutlicher hervor, ohne daß er jemanden freiheraus darüber belehrt hätte. Bald wird die Volksmenge diese Wahrheit in ganz Jerusalem verkünden.

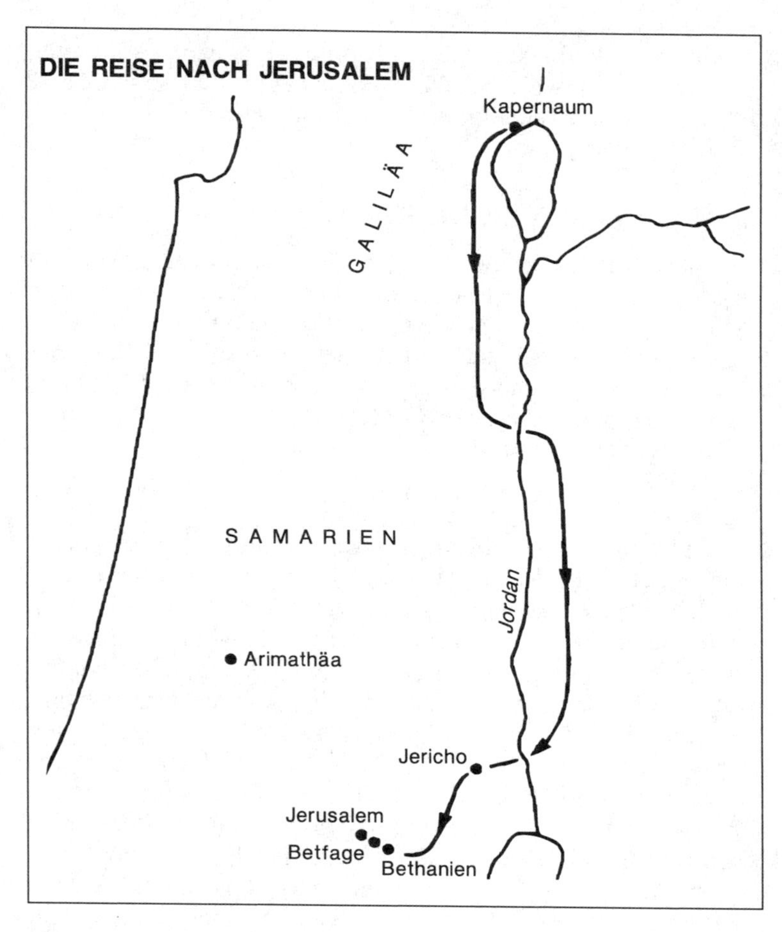

Gehorsam bis zum Tod

Jesus selbst war in seinem Innern mit etwas anderem beschäftigt: mit der Herausforderung des Glaubens und des Gehorsams. In einer bemerkenswerten Prophetie hatte Jesaja vorausgesehen, daß Jesus nicht nur sein Leben als Sündopfer hingeben müsse, sondern daß er danach auch das Licht des Lebens wieder erblikken werde (Jes 53). Jesus glaubte dem Wort seines Vaters und ging darum bewußt dem Tod entgegen, im Vertrauen darauf, daß er wieder auferstehen würde. Trotztdem stand er vor einer gewaltigen Herausforderung. Schon seine Jünger hatten versucht, ihn aufzuhalten, und bald sollte die ganze Last fast untragbar schwer werden. Wir wissen heute, daß sein Glaube berechtigt war; er aber konnte damals nur darauf vertrauen, daß es so sein würde.

6. DIE LETZTE WOCHE JESU (KAP. 11-16)

In der Erzählung des Markus von der letzten Woche Jesu tritt der Charakter eines Tatsachenberichtes deutlicher hervor als in den anderen Evangelien, ganz in Übereinstimmung mit dem aktionsgeladenen Stil der vorausgehenden Kapitel. Welche Bedeutung diese Ereignisse für Markus haben, zeigt sich deutlich an der Tatsache, daß ihre Schilderung über ein Drittel des Gesamtwerks einnimmt.

Das Opfer Christi
In den Kapiteln 11-15 sehen wir Jesus, der als der Messias in die Hauptstadt seines Reiches kommt, um als König eingesetzt zu werden. Aber er kommt auch, um zu sterben, wie er sehr wohl weiß und wie Jes 53 es vorausgesagt hatte – 'um sein Leben hinzugeben als Lösegeld für viele' (10,45). Der Schlüssel dafür, wie diese beiden Aspekte der Geschichte miteinander zu verbinden sind, liegt in Psalm 110, den Jesus selbst in seiner letzten Ansprache an das Volk zitiert (12,36). Dort wird der davidische König gleichzeitig Priester genannt (die dahinterstehende Theologie wird im Hebräerbrief erklärt). Jesus ist sowohl Priester als auch König. Sein Palast ist der Tempel (11,11-17), sein Thron ist der Altar (= das Kreuz), und seine Thronbesteigung ist seine Opferung auf diesem Altar. Das jüdische Sühnopfer hatte dem Hohenpriester Zugang hinter den Vorhang in den Thronraum Gottes im Allerheiligsten gewährt, aber das hohepriesterliche Opfer Jesu reißt diesen Vorhang nun entzwei und schafft ungehinderten Zugang für das neue Bundesvolk Gottes.

Das Zerreißen des Vorhangs demonstriert, daß er samt dem ganzen Sühnopferkult, der mit ihm verbunden ist, nicht mehr gebraucht wird, da Jesus nun das endgültige Sühnopfer dargebracht hat, für das die alten Opfer nur eine Vorbereitung waren, und daß er mit seinem eigenen Blut hinter den Vorhang des himmlischen Heiligtums in die Gegenwart Gottes selbst gegangen ist. Die Wirksamkeit dessen, was er mit seinem Opfertod am Kreuz vollbracht hat, zeigt sich deutlich an der Reaktion des ersten Menschen, der davon profitierte, nämlich des Mannes, der ihm bei seinem Tod direkt gegenüberstand: des Zenturio, der die Hinrichtung zu vollstrecken hatte (15,38f).

Der Priesterkönig kommt zu seiner Opferkrönung und besiegelt dadurch die Verfassung seiner Herrschaft als König, den Neuen Bund in seinem Blut, den wir seither jedesmal vergegenwärtigen, wenn wir das Mahl des Herrn feiern (14,24).

11,1-11: Sonntag
Der Messias zieht im Triumph in Jerusalem ein. Er ist als König gekommen, um das Land wieder für Gott einzunehmen. Galiläa war ihm wohlgesinnt gewesen, dort hatte er seine Herolde und Truppen ausgehoben und vorbereitet; Jerusalem dagegen ist ein Ort der Feindseligkeit und dennoch seine königliche Residenz (die 'Stadt Davids'), in die er nun mit seinem Gefolge einzieht, um sein Erbe zu beanspruchen (12,1-12). Für heute läßt er es dabei bewenden, seine Hauptstadt zu betreten und seinen Palast (den Tempel) in Augenschein zu nehmen; dann zieht er sich nach Bethanien zurück.

11,12-19: Montag
Die erste Reform des Königs besteht darin, daß er seinen Palast zurückverlangt.

11,20 – 13,37: Dienstag
Der dritte Tag wird größtenteils von Audienzen beansprucht, die er seinen Untertanen gewährt:

a – den religiösen Führern (Hohepriester, Gesetzeslehrer und Älteste), die seinen Anspruch, der rechtmäßige Erbe des Weinbergs zu sein, von dem sie nur die Pächter sind, nicht anerkennen können (11,27 – 12,12). Es sind jene, die ihn schließlich umbringen werden (12,12).

b – den Frommen und den politisch Interessierten (Pharisäer und Herodianer), die sich über Gott und den Kaiser Gedanken machen (12,13-17). Jesus fordert sie heraus, ihre Loyalitätsverhältnisse in Ordnung zu bringen.

c – den sozial orientierten Klerikern (Sadduzäer), denen er erklärt, daß sie sich im Irrtum befinden, aus dem einfachen Grund, weil ihre Glaubensansichten nicht in der Schrift begründet sind (12,18-27).

d – dem Theologen (Gesetzesgelehrter), der der Wahrheit so nahe ist, aber nicht nahe genug (12,28-34).

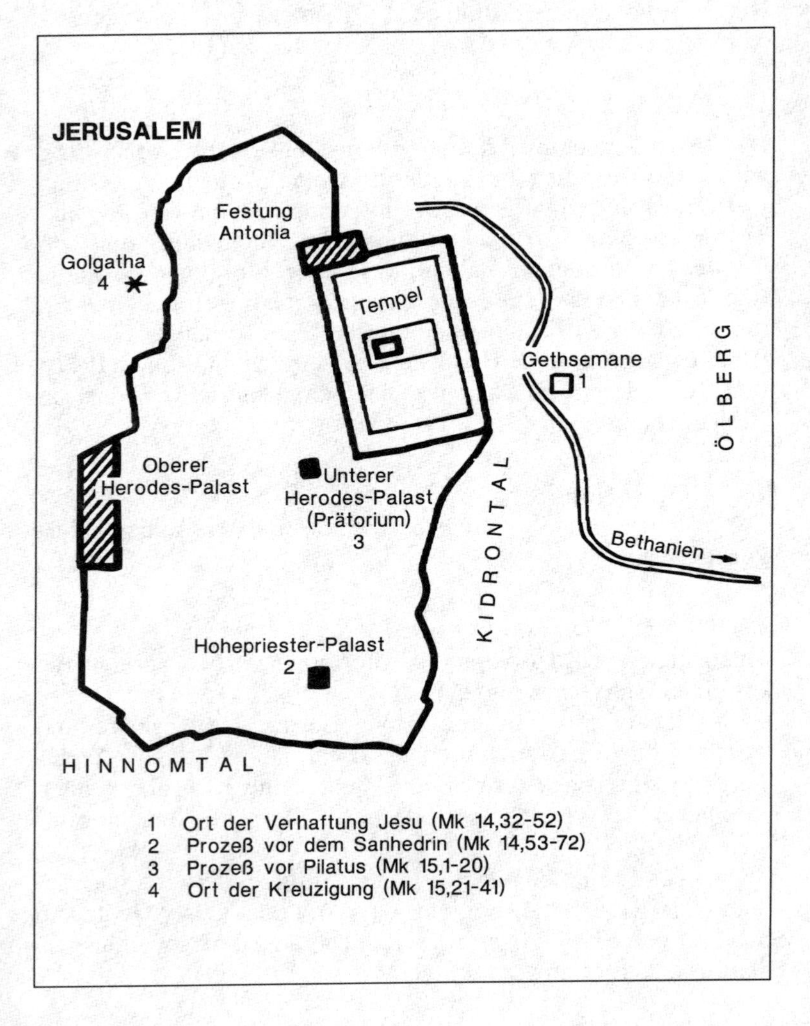

e – dem Volk (die Volksmenge), das sich einfach über alles freut, was der König sagt (12,35-40), und aus dem ein schönes Beispiel für echte Hingabe an das Reich Gottes kommt (12,41-44).

f – seinen Höflingen (die Jünger), denen er die zukünftige Strategie seiner Herrschaft darlegt. Er betont, daß sie in ihrer Arbeit für das Evangelium stark sein und Treue beweisen müssen und ermahnt sie, angesichts der drängenden Zeit aus der Selbstzufriedenheit zu erwachen und auf der Hut und wachsam zu sein (Kap. 13).

Die Weissagung Jesu in Kap. 13 fand eine dramatische Erfüllung im Ausgang des Jüdischen Krieges der Jahre 66-70 n. Chr. Tausende von Juden wurden getötet, Hunderte von Dörfern zerstört und ganze Landstriche abgeholzt. Alles ging unter: Tempel, Priestertum und Opferkult, samt der ganzen Vielfalt der religiösen Gruppierungen. Für die Juden änderte sich das Leben von Grund auf, und weder Palästina noch das Judentum sollten jemals wieder so sein, wie sie einmal waren. Indem Jesus diese Dinge hier voraussagt, haben seine Worte auch ein ewiges, prophetisches Gewicht, das uns weit über die neutestamentliche Zeit hinausführt, denn er sieht deutlich, daß die nahende Krise nur so etwas wie ein Vorgeschmack von einem viel gewaltigeren Drama ist, das sich erst am Ende der Geschichte abspielen wird, unmittelbar bevor er wiederkommt, um das Werk des Reiches Gottes zu vollenden, das er begonnen hat, und das seine Jünger in der Zwischenzeit fortführen müssen.

14,1-11: Mittwoch

Jesus hat sich mit seinen Jüngern wieder nach Bethanien zurückgezogen, wo er auf ergreifende Weise gesalbt wird, bevor er seinen letzten Gang nach Jerusalem antritt. In diesem Geschehen liegt eine zweifache Bedeutung. Es bestätigt, daß er der Messias ist (*Messias* bedeutet 'der Gesalbte') und bereitet ihn auf sein Begräbnis vor. Er begibt sich als der priesterliche und königliche Messias ordnungsgemäß gesalbt und vorbereitet zu seiner Krönung; die aber ist, wie wir gesehen haben, sein Opfertod am Kreuz.

14,12-72: Donnerstag
Der Bericht vom Passamahl ist überschattet von dem sich abzeichnenden Verrat, aber in diesem Rahmen verkündet Jesus die Einweihung des Neuen Bundes, den die Propheten vorausgesagt hatten und den er, der Messias, nun als die Verfassung seines Reiches einführt (12-26).

Der Glaube Jesu wird nun auf seine härteste Probe gestellt. Er weiß, daß ihn seine Freunde, auch Petrus, im Stich lassen werden, und so ist er, allein auf sich und seinen Vater gestellt, versucht, in diesem letzten, kritischen Augenblick aufzugeben. Aber er geht mit neuer Kraft aus dem Kampf hervor, und das Drama nimmt nun sehr schnell seinen Lauf (27-42).

Plötzlich bricht der Sturm herein, und Jesus wird verhaftet (43-52). Er wird vor den Hohen Rat (Sanhedrin) geführt, aber auf die dort gegen ihn erhobenen falschen Anschuldigungen geht er gar nicht ein – wegen solcher Dinge ist der Messias nicht gekommen! Jedoch auf die Frage: 'Bist du der Messias?' antwortet er klar und deutlich: 'Ich bin es!' und wird daraufhin verurteilt, beschimpft und geschlagen (53-65).

In der Zwischenzeit verleugnet ihn Petrus, sein engster Freund (66-72).

Kap. 15: Freitag
Im Morgengrauen wird er zu Pilatus geführt, der als einziger bereit zu sein scheint, ihn in Schutz zu nehmen. Sogar die Volksmenge schreit jetzt danach, daß er gekreuzigt werde (1-15).

Unter Spott legen ihm die Soldaten den Krönungsornat an (16-20), bringen ihn auf den Thron, indem sie ihn ans Kreuz hängen und befestigen über seinem Haupt eine Tafel, auf der für alle seine Untertanen deutlich lesbar sein Hoheitstitel geschrieben steht (21-32).

Was man sich als den freudigsten Augenblick hätte vorstellen können, nämlich das Auftreten Jesu als König vor seinen Untertanen, stellt sich für Jesus als schwärzeste Finsternis heraus. Von allen Menschen verlassen, fühlt er sich auch von seinem Vater im Stich gelassen. Aber dann ereignet sich der erstaunlichste Durchbruch, als die Opferkrönung ihre Wirkung zeigt. Der Vorhang im Tempel wird von oben bis unten entzweigerissen, gibt den Zugang zu Gott frei und der Zenturio, der dort vor Jesus stand, erkennt deutlich, daß dieser Mensch mehr ist, als nur 'König der Juden': er ist wahrhaft 'Gottes Sohn' (33-39).

Die Aufmerksamkeit wird nun auf die Freunde Jesu gelenkt, die nun beginnen, aus ihren Löchern zu kriechen und Farbe zu bekennen, indem sie um den Leichnam Jesu bitten (40-47).

16,1-8: Sonntag

Auferstehung – der Glaube ist als gerechtfertigt erwiesen! Achten Sie auf den Zusatz 'und Petrus' in V. 7 – hier bestätigt sich, daß wir eigentlich das Evangelium des Petrus vor uns haben, das Markus nur aufgeschrieben hat. Galiläa war der anfängliche Ort der Zubereitung, des Dienstes und der Freundschaft gewesen; es soll nun auch der Ort sein, an dem Jesus seine Freunde auf die nächste Phase vorbereiten wird.

16,9-20: Der Schluß

Dieser Abschnitt findet sich in den ältesten und besten Handschriften des Markusevangeliums nicht, weshalb einige Bibelwissenschaftler meinen, man solle ihn aus dem Text des Neuen Testaments ausscheiden. Aber ob der Abschnitt nun ursprünglich ist oder nicht, er faßt jedenfalls die Osterberichte der übrigen Evangelien zusammen und vermittelt uns einen treffenden Eindruck, wie die ersten Jünger den Dienst des Reiches Gottes weiterführten, für den sie Jesus unterrichtet und vorbereitet hatte.

Markus hat am Anfang sein Buch als die gute Nachricht von Jesus, dem Messias und Sohn Gottes bezeichnet. Wir haben gesehen, wie dieser Anspruch im Verlauf einer dramatischen und rasch verlaufenden Geschichte untermauert worden ist, indem Augen des Glaubens geöffnet wurden – zuerst bei den Jüngern, dann unter den Juden und schließlich bei den Heiden. Markus hat uns in ein dramatisches Schauspiel hineingenommen, das uns einen Mann und seinen Anspruch vor Augen führt. Wir haben miterlebt, wie er zuerst das Kommen seines Reiches angekündigt, dann der Volksmenge in Galiläa mit Kraft und Vollmacht demonstriert hat, daß es gekommen ist; schließlich sind wir mitgenommen worden nach Jerusalem, um dort zuzusehen, wie Jesus sein Erbe beansprucht, ihm aber nur eine

Spottkrönung zuteil wird. Dieses Reich funktioniert wahrlich nicht nach den Prinzipien weltlicher Herrschaft (10,35-45). Das Portrait dieser charismatischen Gestalt, die die Menschen scharenweise anzog und dennoch ihr Leben als Lösegeld für viele dahingab, ist in Wahrheit das Bild von einem Mann des Glaubens an Gott, des Gehorsams dem Willen seines Vaters gegenüber und des Opfers zur Erlösung all derer, die an ihn glauben.

Das, was die großen Männer des Pentateuch nur von ferne erblickt und sich danach gesehnt hatten, es zu werden, nämlich Menschen wahren Glaubens und Gehorsams, das lebte Jesus in Vollkommenheit vor. Er trat in die Geschichte ein wie ein zweiter Adam, eingehüllt in die Düfte des Gartens Eden. So wie seine Anwesenheit in Galiläa in den Herzen vieler Menschen Regungen des Staunens, der Erwartung und Hoffnung weckte, so hat auch die Begegnung mit ihm durch die Seiten dieses kurzen Evangeliums in den Jahrhunderten seit es geschrieben wurde, in den Herzen unzähliger Menschen dieselbe Wirkung gehabt. Er brachte eine Ahnung vom Paradies zu den Menschen zurück und zeigte ihnen damit, daß es gewiß nicht für immer verloren bleibt. Schon jetzt kann man sich an seinen Wohltaten erfreuen, indem man sich dem Reich Gottes unterstellt. Wenn das keine gute Nachricht ist – für uns heute ebenso wie für die Menschen zur Zeit von Markus!

FÜNFTER TEIL

DIE CHRISTLICHE INTERPRETATION

Bis jetzt sind wir einer Geschichte gefolgt. Weil sie von den Erlösungsabsichten Gottes mit seiner Welt berichtet, war es unvermeidlich, daß wir auf dem Weg bereits vielen Deutungen und Erklärungen dieser Geschichte begegnet sind, obwohl wir unser Hauptaugenmerk darauf gerichtet hatten, ihren Verlauf nachzuzeichnen. Bevor wir die Geschichte mit einem Blick auf die Ereignisse seit dem Tod Christi abrunden, müssen wir einen Augenblick innehalten und betrachten, wie seine ersten Nachfolger die Berichte von der Gnade Gottes verstanden haben, die wir bisher studiert haben.

Es kommentieren zwar auch andere neutestamentliche Schriften Geschichten und Gesetze aus den Fünf Büchern Mose (z. B. die Briefe an die Korinther und Galater), aber die umfassendste Behandlung dieser Themen findet sich im Römer- und im Hebräerbrief. Wir werden unsere Untersuchung darum auf diese beiden Briefe beschränken.

11

Der Schatten und die Wirklichkeit

DER BRIEF AN DIE HEBRÄER

Der Hebräerbrief gibt uns die christliche Antwort auf die Frage: 'Was soll ich von den Gesetzen über die Opfer und das Priestertum im Alten Testament halten?' und noch mehr als das: Mit seinen Kommentaren über den Glauben (Kap. 11-12), über die Rebellion in der Wüste und das Eingehen zu der von Gott verheißenen Ruhe (Kap. 3-4) gibt er uns einen ziemlich vollständigen Aufriß davon, wie wir als Christen die ganze Geschichte vom Handeln Gottes mit seinem Volk vom Anfang bis zur Zeit Josuas zu verstehen haben.

Wir wissen nicht, wer den Hebräerbrief wann geschrieben hat, noch an wen er adressiert war (es gibt nur einige Vermutungen). Es handelt sich bei ihm nicht einmal um einen Brief im eigentlichen Sinn, eher um eine Predigt, die jemand gehalten ('Wort der Ermahnung', 13,22) und dann einer oder mehreren Gemeinden irgendwohin zugesandt hat (13,24), mit einer kurzen Notiz am Ende ('ich habe euch ja nur kurz geschrieben', 13,22-25 bzw. 18-25), in der er die Predigt zu lesen empfiehlt und seine Hoffnung ausdrückt, sie bald besuchen zu können. Wir können zwar nicht sagen, wann der Hebräerbrief genau geschrieben wurde, aber wahrscheinlich ist er vor 70 n. Chr. zu datieren, denn er verrät an keiner Stelle irgend eine Kenntnis von der Zerstörung des Tempels. Wäre er danach geschrieben worden, würde er bestimmt darauf Bezug nehmen, denn dieses Ereignis wäre ein schlagender Beweis für seine Behauptung, daß durch das Opfer Jesu der Opferkult des Alten Bundes überholt sei.

Als Predigt enthält er sowohl Lehre als auch Ermahnung/Ermunterung. Es liegt ihm ein einfaches Muster zugrunde, nach dem sich beide Elemente abwechseln: Lehre + Ermahnung/Ermunterung, Lehre + Ermahnung/Ermunterung, usw.

Das Lehrthema ist ebenfalls recht einfach und klar: Christus und sein Werk ist über alles erhaben, was in den Mosebüchern steht, ja sogar im ganzen Alten Testament.

Die Ermahnung/Ermunterung lautet dahingehend, im christlichen Glauben und Gehorsam beständig vorwärtszugehen. Es scheint, daß das Problem der Gemeinde, an die der Brief gesandt wurde, zum Teil darin bestand, daß ihre jüdischen Glieder (Hebräer) versucht waren, sich wieder ihrer alten Religion zuzuwenden. Der Schreiber warnt sie vor solch einem Abfall, der das Ende bedeuten würde.

Seine Argumentation gliedert sich in fünf Teile.

1. DER SOHN IST ERHABEN ÜBER DIE ENGEL (1,1 – 3,1)

(a) Aufgrund seiner Gottheit, denn er ist 'der Abglanz der Herrlichkeit Gottes und das Abbild seines Wesens' (1,1-4).

(b) Weil das Alte Testament seine Erhabenheit bezeugt (1,5-14).

Darum müssen wir viel mehr auf das achten, was wir durch ihn bekommen haben, als auf das, was uns vor ihm durch die Engel mitgeteilt wurde (2,1-4).

(c) Aufgrund seines Menschseins, das ihm das Recht gibt, über die Welt der Menschen zu herrschen und der Urheber unserer Erlösung zu werden durch seinen Gehorsam, sein Leiden und seinen Tod als ein Hoherpriester, der des Mitleids fähig ist (2,5-18).

Darum 'richtet den Blick auf Jesus ...' (3,1).

Zur Zeit des Alten Testaments gebrauchte Gott sowohl Engel als auch Propheten, um Israel sein Wort mitzuteilen. Im christlichen Zeitalter wurde das Wort Gottes zwar weiterhin auch durch Engel und Propheten übermittelt, aber in Jesus hat Gott auf eine neue und viel überragendere Weise gesprochen. Auch wenn die Engel im Himmel Gott umringen (Offb 5,11), sind sie dennoch nur 'dienstbare Geister', deren Aufgabe darin besteht, aufgrund des Befehls Gottes hinzugehen und denen zu dienen, 'die das Heil erben sollen' (Hebr 1,14). Jesus dagegen ist der Sohn

Gottes, dem er das Zepter und die Krone seines Reiches übergibt, und der darum auch über alle Engel herrscht.

Im ersten Kapitel des Hebräerbriefes haben wir eine der deutlichsten Behauptungen der Gottheit Jesu im Neuen Testament vor uns. Als wir die Schöpfungsgeschichte 1. Mose 1 behandelten, haben wir festgestellt, daß Gott durch seinen Geist und sein Wort handelt. Hier in Hebr 1,1-3 wird Jesus mit diesem schöpferischen Wort Gottes praktisch gleichgesetzt (vgl. Joh 1,1-14): Früher hat Gott durch die Propheten geredet, aber in Jesus hat er gesprochen 'im Sohn, ... durch den er auch die Welt erschaffen hat'.

Im Gegensatz dazu finden wir im 2. Kapitel eine der deutlichsten Behauptungen seines Menschseins. Dort lesen wir, daß dieser Jesus unter die Engel erniedrigt wurde, den Tod schmekken und durch Leiden vollkommen gemacht werden mußte, daß er der menschlichen Natur teilhaftig und in jeder Hinsicht seinen Brüdern gleich werden mußte.

Der Verfasser versucht nicht zu erklären, wie beide Behauptungen gleichzeitig wahr sein können. Er legt sie einfach dar und überläßt uns ihrem scheinbaren Widerspruch, den wir mit dem Verstand nicht auflösen können. Und doch müssen beide Aussagen wahr sein, wenn das Evangelium einen Sinn ergeben soll. Wäre Jesus nicht Gott und somit erhabener als die Engel, dann hätte Gott sein Volk nicht wirklich heimgesucht, und wir wären nicht besser dran als zur Zeit des Alten Testaments. Wäre Jesus umgekehrt nicht in jeder Hinsicht ein Mensch gewesen wie wir, dann wären wir von irgend einem übernatürlichen Wesen zu dem irrigen Glauben verführt worden, jeder Mensch könne so ein Leben wie Jesus führen und schließlich den Tod besiegen. Der Glaube erfordert es, daß beide Behauptungen für wahr gehalten werden, und daß die eine die andere nicht aufheben darf. Der da am Kreuz starb, war ein Mensch, ein wirklicher Mensch, ohne Einschränkung. Er mußte Versuchungen durchstehen (2,18), Gehorsam lernen (5,8), den Geist empfangen und in jeder Hinsicht unsere Schwachheiten mit uns teilen, obwohl er niemals sündigte (4,15). Wäre er aber zugleich nicht mehr gewesen als ein Mensch, dann wäre auch seine Geschichte nur eine tragische Erzählung, die uns weiter keine Hoffnung eröffnete als nur die

Möglichkeit, vielleicht ein besseres Leben führen zu können, indem wir versuchen, ihm nachzueifern.

Der Glaube erfordert sowohl das vollkommene Menschsein Jesu als auch seine vollkommene Gottheit. Der menschliche Verstand kann dieses Paradox nicht logisch oder wissenschaftlich erklären, nur der Glaube erkennt seine Wahrheit und die davon ausgehende Kraft, die das Leben der Menschen umgestaltet und heil macht. Darin besteht auch die Erhabenheit Jesu über jeden Engel und jedes sonstige Wesen, das Gott geschaffen hat.

2. DER SOHN IST ERHABEN ÜBER MOSE (3,2 – 4,13)

(a) Weil Mose, obwohl er treu war, nur ein Diener im Hause Gottes war, während Jesus, der auch treu war, der Sohn und Erbe des Baumeisters selbst war (3,2-6).

Darum achtet darauf, daß niemand von euch ein sündiges, ungläubiges Herz hat, das sich im Ungehorsam von Gott abwendet, wie jene, die Mose nachfolgten, in der Wüste rebellierten und deshalb nicht zu der ihnen verheißenen Ruhe eingehen konnten (3,7 – 4,2).

(b) Weil der Nachfolger Moses, Josua, nicht in der Lage gewesen war, das Volk in die 'Ruhe' Gottes zu führen (4,3-10).

Darum laßt uns alles daran setzen, zu dieser Ruhe einzugehen – und meint ja nicht, ihr könntet euren Ungehorsam vor Gott verheimlichen! (4,11-13)

Das Versagen der Wüstengeneration wird, wie in 4. Mose, auf den Unglauben und den Ungehorsam zurückgeführt: 'Die ungehorsam gewesen waren ... konnten nicht hineingehen, wegen ihres Unglaubens' (3,18f), '... wegen ihres Ungehorsams' (4,6). Sie hatten den Ruf Gottes und seine Verheißung vernommen, aber sie 'verbanden ihren Glauben nicht damit' (4,2). Die Lehre, die wir heute daraus ziehen sollen, ist offensichtlich und sogar noch dringlicher als zur Zeit Moses, weil Jesus erhabener ist als er.

Diesen Abschnitt kann man nur im Licht des ganzen Dramas von der Wiederherstellung des Paradieses richtig verstehen, das wir bisher verfolgt haben. Nach den sechs Schöpfungstagen sollte das Leben in der 'Ruhe' bestehen. Gott selbst ruhte am siebten Tag, und die Darstellung des Gartens Eden enthält nichts Ruheloses. Nachdem Adam gesündigt hatte, sehnte sich Gott danach, diese Ruhe wiederherzustellen. Er offenbarte seinen Plan Abraham und später Mose, wobei er die Segnungen Edens all jenen verhieß, die ein Leben im Glauben und im Gehorsam führen würden. Gewiß, Josua gelang es zwar, die Israeliten in das Land hineinzuführen, aber sie gelangten nie zu dieser verheißenen, paradiesischen Ruhe, weil sie weiterhin im Ungehorsam lebten. Dennoch hat Gott seine Verheißung nicht rückgängig gemacht, sondern er hat sie durch Jesus noch viel gewaltiger erneuert, und darum ergeht auch an uns heute der Ruf, zu seiner Ruhe einzugehen.

3. JESUS, DER *GROSSE* HOHEPRIESTER (4,14 – 6,20)

(a) Weil er, obwohl er Gottes Sohn ist, der die Himmel durchschritten hat, dennoch vollkommen mitfühlen kann mit uns in unseren Schwachheiten, da er ebenso versucht worden ist, wie wir versucht werden (4,14-16).

(b) Weil er die nötigen Anforderungen an einen wahren Hohenpriester vollkommen erfüllt: aus den Menschen erwählt, um die Menschen vor Gott zu vertreten, ein mitfühlender, guter Hirte, der sich das Amt nicht selbst angemaßt hat, sondern von Gott berufen worden ist (5,1-6).

(c) Weil er seine Berufung im vollkommenen Gehorsam erfüllt hat (5,7-10).

(5,11 – 6,3 ist eine Art Einschub: Das Thema vom Priestertum Jesu bedarf weiterer Erklärung, besonders dann, wenn man schon Schwierigkeiten hatte mit dem, was man bisher gelesen hat; in den Kapiteln 7-10 kommen wir gleich wieder darauf zurück.)

Darum müssen wir uns davor hüten, von den Segnungen abzufallen, die er für uns erwirkt hat (6,4-8) und im Glauben vorwärtsgehen, wobei wir Trost und Hoffnung aus der Verheißung und dem Eid Gottes selbst schöpfen sollen (6,9-20).

Der Schlüssel zum Verständnis dieses Abschnittes besteht wiederum in der Erkenntnis, daß Jesus, obwohl er Gottes Sohn ist, der die Himmel durchschritten hat, dennoch auch wahrer

Mensch ist. Ohne diese grundlegende Qualifikation könnte er niemals als Priester für uns Menschen eintreten.

Der Gedanke, daß Jesus Gehorsam lernen und vollkommen gemacht werden mußte, hat manchen Christen Kopfzerbrechen bereitet, weil damit scheinbar ausgesagt wird, daß es einmal eine Zeit gegeben habe, in der er nicht gehorsam und nicht vollkommen gewesen sei. Aber so ist das niemals gewesen. Es gibt zwei Weisen, vollkommen gemacht zu werden. Wenn ein Töpfer den Ton bearbeitet, kann er ihm zunächst eine fehlerhafte Form geben und muß ihn daher noch einmal neu formen, damit ein vollkommenes Gefäß aus ihm wird; er kann den Ton aber auch nach und nach formen, indem er jeden Arbeitsgang fehlerlos ausführt, bis er schließlich bei dem vollkommenen Gefäß ankommt, das er haben wollte. Im einen wie im anderen Fall ist das Gefäß so lange unvollkommen, bis es fertiggestellt ist. Jesus erlangte seine Vollkommenheit sozusagen auf die zweite Weise.

Ebenso gibt es zwei Weisen, den Gehorsam zu lernen: indem man entweder die schmerzhaften Folgen des Ungehorsams erleiden muß, oder indem man die höchst erfreulichen Ergebnisse des Gehorsams kennenlernen darf. Auch hier lernte Jesus auf die zweite Weise. Auf jedem Abschnitt der Gestaltung seines Lebens mußte er den Herausforderungen der Versuchung gegenübertreten und darin Gehorsam lernen, und dieser Prozeß setzte sich fort bis zum Augenblick seines Todes. Erst dann war seine Vollkommenheit sichergestellt. Vor diesem Augenblick hätte er sündigen können – solch ein Risiko nahm Gott um unseretwillen auf sich, als sein Sohn als Mensch in unsere Welt hineingeboren wurde! Erst mit seinem letzten Atemzug konnte Jesus endgültig die Worte aussprechen 'Es ist vollbracht' (Joh 19,30).

Die Ablehnung der zweiten Buße, die 6,4-8 beinhaltet, hat ebenfalls vielen Christen Schwierigkeiten bereitet. Vielleicht betrachtet man diesen Abschnitt am besten im Licht der unmittelbar folgenden Verse: 'Bei euch aber, liebe Brüder, sind wir trotz des Gesagten vom Besseren überzeugt'. Wir müssen bedenken, daß wir eine Predigt lesen, in welcher der Prediger vor den ernsten Folgen einer Rückkehr zu den alten Lebensweisen und vermeintlichen Sicherheiten warnen muß, auch wenn er selbst in bezug auf seine Hörer vom Besseren überzeugt ist. So wie Jesus hätte sündigen können, so können auch wir abfallen.

Wenn Jesus erst am Ende seines Lebens sagen konnte: 'Es ist vollbracht', wie können wir es dann wagen, dies schon vorher zu sagen? Dennoch sollen wir als solche leben, die 'vom Besseren überzeugt' sind, denn wir sind zur Zuversicht berufen und nicht zur Furcht.

4. DAS PRIESTERTUM JESU IST ERHABEN ÜBER DAS PRIESTERTUM AARONS (7,1 – 10,39)

(a) Weil es nicht der Ordnung Levis, sondern der Melchisedeks angehört, dessen Überlegenheit man daran erkennt, daß er gewissermaßen 'ohne Anfang' (präexistent) ist und Priester 'in Ewigkeit' bleibt (7,1-3) und daß sogar Abraham, der Stammvater Levis, ihm den Zehnten gab und von ihm gesegnet wurde (7,4-10).

(b) Weil es, dieser anderen Ordnung zugehörig, nicht von der levitischen Abstammung abhängt, sondern auf seiner eigenen geistlichen Kraft beruht, die ihm innewohnt und auf dem Wort Gottes (7,11-19), ja sogar auf einem Eid, den Gott selbst geschworen hat (7,20-22).

(c) Weil es eine Dauerhaftigkeit und Vollkommenheit besitzt, die andere Priester niemals erreichen könnten; sein Opfer mußte nicht jedes Jahr dargebracht werden, sondern nur ein einziges Mal (7,23-28).

(d) Weil Jesus seinen Priesterdienst im wahren, himmlischen Heiligtum versieht, das Gott gemacht hat und nicht Menschen. Das Heiligtum Israels war dagegen nur ein Abbild dieses himmlischen Heiligtums, dessen Muster Mose am Sinai offenbart worden war (8,1-5).

(e) Weil der Neue Bund, dessen priesterlicher Mittler Jesus ist, nach dem Eingeständnis selbst des Alten Testaments dem Mosebund überlegen ist (8,6-13).

(f) Weil Jesus sein Opfer im ewigen, himmlischen Heiligtum dargebracht hat, nicht im irdischen, in dem nur rituelle Zeremonien und äußerliche Vorschriften ausgeführt wurden, die bis zur Zeit einer besseren Ordnung auferlegt waren (9,1-10).

(g) Weil er mit seinem eigenen Blut das vollkommene Sühnopfer dargebracht hat, das eine völlige Reinigung bewirkt und nicht nur das Blut von Tieren, das bloß eine äußerliche, kultische Reinigung bewirkt (9,11-22).

(h) Weil er das vollständige, vollkommene, allgenugsame Opfer dargebracht hat, das nicht mehr alljährlich wiederholt werden muß, wie die Opfer der alttestamentlichen Zeit (9,23-28).

(i) Weil die alttestamentliche Gestalt der Dinge im Gesetz nur der vorausgeworfene Schatten besserer Dinge war, die noch kommen sollten, nur ein Abbild der Wirklichkeit, aber nicht die Wirklichkeit selbst. Nachdem nun die wirklichen Dinge da sind, braucht man die Abbilder nicht mehr (10,1-18).

Mit diesen Versen wird die Erörterung der Erhabenheit des Priestertums Christi abgeschlossen, indem die Hauptargumente der Kapitel 7-9 noch einmal wiederholt werden.

Darum wollen wir uns Gott nahen, indem wir Glauben haben an die Wirksamkeit des Opferdienstes Christi und einander zum Glauben ermutigen (10,19-25); wir wollen uns davor in acht nehmen, in die Sünde und damit unter das Gericht zurückzufallen (10,26-31); steht fest, zieht euch nicht zurück, damit ihr nicht das Verderben erleidet (10,32-39).

Einige der Argumente in diesen Kapiteln klingen in den Ohren moderner Menschen vielleicht etwas seltsam, aber sie sind ziemlich logisch und zutiefst in der Schrift verankert.

Aus dem Alten Testament wissen wir wenig über Melchisedek. Wir begegnen ihm zum erstenmal in 1. Mose 14,18-20 als dem König von Jerusalem in vorisraelitischer Zeit, der zugleich auch das Amt des Priesters innehatte. Auf der Rückkehr von seinem Feldzug zur Rettung Lots und der Leute von Sodom kommt Abraham nach Jerusalem und wird von Melchisedek freundlich aufgenommen und gesegnet, und Abraham gibt ihm den zehnten Teil seiner Beute. Der Schreiber des Hebräerbriefes stellt fest, daß sein höchst passender Name 'König der Gerechtigkeit' bedeutet und daß der alte Name Jerusalems, Salem, das hebräische Wort für 'Friede' ist (7,2); aber am auffallendsten findet er die Tatsache, daß von Melchisedek keine Abstammung angegeben wird, und darin klingt für ihn so etwas an wie ein Dasein ohne Anfang (Präexistenz) und ohne Ende. Ganz gewiß ist er kein Levit, denn Levi war damals noch gar nicht geboren, und indem nun sein Stammvater Abraham Melchisedek den Zehnten gibt, anerkennt er damit auch dessen Überlegenheit als Priester (7,4-10).

Der Name Melchisedeks kommt sonst nur noch in Psalm 110,4 vor, in jenem messianischen Psalm also, den Jesus in seiner letzten Ansprache an das Volk in Jerusalem zitiert hat (Mk 12,36). Er besingt die Tatsache, daß Gott seinen Messias sowohl zum König (V. 1f) als auch zum Priester (V. 4) eingesetzt hat, aber bezeichnenderweise ist die Ordnung seines Priestertums die jenes Königs von Salem aus grauer Vorzeit und nicht die levitische. Das paßt natürlich, denn Jesus war aus dem Stamm Juda und nicht aus dem Stamm Levi. Aber darüberhinaus umging Gott, indem er den Messias mit Melchisedek verband, eine priesterliche Ordnung, die niemals fähig war, das Problem der Sünde endgültig zu erledigen und zapfte eine ursprünglichere Quelle des Priestertums an, deren Wurzeln eher auf Gott selbst zurückzugehen schienen, als auf irgend einen Patriarchen als Vorfahren. Für die Darbringung jenes endgültigen Opfers, dessen Wirksamkeit sowohl den Himmel als auch die Erde umfassen sollte, war solch ein Vorgehen absolut notwendig (7,18-28).

Aber nicht nur das Priestertum mußte einer anderen, geistlicheren Ordnung angehören, sondern auch das Heiligtum, der Altar und das Opfer. Wir haben schon festgestellt, daß das Heiligtum Israels, obwohl Gott selbst sein Muster vorgegeben hatte, nur 'ein Abbild und Schatten der himmlischen Dinge' war (8,5). Jesus war zwar durch sein vollkommenes Menschsein dafür qualifiziert, Hoherpriester zu sein, aber er war auch der Priester, der vom Himmel gesandt worden war, so daß sein Opfer auch im himmlischen Heiligtum selbst dargebracht werden konnte (8,1-5).

In ähnlicher Weise mußte auch das Opfer, das Christus darbrachte, von einer höheren Ordnung sein. Beim Studium der alttestamentlichen Sühnopfer haben wir festgestellt, daß ihre Wirksamkeit im Blick auf die Sünde nur begrenzt war, und daß es gar nicht einfach war, andere Sünden als rein äußerliche und kultische durch sie abzudecken (siehe auch 9,1-10). Im Gegensatz dazu brachte Jesus in seinem Sühnopfer sein eigenes Blut dar und durchdrang damit sogar das himmliche Heiligtum – um so das Problem der Sünde ein für allemal zu erledigen (9,11-28).

Nachdem wir die Opfergesetze des Alten Testaments schon früher studiert haben, sollten die Dinge hier nicht so schwer zu verstehen sein. 10,1-18 gibt uns in einer Zusammenfassung den Schlüssel zu einer Auslegung aus historischer Sicht in die Hand: 'Das Gesetz ist nur ein Schatten der zukünftigen Güter, und nicht die Wirklichkeit selbst' (V. 1). Das Heiligtum, das Mose herstellen ließ, war nur 'ein Abbild des wahren' (9,24), und der einzige Zweck der priesterlichen Riten bestand darin, die Wirklichkeit, die mit dem Messias kommen sollte, schattenhaft abzubilden und so vorzubereiten. Dadurch wurde das Volk Gottes über die Bedeutung und den Zweck des Opfers unterrichtet. Zur Zeit der Kreuzigung Jesu waren sie gut darauf vorbereitet, die Bedeutung seines Todes und seine Wirksamkeit hinsichtlich der Sünde in der Tiefe erfassen zu können. Das alte levitische System war wohl Gottes Gabe für sein Volk, aber es war nicht mehr als nur ein Modell, durch das sie erzogen und darauf vorbereitet werden sollten, mit der Wirklichkeit zurechtzukommen. Es hatte für Israel ungefähr dieselbe Bedeutung, wie für einen Piloten der Flugsimulator, in dem er ausgebildet und darauf vorbereitet wird, mit dem echten Flugzeug umgehen zu können. Es war keineswegs ein kindisches Spielzeug, sondern ein wirksames Erziehungsmittel, aber wenn einmal die Wirklichkeit in Kraft gesetzt ist, braucht man keine Schulmodelle mehr. Es war darum nur folgerichtig, daß der Tempel, wie im Jahre 70 n. Chr. geschehen, zerstört wurde, denn zu dieser Zeit war das Evangelium überallhin zu den Angehörigen des alten Bundesvolkes Gottes, den Juden, auf der ganzen damaligen Welt gelangt.

5. JESUS, DER URHEBER UND VOLLENDER UNSERES GLAUBENS (KAP. 11-12)

Die Geschichten der 5 Bücher Mose und darüber hinaus berichten von vielen herausragenden Taten, die durch den Glauben vollbracht wurden. Wenn wir sie studieren, lernen wir unermeßlich viel über den Glauben (11,1-38). Die Männer der alten Zeit werden gelobt für ihren Glauben, aber Gott hatte ihnen das verheißene ewige Erbe nicht gegeben; das kann erst durch Jesus geschehen und wird uns jetzt dargereicht (11,39 – 12,3).

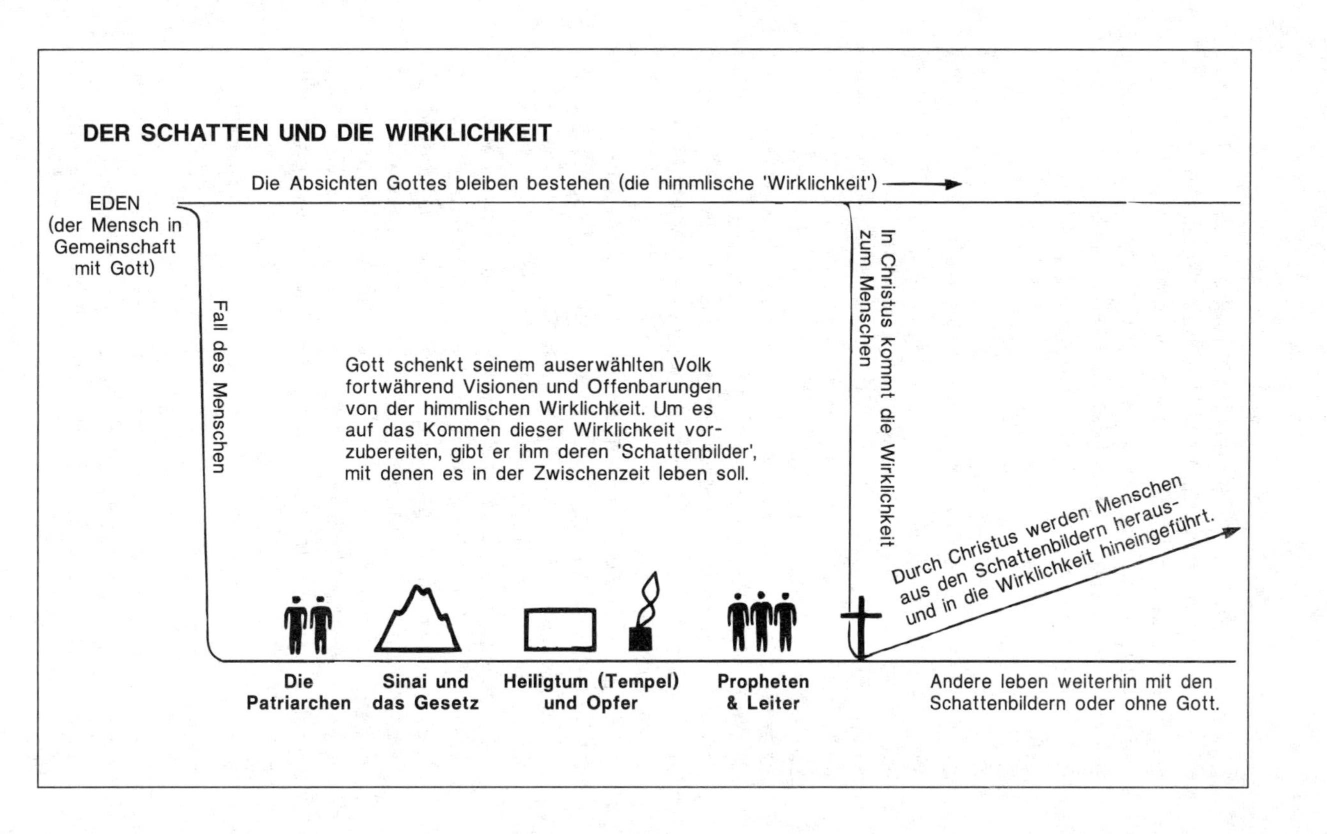
DER SCHATTEN UND DIE WIRKLICHKEIT
Die Absichten Gottes bleiben bestehen (die himmlische 'Wirklichkeit')
EDEN (der Mensch in Gemeinschaft mit Gott)
Fall des Menschen
Gott schenkt seinem auserwählten Volk fortwährend Visionen und Offenbarungen von der himmlischen Wirklichkeit. Um es auf das Kommen dieser Wirklichkeit vorzubereiten, gibt er ihm deren 'Schattenbilder', mit denen es in der Zwischenzeit leben soll.
In Christus kommt die Wirklichkeit zum Menschen
Durch Christus werden Menschen aus den Schattenbildern herausund in die Wirklichkeit hineingeführt.
Die Patriarchen
Sinai und das Gesetz
Heiligtum (Tempel) und Opfer
Propheten & Leiter
Andere leben weiterhin mit den Schattenbildern oder ohne Gott.

Darum steht fest und werdet nicht mutlos (12,1-3). Wenn es schwer wird, so betrachtet es als Erziehungsmaßnahme, durch die ihr gestärkt werdet (12,4-13). Führt ein Leben im Frieden, in der Heiligung und in der Dankbarkeit, denn Gott hat euch zu einem wunderbaren Erbteil gebracht, das ihr nicht geringschätzen dürft, denn 'unser Gott ist ein verzehrendes Feuer' (12,14-29).

Es gibt keine bessere Steigerung als diesen Aufruf zum Glauben und zum Gehorsam, denn darum geht es letztlich, wie wir immer wieder seit dem Anfang der alttestamentlichen Geschichte gesehen haben. Der Unterschied für den neutestamentlichen Menschen besteht jedoch darin, daß es für ihn unendlich leichter ist, gehorsam zu sein als zur Zeit Abrahams oder Moses, und zwar aufgrund des Erlösungswerkes Jesu, durch das wir von der Last der Sünde befreit werden und freien Zugang zu Gott erhalten und aufgrund seines Vorbildes, das uns auf eine Weise im Glauben ermutigt, wie es kein alttestamentlicher Glaubensheld jemals könnte.

In einem Vergleich des Berges Sinai mit dem himmlischen Jerusalem wird der Gegensatz noch einmal abschließend beleuchtet (12,18-24). Der eine jagte Angst ein, das andere erhebt uns 'zu Tausenden von Engeln, zu einer festlichen Versammlung und zur Gemeinde der Erstgeborenen, die im Himmel verzeichnet sind'; es bringt uns 'zu Gott, dem Richter aller, zu den Geistern der schon vollendeten Gerechten, zu Jesus, dem Mittler eines neuen Bundes, und zum Blut der Besprengung, das mächtiger ruft als das Blut Abels'. Die Wirklichkeit in Christus ist eindeutig erhaben über das vorläufige Abbild, das Gott Mose übergeben hatte. Jetzt haben wir etwas Ewiges, das unerschütterlich bleibt (12,25-29).

6. DER SCHLUSS

Laßt die Liebe und die Heiligkeit in eurem Umgang miteinander bestimmend sein (13,1-6). Bleibt euren Leitern treu, ihrer Lehre und vor allem Jesus (13,7-17). Betet für uns, und Gott segne euch alle (13,18-21).

Bitte nehmt meine Predigt zu Herzen. Für heute nur diese kurze Notiz, denn ich hoffe, euch alle bald persönlich zu sehen.

Grüße von uns allen hier an euch alle! (13,22-25).

Zusammengefaßt besteht das Thema des Hebräerbriefes darin, daß alles, was in den 5 Büchern Mose steht, sehr wohl zum Gesamtplan Gottes für die Christen gehört, aber nur in dem Sinn, daß es die Vorbereitung des größeren und vollkommeneren Erlösungswerkes Christi ist. Im Alten Testament haben wir eindeutig eine von Gott gegebene Lehre über das Priestertum und das Opfer vor uns, aber alles hat nur den Charakter des Schattens, den das Priestertum Christi und sein Opfer vorauswirft. Das alttestamentliche Heiligtum ist ein Abbild des himmlischen Heiligtums, das Mose auf dem Berg Sinai gezeigt worden ist. Ebenso waren das Priestertum und der Opferkult von derselben Art: Widerspiegelungen, Schatten- oder Abbilder einer himmlischen Wirklichkeit. Diese Wirklichkeit ist in Jesus Christus zu uns gekommen und hat das alte jüdische System überflüssig gemacht. (Die Zerstörung des Tempels im Jahre 70 war nachträglich eine eindeutige Bestätigung dafür, daß die Ausführungen des Hebräerbriefes der Wahrheit entsprechen.) Trotzdem war es von Gott gegeben und diente der Vorbereitung auf Christus, und je besser wir es verstehen, desto mehr schätzen wir die Bedeutung des Lebens und des Opfers Jesu für uns.

Ebenso gibt es im Alten Testament wunderbare Beispiele des Glaubens und großartige Lehrstücke über den Gehorsam, die man auf keinen Fall verachten darf, ganz im Gegenteil; aber sie verblassen im Licht Christi, der mit seinem vollkommenen Glauben und Gehorsam das erreichte, wozu die Menschen des alten Bundes niemals fähig gewesen wären. Christen ziehen aus den 5 Büchern Mose lebenswichtige und wirksame Lehren für ihr Leben, aber sie müssen ihren Brennpunkt und ihre Erfüllung immer in Jesus Christus finden.

12

Der Glaube und die Gerechtigkeit, die von Gott kommt

DAS EVANGELIUM DES PAULUS IM RÖMERBRIEF

Im Hebräerbrief werden viele Aspekte der 5 Bücher Mose christlich interpretiert, aber nicht alle. Er befaßt sich mit dem Opferkult und den Geschichten über Ungehorsam und Glauben, aber er sagt wenig zu den moralischen und sozialen Gesetzen, die das Recht und die Gerechtigkeit betreffen. Er sagt auch nichts über eine angemessene christliche Haltung gegenüber den kulturellen und religiösen Gesetzen der Juden, wie Beschneidung, Sabbathaltung und Speisegesetze. Mit diesen Aspekten befaßt sich hauptsächlich der Römerbrief, so daß beide Briefe zusammen einen ziemlich umfassenden Überblick über die meisten Themen der 5 Bücher Mose vom christlichen Standpunkt aus abgeben.

Paulus schrieb den Römerbrief im Jahre 58, gegen Ende seiner dritten Missionsreise, bevor er Korinth verließ, um nach Jerusalem zurückzukehren zu dem Pfingstfest, an dem er dann verhaftet wurde (während der dreimonatigen Zeitspanne, die in Apg 20,3 erwähnt wird). Er plante damals eine vierte Missionsreise, diesmal nach Spanien, und er schrieb seinen Brief an die Christen in Rom, um sie zu bitten, ihn zu unterstützen, damit er bei ihnen haltmachen und ihre Gemeinde zum Ausgangspunkt für die nächste Etappe seiner Reise nach Westen machen konnte (15,14-33). Es hat jedenfalls den Anschein, daß er eine Zeitlang in Rom bleiben wollte, sowohl um die Gemeinde zu ermutigen, als auch von den dortigen Christen ermutigt zu werden (1,8-15).

Doch da gab es ein Problem. Auf seinen Missionsreisen war Paulus auf großen Widerstand von Judenchristen gestoßen, die forderten, die Bekehrten aus den Heiden müßten beschnitten werden und das Gesetz Moses halten, so wie sie auch. Im Jahre 48 war Paulus in Jerusalem mit den Aposteln zusammengekommen, um diese Angelegenheit zu bereden (Apg 15; Gal 2), und seine Verkündigung unter den Heiden war von ihnen gebilligt worden, aber die Schwierigkeiten setzten sich fort. Aus diesem Grunde mußte Paulus seinen Brief an die Galater schreiben. Möglicherweise hatten die Nachrichten über den judenchristlichen Widerstand im Osten die Gemeinde in Rom hinsichtlich Paulus verunsichert, oder seine Kritiker befanden sich bereits in Rom und übten Druck aus, ihn nicht zu unterstützen. Jedenfalls sah sich Paulus aus einem uns unbekannten Grund genötigt, diese lange theologische Abhandlung zu schreiben, in der er ihnen seinen Standpunkt darlegte, was das Gesetz und Christus angeht. Dabei ist eine ziemlich umfassende Darlegung des Evangeliums herausgekommen, wie Paulus es vertrat und als gute Nachricht von Jesus weitergab; als solche ist der Römerbrief seither von Millionen von Christen stets besonders geschätzt worden.

1. EINFÜHRENDE ZUSAMMENFASSUNG DES VON PAULUS VERKÜNDIGTEN EVANGELIUMS (1,16-17)

Mit zwei zusammenfassenden Sätzen leitet Paulus die Darlegung des von ihm verkündigten Evangeliums ein. Der erste weist auf die Auswirkung hin, die es auf das Leben der Menschen hat, wer immer sie auch sein mögen: 'es ist die Kraft Gottes, die jeden rettet, der glaubt …'; der zweite faßt seine Lehre zusammen: 'im Evangelium wird die Gerechtigkeit Gottes offenbart aus Glauben zum Glauben …'

Im Rest des Briefes legt er dar, was das im einzelnen bedeutet und bearbeitet sein Thema dabei in fünf Hauptabschnitten, denen auch die weiteren Abschnitte dieses Kapitels entsprechen:
– zuerst begründet er, warum alle Menschen der Rettung bedürfen;
– dann zeigt er auf, wie die Rettung in Christus erlangt werden kann;
– drittens beschreibt er kurz die Wohltaten, die diese Rettung beinhaltet;
– viertens erklärt er, wie das Ganze im Verlauf der Heilsgeschichte zusammenpaßt; und

– fünftens beschreibt er die neue Art zu leben, die das Evangelium erfordert.

Die beiden Schlüsselwörter des paulinischen Evangeliums sind 'Glaube' und 'Gerechtigkeit'. Die Lehre des Paulus darüber ist oft grob mißverstanden und falsch ausgelegt worden – schon zu seinen Lebzeiten (3,3-8.27-31; vgl. 2.Petr 3,15f).

Einige scheinen gemeint zu haben, er würde lehren, daß man weder des Gesetzes noch guter Werke bedürfe, da ja nur der Glaube an Christus nötig sei. Paulus weist diese Vorstellung unermüdlich zurück, aber er hält auch daran fest, daß wir unsere Rettung nur durch den Glauben erlangen. In Wirklichkeit bestätigt der Mensch, der wahren Glauben hat, das Gesetz und tut auch viele gute Werke, aber es ist nur der Glaube, der ihn seiner Rettung gewiß macht. Die Rettung kann niemals durch menschliche Mittel verdient oder erlangt werden, sonst wäre sie auch für den alttestamentlichen Menschen erreichbar gewesen und Christus hätte nicht kommen müssen. Nur durch den Glauben wird man gerettet. Dieser Glaube ist die Antwort des Menschen auf das, was Gott zu seiner Rettung getan hat, er ist das Annehmen dieser Rettung, die Gott ihm in Christus anbietet.

'Gerechtigkeit' ist auf dieselbe Weise zu verstehen. Der Mensch erlangt sie nicht von sich aus, sondern Gott gibt sie ihm. Darum nennt Paulus sie eine 'Gerechtigkeit, die von Gott kommt'. So wie Paulus den Begriff gebraucht, ist er fast gleichbedeutend mit 'Rettung', denn er beschreibt, was Gott für den Menschen in Christus getan hat: er hat ihn 'zurechtgebracht', ihn in das 'rechte' Verhältnis zu sich gesetzt. Gerechtigkeit ist eher eine Tätigkeit als ein Zustand – die Tätigkeit Gottes, der uns mit sich selbst in Ordnung bringt, und das ist im Grunde genommen dasselbe wie die Rettung.

Wir können darum die Zusammenfassung des Paulus folgendermaßen umschreiben: 'Das Evangelium hat die Kraft, jeden Menschen zu retten, der daran glaubt, weil es uns sagt, wie Gott uns mit sich in Ordnung bringt und wie wir uns das zunutze machen können, indem wir einfach dem vertrauen oder glauben, was uns das Evangelium darüber sagt.'

Diese Verse haben in den folgenden Jahrhunderten einen machtvollen Einfluß auf das Leben vieler heiliger Menschen Gottes ausgeübt, von denen einer der bemerkenswertesten Martin Luther war, dem die Wahrheit des Evangeliums zur Offenbarung wurde, als er sie las. Es bezeugt auch in auffallender Weise die Unabänderlichkeit des Wortes Gottes, daß schon 600 Jahre vor Paulus der Prophet Habakuk in der teilweisen Erkenntnis dieser Wahrheit die Erleuchtung und das Leben fand (Hab 2,4).

2. DER ZORN GOTTES (1,18 – 3,20)

– wird offenbart vom Himmel her wider alle Gottlosigkeit und Ungerechtigkeit der Menschen …

1,18-32: Die Sünde der Heiden
Die Heiden sollten Gott in der Schöpfung erkennen, da er überall in ihr seine Spuren hinterlassen hat (18-20), aber bedauerlicherweise haben sie stattdessen die Schöpfung als göttlich verehrt, anstatt den Schöpfer und haben sich Götzenbilder gemacht (21-23). Die Folge dieses geistlichen Verfalls war ein entsprechender Verfall der Moral und des sozialen Verhaltens, der schließlich in allerlei Perversionen und Verderbtheiten endete (24-32). Wir sehen in unseren Tagen, daß das, was Paulus hier sagt, zutrifft, denn der moralische Standard ist immer dann am höchsten, wenn der Glaube an Gott lebendig ist, während überall dort ein Niedergang festzustellen ist, wo götzendienerische, atheistische und okkulte Praktiken zunehmen.

2,1 – 3,8: Die Sünde der Juden
Die Juden sollten den Heiden gegenüber im Vorteil sein, denn sie haben das Gesetz auf ihrer Seite (3,1f), aber sie versagen dabei, es einzuhalten und kommen darum selbst unter das Gericht. Ihre Sünde ist sogar schlimmer als die der Heiden, weil sie es eigentlich besser wissen müßten. Sie sind im Gesetz Gottes unterwiesen worden und haben der Lehre zugestimmt, und wenn sie dann nicht danach leben, so verachten sie in Wirklichkeit Gott selbst und geben seinen Namen dem Gespött der Heiden preis (2,17-24). Das Gesetz ist nur dann ein Segen, wenn es eingehalten wird; sonst zieht es nur die Verdammnis herbei (2,25-27).

3,9-20: Alle haben gesündigt
Paulus zieht den ebenso einfachen wie einleuchtenden Schluß: niemand ist gerecht, und darum sind alle Menschen dem Gericht unterworfen. Diese Erkenntnis ist keineswegs neu, denn die gesamte Menschheitsgeschichte von Adam bis Christus spiegelt sie wider, wie schon etliche alttestamentliche Schriftsteller deutlich betont haben.

Die Sünde herrscht überall und alle Menschen, gleichgültig ob Juden oder Heiden, sind unentrinnbar und hilflos ihrer Macht unterworfen. Das Gesetz beinhaltet zwar ein gewisses Potential, aber es ist kraftlos, wenn es um die Rettung geht. Es scheint also notwendig zu sein, daß Gott seinen Arm bewegt und abgesehen vom Gesetz noch etwas anderes tut – und genau das hat er in Christus getan.

3. DIE GERECHTIGKEIT, DIE VON GOTT KOMMT (3,21 – 7,25)

– wird in Jesus Christus offenbart.

3,21-31: Einführende Begriffsbestimmung, was die Gerechtigkeit von Gott ist
(a) Sie ist völlig unabhängig vom Gesetz, obwohl man auch im Alten Testament über sie lesen kann. Sie entfaltet ihre Kraft auf ihre eigene Weise (21).
(b) Sie ist mit Christus gekommen (24).
(c) Man eignet sie sich durch den Glauben an (22).
(d) Sie ist für jeden da, der glaubt, gleichgültig ob Jude oder Heide (22).
(e) Sie ist ein freies Geschenk, beruhend auf der unverdienten Zuwendung Gottes (24).
(f) Sie wurde vollständig hervorgebracht durch das Opfer Christi am Kreuz, das darum der Brennpunkt des Glaubens ist (25).
(g) Sie räumt mit aller Sünde, ob vergangen, gegenwärtig oder zukünftig, vollständig auf, und offenbart so die umfassende Gerechtigkeit Gottes (25f).

Die meisten dieser Chrarakterisierungen werden in den Kapiteln 4-7 weiter ausgeführt, aber zwei von ihnen bedürfen gleich hier eines Kommentars. Der erste Punkt, daß die Gerechtigkeit von Gott 'unabhängig vom Gesetz' sei, ist grundlegend dafür, daß wir die Darlegung des paulinischen Evangeliums recht verstehen. Für Paulus ist das Gesetz nur der Inhalt eines Buches. Es ist zwar ein einzigartiges Buch, es ist 'heilig, gerecht und gut' (7,12), es ist von Gott gegeben und drückt seinen Willen aus, es kann sehr wirksam sein, wenn es darum geht, die Sünde ins Rampenlicht zu stellen (7,7), und es bezeugt die kommende Rettung durch Gott (3,21), aber es bleibt nur ein Buch und hat darum von sich aus nicht die Kraft zu retten; es kann nur die Notwendigkeit der Rettung hervorheben und den Weg dahin weisen. Die Kraft zu retten liegt in Gott, nicht in einem Buch, und diese Kraft kam in Jesus, dem Messias Gottes, so wie es das Gesetz und die Propheten vorausgesagt hatten.

Aus diesem Grund kann Paulus unmittelbar zu den folgenden Aussagen übergehen:

(a) Die Juden haben keinen Grund, sich zu rühmen, weil sie das Gesetz haben, denn die Rettung kommt nicht durch das Gesetz, sondern durch den Glauben an Jesus (27f).

(b) Diese Rettung ist sowohl für die Juden da, die das Gesetz haben, als auch für die Heiden, die das Gesetz nicht haben (29), und von beiden fordert sie denselben Glauben: den einfachen Glauben an Jesus (30).

(c) Das Gesetz wird dadurch aber nicht bedeutungslos, zu etwas, das einfach durch den Glauben ersetzt wurde. Dies auf keinen Fall, denn da es die Rettung durch den Glauben bezeugt, wird es in seiner Bedeutung jetzt erst richtig bestätigt und nicht geschmälert (31).

Der zweite Punkt, der hier einiger Erläuterungen bedarf, ist die dreifache Beschreibung der rettenden Tat Christi als Rechtfertigung, Erlösung und Sühne in V. 24f. Der Begriff der Sühne ist schon bei der Behandlung der alttestamentlichen Opfer, des Markusevangeliums und des Hebräerbriefes umfassend erklärt worden, so daß wir hier nicht weiter auf ihn eingehen müssen; aber zu den anderen beiden Begriffen muß hier etwas gesagt werden.

'Rechtfertigung' ist ein Begriff aus der Rechtsprechung. Wenn ein Gericht einen Angeklagten für 'nicht schuldig' erklärt, ist er gerechtfertigt; es gilt nun als erwiesen, daß ihm in seinem Fall Recht widerfuhr und daß er unschuldig ist. Die 'gute Nachricht' von der Rettung, die in Christus zugänglich ist, lautet nun dahin, daß Gott uns in seiner Freiheit für 'nicht schuldig' erklärt, weil Jesus die Strafe an unserer Statt erlitten hat, indem er den Tod eines Kriminellen gestorben ist. Darum kommt unsere Gerechtigkeit 'von Gott', weil sie uns geschenkt wird, aus seiner Freiheit heraus, weil wir sie nicht von uns aus erlangen können. Alles, was von uns verlangt wird ist, daß wir sie annehmen, und dies zu tun bedeutet glauben.

Der Begriff der 'Erlösung' legt einen anderen Gedanken nahe. Wenn jemand seinen Besitz verpfändet, kann er ihn wieder einlösen, indem er einen bestimmten Preis bezahlt. Früher mußten Leute aufgrund ihrer Armut manchmal ihre Kinder als Sklaven verkaufen, und auch hier bestand die Möglichkeit, sie für eine bestimmte Summe wieder auszulösen oder zurückzukaufen. Auch durch andere Umstände als Armut konnten Menschen zu Sklaven werden, z. B. als Kriegsgefangene oder von einem Gericht Verurteilte, wobei wiederum manchmal die Möglichkeit bestand, daß ein Angehöriger sie für einen bestimmten Betrag auslösen konnte. Seit dem Fall Adams haben wir uns in der Sklaverei der Sünde befunden, aber Jesus hat uns die Freiheit gebracht, er hat uns aus der Gebundenheit erlöst, und der Preis dafür war sein Leben.

Rechtfertigung, Erlösung und Sühne sind drei unterschiedliche Betrachtungsweisen dessen, was Gott in Jesus für uns getan hat. Man sollte die drei Begriffe auseinanderhalten und nicht den einen mit dem anderen erklären. Alle drei nebeneinander ergeben zusammen eine umfassende Beschreibung jener rettenden Kraft Gottes, die durch das Kreuz Christi zu uns gekommen ist.

Kap. 4: Der Glaube Abrahams und unser Glaube

Diese Gerechtigkeit bzw. Rechtfertigung, die durch den Glauben empfangen wird, war schon Abraham bekannt und stellt damit ein viel älteres und grundlegenderes Prinzip für das Wirken Gottes dar als das Gesetz.

Die Argumentation des Paulus hier ist ganz einfach und völlig logisch (vgl. auch Gal 3). Als Gott seine Verheißung an Abraham erneuerte und mit dem Bund in 1. Mose 15 besiegelte, da wußte Abraham noch nichts von der Beschneidung, geschweige denn von irgend etwas anderem, das später zum jüdischen Gesetz gehören würde. Mit anderen Worten, er war noch ein Heide, als er einfach der Verheißung Gottes Glauben schenkte, und Gott ihm diesen Glauben als Gerechtigkeit anrechnete. Darum war es nur der Glaube und nichts anderes, was ihn in die richtige Beziehung zu Gott setzte.

Erst zwei Kapitel später wurden er und sein Sohn Ismael beschnitten, und erst dann wurde er sozusagen der Stammvater des jüdischen Geschlechts. Die Beschneidung selbst war nur so etwas wie ein Merkmal oder Zeichen, das bestätigte, daß er mit Gott schon in Ordnung war, denn seine Rechtfertigung beruhte ja auf seinem Glauben, nicht auf seiner Beschneidung. Wie sehr das zutraf, erkennen wir, wenn wir seine ganze Geschichte verfolgen und dabei sehen, wie er beständig in dem Glauben vorwärtsgehen mußte, daß Gott das auch erfüllen würde, was er verheißen hatte.

Es war niemals beabsichtigt, daß das Gesetz den Glauben ersetzen sollte, der doch das grundlegende Prinzip ist, von dem das gesamte Wirken Gottes unter den Menschen abhängt. Wir haben gesehen, wie das Wirken Jesu diese Wahrheit anschaulich illustriert. Die Wahrheit ändert sich nicht, und darum gelten diese Worte in 1. Mose über den Glauben und die Gerechtigkeit nicht nur Abraham, sondern auch uns heute (23ff). Der Glaube Abrahams richtete sich zwar in die Zukunft auf Christus hin, während unser Glaube auf Christus zurückschaut, aber im Wesentlichen handelt es sich um ein und denselben Glauben (24f).

5,1-11: Friede und Freude im Glauben

Hier bringt Paulus einfach seine Freude über die Wohltaten zum Ausdruck, zu denen wir durch das Blut Christi Zugang haben. Beachten Sie, was er für Worte gebraucht: gerechtfertigt, Friede, Zugang zu seiner Gnade, sich freuen, Hoffnung der Herrlichkeit (1-2). Sogar im Leiden erkennen wir die Treue Gottes, indem uns der Heilige Geist Hoffnung vermittelt (3-5). Er fährt fort, indem er von der Liebe Gottes zu uns spricht, wie wir vor dem Zorn Gottes gerettet und mit ihm versöhnt wurden, und dies alles aufgrund des Blutes Christi (6-11). Wir können heute diesen besonderen inneren Frieden und diese Freude erfahren, denn wenn wir durch den Glauben diese Errettung/Rechtfertigung annehmen, die uns Gott in Jesus anbietet, verlieren wir die

Furcht vor dem Tod, dem Zorn und dem Gericht; wir wissen einfach, daß wir mit Gott versöhnt und wieder in diese liebevolle, nicht vom Gericht bedrohte Beziehung eingesetzt sind, die Adam im Garten Eden zu ihm hatte.

5,12-21: Adam und Christus

Jesus ist wie ein zweiter Adam, nur umgekehrt! Adam war in den Garten Eden gesetzt worden, aber er verdarb ihn durch seine Sünde; Jesus war in eine verdorbene Welt gesandt worden, und er erlöste sie durch seine Sündlosigkeit. Das Gesetz kam noch dazwischen hinein, aber es bewirkte nichts weiter, als daß es den sündigen Zustand der Nachkommen Adams ins Rampenlicht stellte und die Notwendigkeit eines Erlösers deutlich vor Augen führte.

Auch in 1. Kor 15 stellt Paulus Adam und Christus einander gegenüber. In beiden Abschnitten spricht er von dem Tod, den die Sünde Adams zur Folge hatte und von dem neuen Leben oder der Auferstehung, die mit Christus gekommen ist. Der Tod ist der letzte Feind des Menschen, und es wäre gleichgültig, wie viel Friede oder Freude wir in unserem Glauben erfahren, wie viele Wunder wir sehen und wie sehr unsere Gemeinden wachsen würden; wenn am Ende immer noch nur der Tod stünde, wäre der Fluch, der Adam traf, noch in Kraft. Aber darin besteht die gute Nachricht, daß Jesus diesen Fluch in jeder Hinsicht gebrochen hat, denn 'wie in Adam alle sterben, so werden in Christus alle lebendig gemacht werden' (1. Kor 15,22). Im Römerbrief behandelt Paulus die Wiederkunft Christi und die allgemeine Auferstehung nicht, aber wenn wir das dort Gesagte mit 1. Kor 15 verbinden, erhalten wir ein nahezu vollständiges Bild. Jesus hat die Pforten des Gartens Eden wieder geöffnet. Das empfangen wir jetzt im Glauben und lernen die ersten Wohltaten davon kennen, indem wir Friede und Freude erfahren (1-11), aber das ist nur der Vorgeschmack jener Fülle von Herrlichkeit, die uns in der Auferstehung zuteil wird. Darüber werden wir im Zusammenhang von Kap. 8 noch mehr zu sagen haben.

Kap. 6: In Christus sind wir befreit von der Sünde
Zuerst erfahren wir Befreiung durch den Tod und die Auferstehung, denn indem wir in unserer Taufe mit Christus in seinem Tod und seiner Auferstehung einsgemacht werden, sterben wir für die Sünde und stehen zu einem neuen Leben in Christus auf (1-14).

Die Taufe entfaltet aber nicht auf irgend eine magische Weise ihre Wirkung. Wie alles im Christentum, so werden auch die Segnungen der Taufe nur durch den Glauben angeeignet, so daß Paulus aufrufen muß: 'rechnet damit, daß ihr für die Sünde tot seid' (11), 'laßt die Sünde nicht herrschen' (12) usw. Dabei besteht der Unterschied zur Selbstüberwindung darin, daß in Christus das Ganze zu einer leichten und fröhlichen Angelegenheit wird. Der Weg der Selbstüberwindung ist dagegen ein unmögliches, herzzerreißendes Unternehmen, das dem Leben unter dem Gesetz gleichkommt. Anders gesagt, der Glaube an Jesus funktioniert wirklich, aber wir müssen beständig in diesem Glauben leben, damit er seine Wirksamkeit weiter entfalten kann.

Zweitens erfahren wir einen Wechsel der Eigentumsrechte und des Dienstverhältnisses, denn wir hören auf, Sklaven der Sünde zu sein und werden stattdessen 'Sklaven' Gottes, von dem wir das freie Geschenk des ewigen Lebens erhalten (15-23).

Paulus räumt ein, daß seine Ausdrucksweise sehr menschlich ist (19), aber er bringt die Sache dadurch auf den Punkt, so wie auch Jesus die Dinge beim Namen nannte, als er davor warnte, zwei Herren zu dienen (Mt 6,24). Manchmal erhielten römische Sklaven Taschengeld, das einige zusammensparten, in der Hoffnung, sich eines Tages die Freiheit erkaufen zu können; aber gewöhnlich war der einzige Lohn, dem ein Sklave entgegensah, der Tod im Dienst. Dies ist auch die einzige Perspektive für den Menschen, der unter die Sünde versklavt ist. Der Wechsel in den Dienst Christi macht dem ein Ende, denn Gott bezahlt keine Löhne. Er gibt nur freie Geschenke, und das schon, bevor wir anfangen, für ihn zu arbeiten. Gleich am Anfang gibt er uns den Heiligen Geist, erfüllt unser Leben mit Freude und Hoffnung und gibt uns schließlich das ewige Leben. Christen mit einem lebendigen Glauben haben die Entdeckung gemacht, daß Gott ihnen auch die ganz handgreiflichen Segnungen, die im Gesetz

Moses verheißen sind, gerne gibt, wie z. B. Gesundheit, materielle Versorgung und ein glückliches Familienleben. Im Gegensatz zu allen anderen Dienstverhältnissen ist es gut, Gott zu dienen, denn er ist ein liebevoller und großzügiger Herr.

Kap. 7: In Christus sind wir befreit vom Gesetz
Paulus fährt fort mit dem Thema der Großzügigkeit Gottes, unseres Herrn. Wir sind nicht nur davon befreit, daß der Tod unserem Leben ein Ende macht, wir sind schon jetzt von den einengenden Beschränkungen befreit, die uns das Gesetz auferlegt, wir sind Freigelassene, um Gott in Freiheit zu dienen 'in der neuen Wirklichkeit des Geistes, nicht mehr in der alten des Buchstabens (6).

Im weltlichen Leben kann nur der Tod die Fesseln des Gesetzes lösen. Eine Frau wird nur frei vom Gesetz der Ehe, wenn ihr Mann stirbt. Genauso ist es in Christus: ein Todesfall befreit uns vom Gesetz, nämlich unser Tod mit ihm (1-6).

Obwohl die Erfahrung zeigt, daß das Gesetz ein schrecklicher Tyrann sein kann, liegt die Schuld daran dennoch nicht beim Gesetz, das von Gott gegeben wurde, sondern bei der Sünde, die im Menschen wohnt (in diesem Kapitel wird die Sünde praktisch als eine Person gesehen, vgl. 1. Mose 4,7). Die Sünde benutzt das Gesetz dazu, Schuldgefühle in uns wachzurufen und uns den Gedanken einzugeben, wir seien weder geistlich genug noch wirklich frei. So steht sie da und klagt uns an, wie der Satan sowohl den Hohenpriester Jeschua als auch Jesus anklagte, sie versucht, unsere Zuversicht zu untergraben, und wenn wir auf ihre nörgelnde Stimme hören, fangen wir an, uns als hilflose Versager zu fühlen und werden wiederum vom Tod angezogen. Der einzige Weg, diese abwärtsdrehende Spiralenbewegung abzublocken, besteht darin, uns wieder im Glauben an Christus zu wenden und mit Paulus auszurufen: 'Dank sei Gott durch Jesus Christus, unseren Herrn!' Dieser Schrei des Glaubens zerreißt den Bann der Anklage, und wir tauchen wieder auf in das Licht der Freiheit Gottes (7-25).

Unter den Gelehrten ist die Frage umstritten, ob diese Verse den Zustand des Menschen beschreiben, bevor er zu Christus kommt, ob sie die eigene Bekehrung des Paulus wiedergeben, oder ob sie uns daran erinnern wollen, daß es einen beständigen

Kampf bedeutet, ein christliches Leben zu führen. Wenn wir aber den logischen Aufbau der Argumentation des Paulus in Betracht ziehen, scheint deutlich zu werden, daß er das Durcheinander beschreibt, das dann entsteht, wenn wir unseren Blick von Christus abwenden und auf andere Stimmen hören, die unseren Glauben untergraben wollen. Die Notwendigkeit, im Glauben weiterzugehen hört mit der Bekehrung nicht auf. Wir haben bereits festgestellt, daß selbst Jesus erst mit seinem letzten Atemzug ausrufen konnte: 'Es ist vollbracht'.

Die spitzfindige Hinterlist der Sünde wird uns klar vor Augen geführt, indem Paulus betont, daß ihr negatives Geschwätz sich sogar der guten Gaben Gottes bedienen kann, um unseren Glauben zu untergraben. Genau das hat sie mit dem Gesetz gemacht. Das Gesetz ist an sich heilig, gerecht und gut (12), aber die Sünde verdreht seine Lehre, um den Eindruck von Verdammnis nahezulegen und so den Tod herbeizuführen (11.13). Diese Lektion ist sehr heilsam und gilt auch für andere Dinge als das Gesetz. Auch heute noch verdreht die Stimme der Sünde die guten Gaben Gottes, indem sie Kirchen zu Heiligengräbern, Prediger zu Gurus, Sakramente zu Götzen, Gebet zu einer Technik, die Bibel zu einem Gesetzbuch unter anderen macht usw. Alle diese Verdrehungen ersticken die Stimme des Geistes, untergraben unseren Glauben und führen schließlich denselben Tod herbei, den die Sünde unter den Juden durch das alte Gesetz des Mose herbeigeführt hat.

Man kann das Thema der Kapitel 4-7 in einer einfachen Illustration zusammenfassen (siehe nächste Seite). Vor der Bekehrung sind wir wie ein Gefangener gefesselt, angekettet an die Sünde bzw. an den Satan und werden von ihr bzw. von ihm zum Tod hinabgezogen. Diesen Verlauf hat es mit Adam genommen, aber wenn wir im Glauben zu Christus aufsehen, wird die Kette durch die Kraft seines Opfers zerrissen, und wir werden aus der Gebundenheit heraus nach oben gezogen, hinein in ein neues Leben in Freiheit, das in das ewige Leben bei Gott mündet. Auf diese Weise empfangen wir die Gerechtigkeit, die von Gott kommt, oder anders ausgedrückt: wir werden in das rechte Verhältnis zu ihm gesetzt.

Das Gesetz wurde von Gott durch Mose als eine vorläufige Maßnahme angeordnet. Es war das schattenhafte Abbild und

Zeugnis der kommenden Erlösung und bereitete die Menschen darauf vor, indem es ihnen ihre Sündhaftigkeit und die Notwendigkeit einer Erlösung bewußt machte, aber es konnte von sich aus diese Erlösung nicht herbeiführen. Das Gesetz ist gut, und das Leben Christi hat seine Bedeutsamkeit bestätigt, aber die Sünde hat das Regiment des Gesetzes in eine Gefangenschaft verkehrt, aus der uns Gott in Christus befreien will. Er beruft uns, zu einem neuen Leben voranzuschreiten, nicht im alten zu sterben.

4. DAS NEUE LEBEN IM GEIST UND DIE HOFFNUNG DER HERRLICHKEIT (KAP. 8)

– wird noch geoffenbart.

Wir haben hier eines der erfreulichsten Kapitel des Neuen Testaments vor uns. Wenn der Geist Gottes uns erfüllt und uns des neuen Lebens in uns und der Liebe Gottes zu uns als seinen angenommenen Kindern bewußt macht, kommt Freiheit von der Sünde und vom Gesetz in unser Leben. Aber das grundlegende Thema dieses Kapitels besteht darin, daß dies nur der Vorgeschmack einer weit größeren Herrlichkeit ist, die uns noch zuteil werden soll. Zwischenzeitlich haben wir den Geist von Gott selbst in uns und haben so eine Kraft, die uns trotz unserer Schwachheit durch dick und dünn in der Liebe Gottes erhält.

Alle Christen lieben dieses Kapitel, aber leider erfreuen sich nicht alle der Fülle an Segnungen, die es verheißt. Das ist hauptsächlich darauf zurückzuführen, daß sie es wie die Darlegung einer Lebensphilosophie lesen, anstatt als die Beschreibung jener Fülle von Leben, die für einen Christen mit der Hilfe des Geistes Gottes die normale Erfahrung sein sollte. Paulus hat den Geist schon zweimal erwähnt (5,5; 7,6), und an beiden Stellen spricht er von Erfahrungstatsachen, nicht von einer Philosophie – von der Liebe Gottes, die in unsere Herzen ausgegossen wurde und von der neuen Weise, im Geist zu dienen.

Hier in Kap. 8 verhält es sich genauso, wie wenn Paulus sonst über das Verhältnis von Gesinnung und Geist spricht. Er verfaßt keine Anweisungen an Philosophen. Er sagt im Grunde genommen folgendes: Ihr habt die Wahl, eure Gesinnung entweder von eurer sündigen menschlichen Natur bestimmen zu lassen oder

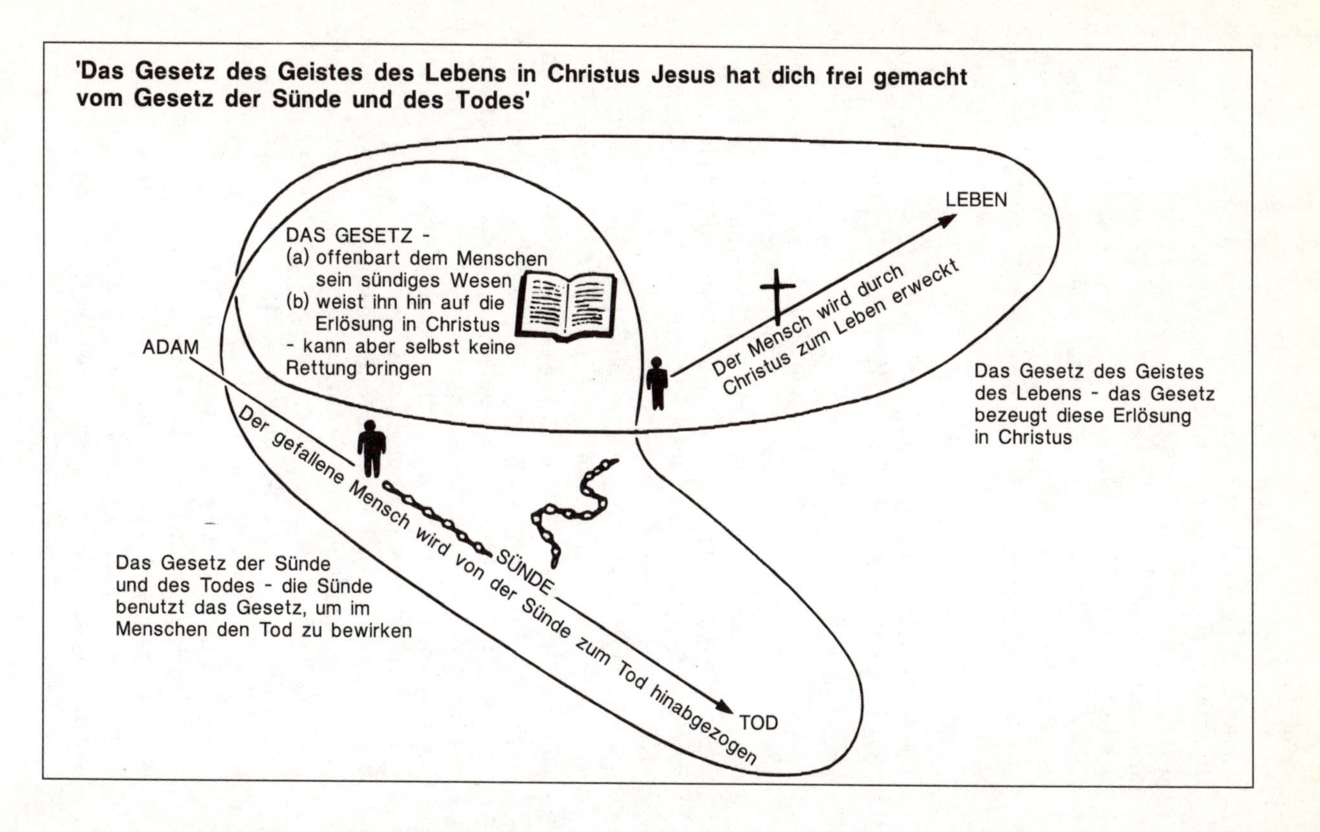
'Das Gesetz des Geistes des Lebens in Christus Jesus hat dich frei gemacht vom Gesetz der Sünde und des Todes'
DAS GESETZ -
(a) offenbart dem Menschen sein sündiges Wesen
(b) weist ihn hin auf die Erlösung in Christus
- kann aber selbst keine Rettung bringen
ADAM
LEBEN
Der Mensch wird durch Christus zum Leben erweckt
Das Gesetz des Geistes des Lebens - das Gesetz bezeugt diese Erlösung in Christus
Der gefallene Mensch wird von der Sünde zum Tod hinabgezogen
SÜNDE
TOD
Das Gesetz der Sünde und des Todes - die Sünde benutzt das Gesetz, um im Menschen den Tod zu bewirken

vom Geist Gottes (1-8). Je nachdem, wie man die Wahl trifft, hat das Leben eine ganz unterschiedliche Qualität, denn unsere sündige menschliche Natur und der Geist Gottes haben nichts gemeinsam, ja sie sind einander geradezu entgegengesetzt. Das bedeutet, wenn wir uns weigern, den Geist Gottes auf seine Weise wirken zu lassen, können wir Gott unmöglich gefallen. Wir sind nicht einmal Christen, wenn wir seinen Geist nicht empfangen haben (7-9). Wenn aber der Geist Gottes in uns wohnt, ist alles völlig anders, denn dann kennen wir den vertrauten Umgang mit Gott als seine Kinder.

Das griechische Wort, das Paulus in Vers 15 und in Gal 4,5 für 'Sohnschaft' oder 'Kindschaft' verwendet, deutet auf eine Adoption hin. Dadurch wird unser Stand eindeutig bestimmt als der von solchen, die er in seiner Gnade angenommen hat. Hat er uns aber erst angenommen, so gibt er uns seinen Geist, um aus uns mehr zu machen, als solche, die nur angenommen sind. Wir werden dadurch zu Menschen, in deren Leibern kein anderer als der Geist seines eingeborenen Sohnes lebt, so daß wir tatsächlich '*Abba*' (d. h. 'Pappi'!) rufen, nicht weil uns jemand dieses Wort beigebracht hätte, sondern aus dem tiefsten Grund des Herzens, das von der Liebe eines Kindes zu seinem Vater überfließt, durch den Geist Jesu, der nun in uns lebt (10-16).

Sind wir aber Kinder, so sind wir auch Erben, Mit-Erben mit Jesus (17). Sein Erbe ist der Thron des Reiches Gottes, die Herrschaft über seine gesamte Schöpfung. Darin bestand auch das ursprüngliche Erbe Adams, den Gott dazu bestimmt hatte, über die ganze Erde zu herrschen (1. Mose 1,26). Die Wiedererlangung dieses Erbes gehört zu den Dingen, auf die Paulus im nächsten Abschnitt Bezug nimmt, wo er von der Schöpfung spricht, die sehnsüchtig auf das Offenbarwerden der Kinder Gottes wartet.

Ab Vers 18 richtet Paulus seinen Blick auf die Zukunft, auf den dritten Abschnitt der Offenbarung des Evangeliums. Der erste bestand in der Offenbarung des Zorns über den Menschen, der ohne Christus ist (1,18), der zweite in der Gerechtigkeit, die ihn in die rechte Beziehung zu Gott bringt (3,21) und der dritte in der Herrlichkeit. An dieser werden nicht nur die Menschen teilhaben, sondern auch die gesamte Schöpfung, denn das Brechen des Fluches Adams in den Menschen muß letzten Endes für die ganze Erde zur Wiederherstellung des Paradieses führen; in der Zwischenzeit wartet die Schöpfung ungeduldig auf die vollkommene Befreiung der Kinder Gottes (18-21). Die Vision von der Wiederherstellung des Gartens Eden auf Erden am Ende der Zeit ist nicht neu. Wir haben wiederholt festgestellt, daß sich die gesamte biblische Geschichte darum dreht, und daß die Propheten diese Erwartung immer wieder zum Ausdruck gebracht haben (z. B. Jes 11,1-9; Hes 47,1-12).

Bis dahin ist die Gabe des Heiligen Geistes wie die Erstlingsfrucht jener umfassenden Herrlichkeit, wie ein Vorgeschmack vom Endgültigen. Dadurch wird die Hoffnung in uns genährt, während wir warten (22-25).

Der Geist vermittelt uns aber nicht nur Hoffnung für die Zukunft, er bringt uns schon jetzt mit den Absichten und dem Willen Gottes in eine lebendige Beziehung (26f), so daß wir eine in uns hineingelegte Kraft haben, die alles Menschlich-Natürliche übertrifft und die Gewißheit, daß uns nichts von der Liebe Gottes trennen noch uns letztendlich besiegen kann (28-39).

Das ist keine neue Lebensphilosophie; es ist vielmehr eine neue Lebensweise – ermöglicht durch das Opfer Christi und die Gabe des Heiligen Geistes in uns. Solange wir die Wahrheit von Kap. 8 nicht aus der eigenen, lebendigen Erfahrung kennen, ist unser Christsein äußerst mangelhaft.

5. DER PLAN UND DIE ABSICHT GOTTES MIT DER GESCHICHTE (KAP. 9-11)

Bisher hat Paulus fast ausschließlich die persönlichen Aspekte der Erlösung behandelt. Jetzt wendet er sich der umfassenderen geschichtlichen Perspektive zu, insbesondere dem Platz, den das auserwählte Volk Gottes darin einnimmt. Im Brennpunkt seiner Aufmerksamkeit stehen dabei weiterhin die 5 Bücher Mose.

9,1-29: Die Geschichte Israels war bestimmt von der souveränen Erwählung durch Gott

Es bekümmerte Paulus zutiefst, daß das jüdische Volk, seine Verwandten, das Evangelium zum größten Teil ablehnten, trotz alldem, das Gott für sie getan hatte (1-5). Doch dafür gibt es

Gründe, von denen der erste darin liegt, daß Gott der souveräne Herr der Geschichte ist.

Als Gott sich aufmachte, die Menschheit zu erlösen, erwählte er Abraham und aus seiner Nachkommenschaft eine bestimmte Linie, um durch sie sein Erlösungswerk auszuführen. Er traf die Wahl nach seinem eigenen, freien Willen; nichts hing vom Wunsch, der Anstrengung oder dem Verdienst der betreffenden Menschen ab. Das sehen wir deutlich in der Geschichte von Jakob, denn es gibt menschlich gesehen keinen einleuchtenden Grund dafür, warum er ihn erwählte und dem Esau vorzog. Er wurde nur darum Erbe der Verheißungen, weil Gott ihn dazu erwählt hatte (6-13).

Dieselbe Wahrheit findet auch auf solche Leute wie den Pharao Anwendung, nur auf umgekehrte Weise. Sein Widerstand gegen den Auszug war nicht nur in seinem eigenen Willen begründet, sondern Gott hatte ihn genau dazu bestimmt, damit er seine Macht an ihm demonstrieren konnte und dadurch sein Name auf der ganzen Erde bekanntgemacht würde, wie Mose erkannt hatte (17; vgl. 2. Mose 9,16). Das mag zwar als eine noch schwerlicher zu rechtfertigende Behauptung erscheinen, aber schließlich tut auch ein Töpfer das gleiche, wenn er verschiedene Gefäße für unterschiedliche Zwecke anfertigt (14-21). Es gilt auch zu beachten, daß Gott noch nie das Herz eines Menschen verstockte, der es nicht zuerst selbst verstockt hat. Gott übt seine Souveränität nicht launisch aus.

Schließlich dienten alle Erwählungen Gottes in der Geschichte nur dem einen Zweck, daß seine Herrlichkeit uns Christen bekanntgemacht werden konnte, einem Volk sowohl aus den Juden als auch aus den Heiden, und auch dabei beruht nichts auf Verdienst, sondern Gott hat es schon von Ewigkeit her geplant und durch die Propheten vorausgesagt (22-29).

9,30 – 10,21: Israel hat versagt, als es darum ging, dem Plan Gottes zu vertrauen

Der zweite Grund für die Zurückweisung des christlichen Glaubens durch die Juden ist ihr eigenes Versagen, den früheren Verheißungen Gottes zu vertrauen. Die Souveränität Gottes schaltet die Freiheit des Menschen nicht einfach aus, und auch das Volk Gottes hatte stets die Freiheit, mit Gott zusammenzuarbeiten oder nicht. Sie hätten alle Wohltaten der Verheißung Gottes bekommen, wenn sie sie nur im Glauben angenommen und nicht versucht hätten, sich selbst eine Erlösung zu erarbeiten, selbst wenn sie meinten, damit auf dem Boden des Gesetzes zu stehen (9,30-33).

In Kap. 10 geht Paulus zu einer ausgedehnten Darlegung über, in der er zeigt, daß der alte Weg der Verheißung immer noch offensteht, jetzt in Christus sogar in noch größerer Fülle, und daß ihm immer noch dasselbe Prinzip zugrundeliegt: nämlich daß Verheißungen durch den Glauben erlangt werden und niemals in einem starrsinnigen Beharren auf dem freien Willen des Menschen, der danach trachtet, seine 'eigene Gerechtigkeit aufzurichten' wie die Juden, die schon immer mit besonderem Eifer darauf bedacht waren. Auch viele Christen heute wollen es auf ihre eigene Weise schaffen, die nicht die Weise Gottes ist, denn seine Weise besteht immer im einfachen Glauben (10,1-13).

Aber die Schuld liegt nicht immer bei den Christen, die alles selber machen wollen, sondern oft auch bei denen, die zwar selbst die Kraft des Glaubens entdeckt, aber anderen nichts davon gesagt haben, denn der Glaube wird nur durch das Hören des Wortes Gottes angefacht, und wenn die Leute nichts zu hören bekommen, wie sollen sie dann glauben? Dennoch führt nicht allein die Predigt schon zur Errettung, sondern nur der Glaube dessen, der sie hört, und nicht alle, die die gute Nachricht hören, nehmen sie auch für sich an. Auch das hat Gott vorausgesehen und durch seine Propheten vorausgesagt (14-21).

Kap. 11: Am Ende erfüllen sich die Absichten Gottes
Gott hat die Juden nicht verworfen. Es war immer so und wird weiterhin so bleiben, daß nur ein Bruchteil des Volkes Gottes (ein Überrest) gemäß seinen Verheißungen durch den Glauben leben wird. Schon im Alten Testament ist der Glaube nur von solch einem Überrest lebendig erhalten worden, und auch heute hat nur ein Überrest der Juden den Weg des Glaubens gewählt (1-10). Aber Gott hat in seiner Gnade die Heiden in diesen jüdischen Überrest eingepfropft – was aber für die Heiden kein Grund ist, sich etwas darauf einzubilden, denn das, was sie sind, sind sie nur durch die Gnade Gottes, und sie können ebensogut

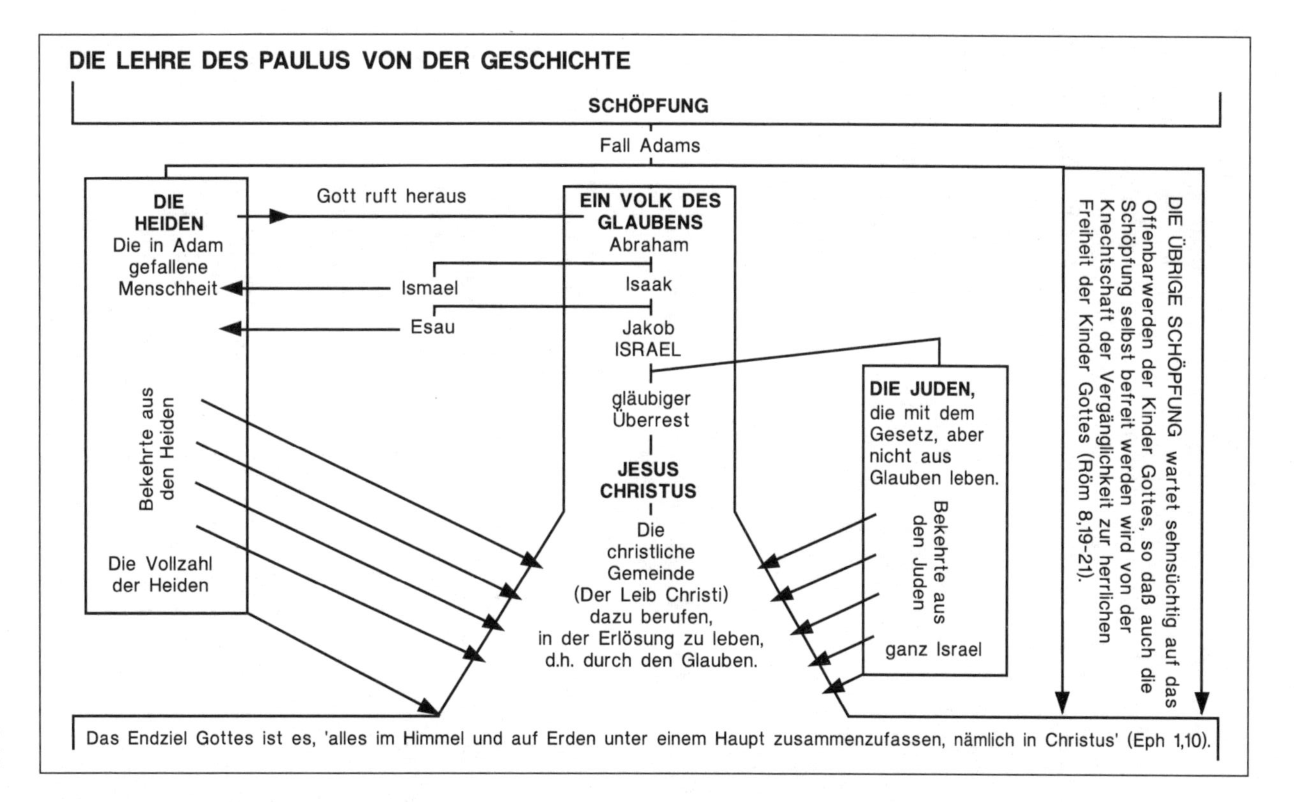
DIE LEHRE DES PAULUS VON DER GESCHICHTE
SCHÖPFUNG
Fall Adams
DIE HEIDEN
Die in Adam gefallene Menschheit
Gott ruft heraus
EIN VOLK DES GLAUBENS
Abraham
Isaak
Ismael
Esau
Jakob ISRAEL
gläubiger Überrest
JESUS CHRISTUS
Die christliche Gemeinde (Der Leib Christi) dazu berufen, in der Erlösung zu leben, d.h. durch den Glauben.
Bekehrte aus den Heiden
Die Vollzahl der Heiden
DIE JUDEN, die mit dem Gesetz, aber nicht aus Glauben leben.
Bekehrte aus den Juden
ganz Israel
DIE ÜBRIGE SCHÖPFUNG wartet sehnsüchtig auf das Offenbarwerden der Kinder Gottes, so daß auch die Schöpfung selbst befreit werden wird von der Knechtschaft der Vergänglichkeit zur herrlichen Freiheit der Kinder Gottes (Röm 8,19-21).
Das Endziel Gottes ist es, 'alles im Himmel und auf Erden unter einem Haupt zusammenzufassen, nämlich in Christus' (Eph 1,10).

wieder abgeschnitten werden. Zum Teil steht hinter diesem Einpfropfen der Heiden die Absicht, die Juden zur Eifersucht und dadurch zur Buße zu reizen (11-24), denn wenn erst 'die Vollzahl der Heiden eingegangen ist … wird ganz Israel gerettet werden' (25f). Gott hat seine früheren Verheißungen an die Patriarchen nicht vergessen (26-29). So wie das Gesetz der 5 Bücher Mose durch das Evangelium nicht für nichtig erklärt, sondern vielmehr erfüllt worden ist (3,31), so wird auch die Geschichte der Absichten Gottes in den 5 Büchern Mose durch die Ankunft des Christentums nicht weggefegt, sondern der Erfüllung näher gebracht. Am Ende steht immer noch das Ziel Gottes, alle Geschlechter auf Erden zu segnen (1. Mose 12,3) oder, wie Paulus es hier ausdrückt, 'sich aller zu erbarmen' (32).

Das Christentum ist auf wunderbare Weise die geschichtliche Fortsetzung der Begebenheiten der 5 Bücher Mose, so wie der Glaube die geistliche Fortsetzung ihres Gesetzes ist.

6. DIE LIEBE, DAS HERZSTÜCK DES NEUEN GESETZES (KAP. 12-15)

So wie unser Überblick über die 5 Bücher Mose damit endete, daß Mose dem Volk Israel das Herz des Gesetzes enthüllte, so soll auch unser neutestamentlicher Überblick entsprechend damit enden, daß Paulus der Gemeinde das Herzstück des neuen Gesetzes darlegt. In 10,6-8 greift er die Worte Moses in 5. Mose 30,11-14 auf, das Gesetz sei nicht weit entfernt, sondern in vertrauter Nähe, 'in deinem Mund und in deinem Herzen' und bezieht sie auf das Wort vom Glauben an Christus. Das neue Gesetz hat, wie das alte, einen herzlichen, heimeligen, sehr persönlichen Kern, der in dem einen Wort 'Liebe' zusammengefaßt ist (13,10). Dasselbe hatte Jesus gesagt, als er gefragt wurde, welches von allen Geboten das wichtigste sei (Mk 12,28-31), und als er zu seinen Jüngern sagte: 'Ein neues Gebot gebe ich euch: Liebt einander! Wie ich euch geliebt habe, so sollt auch ihr einander lieben. Daran werden alle erkennen, daß ihr meine Jünger seid: wenn ihr einander liebt' (Joh 13,34f). Die Lehre des Paulus in diesem letzten Abschnitt des Römerbriefes ist praktisch ein Kommentar zu diesen Worten Christi.

Kap. 12: Im Leib Christi muß die Liebe aufrichtig sein
Hier wie in 1. Kor 12-14 und in Eph 4 spricht Paulus von der Gemeinde als dem Leib Christi, und an allen drei Stellen spricht er von den Gaben des Geistes und von der Liebe. Die Listen der Gaben sind jeweils unterschiedlich. 1. Kor 12 nennt eher auffallende, wundersame Gaben, auf die sich die Pfingstler und Charismatiker gerne beziehen, Röm 12 zählt eher unscheinbare, praktische Dienste auf, und in Eph 4 werden leitende Dienste genannt. Das allgemeine Thema ist jedoch an allen drei Stellen dasselbe. Diese Geistesgaben sind keine natürlichen Begabungen, sondern Gaben, die in der Gnade Gottes ihren Ursprung haben. (Das Wort 'charismatisch' kommt von dem griechischen Wort *charismata*, das 'Dinge oder Gaben der Gnade' bedeutet – *charis* heißt 'Gnade'.) Darum ist Glaube nötig, um sie auszuüben (3). Wir haben bereits festgestellt, daß der Glaube für die weitere christliche Lebensführung ebenso wesentlich ist, wie für den anfänglichen Eintritt in dieses Leben. Jesus selbst übte einen Dienst aus, zu dem er mit übernatürlicher Kraft ausgerüstet war, und wenn wir an diesem Dienst teilhaben sollen, müssen wir als erstes an ihn glauben zu unserer Errettung, dann müssen wir, ebenfalls durch den Glauben, mit dem Heiligen Geist erfüllt werden und schließlich seinen Dienst ausüben, indem wir fortwährend im Glauben handeln. Wenn wir wirklich seine Jünger sind, können wir die geistliche Dimension in keinem Bereich verlassen und dazu zurückkehren, nach unserer eigenen Kraft vorzugehen. Vielleicht können wir nicht alle Gaben ausüben, die Jesus hatte, aber jeder einzelne von uns ist aufgerufen, die Gaben, die er empfängt, auszuüben 'nach dem Maß des Glaubens' (1-8).

Wenn wir unter die Oberfläche der Gaben und Dienste zu ihrem Herzen vordringen, finden wir die Liebe. Das muß auch so sein, denn die Gaben und Dienste sind die Gaben und Dienste Christi, der Gottes Sohn ist, des Gottes, der die Liebe ist (vgl. 1.Joh 4,7-12). Ohne die Liebe sind die Gaben, wie Paulus in 1. Kor 13,1-3 sagt, nur Lärm und Leere. Darum muß in jedem Bereich der christlichen Lebensführung die aufrichtige Liebe bestimmend sein (9-21).

Kap. 13: 'Die Liebe ist die Erfüllung des Gesetzes'
Liebe hat nichts mit Sentimentalität zu tun, sondern bezieht sich auf ganz praktische Angelegenheiten, auch auf unseren Umgang mit der Staatsgewalt. Paulus gebraucht zwar nicht das Wort 'Liebe', um die christliche Haltung gegenüber dem Staat zu beschreiben, aber die Begriffe 'Respekt' (oder 'Furcht') und 'Ehre' sind inhaltliche Annäherungen an den Aspekt der Liebe, der hier zum Tragen kommt. Seine Anweisung läuft grundsätzlich darauf hinaus, die staatliche Gewalt im Dienst Gottes zu sehen und das zu tun, was recht ist (1-7).

Dann kommt Paulus zu seiner großartigen Aussage, daß alle Gebote in dem Gebot der Liebe zusammengefaßt sind; aber wiederum erinnert er uns sofort daran, daß diese Liebe nicht sentimental ist, indem er darauf dringt, sie in einem weisen Verhalten und einem anständigen Lebenswandel ihren Ausdruck finden zu lassen. Außerdem bedeutet das Leben nach dem Gesetz der Liebe vor allem, 'den Herrn Jesus Christus anzuziehen', seinen Lebensstil zu haben, sein Herz über das unsere bestimmen zu lassen, von seinem Geist geleitet zu werden und nicht vom Fleisch (d. h. von der alten, sündigen Natur, 8-14).

Die Liebe ist praktisch gleichbedeutend mit Jesus Christus. 'Die Liebe ist die Erfüllung des Gesetzes' (10), und 'Christus ist des Gesetzes Ende' (10,4) sind in jeder Hinsicht identische Aussagen.

Kap. 14: Liebe deinen Bruder, der schwach ist
Christen, die andere Christen wegen ihrer Art, im Glauben zu leben, kritisieren, handeln nicht in der Liebe. Was liegt denn daran, wenn ein anderer bestimmte Ansichten über das Essen, die Festtage oder ähnliche Dinge hat, von denen du nichts hältst? Du bist nicht dazu berufen, diese Person zu kritisieren oder auf deine Seite zu ziehen, sondern sie in Christus und im wahren Glauben aufzuerbauen, denn 'das Reich Gottes ist nicht Essen und Trinken, sondern Gerechtigkeit und Friede und Freude im Heiligen Geist' (17). Die Frage ist doch: Was willst du als Christ erreichen? Willst du die gute Nachricht von der Erlösung in Christus weitergeben und andere in ein überfließendes Leben in seinem Geist hineinführen, oder willst du ein System religiöser Lehrsätze und Riten aufstellen, das sich letzten Endes nicht sehr

von der alten Gesetzlichkeit der jüdischen Religion unterscheidet?

Kap. 15: Strebe danach, zu sein wie Jesus Christus
Darin besteht letztlich unsere Berufung. Jesus setzte seine Interessen nicht an die erste Stelle, sondern er lebte für die anderen. Das soll auch unser Ziel sein (1-12).

> *Der Gott der Hoffnung aber erfülle euch mit aller Freude und mit allem Frieden im Glauben, damit ihr reich werdet an Hoffnung in der Kraft des Heiligen Geistes* (13).

Der Rest des Briefes enthält persönliche Grüße und die Mitteilung der Reisepläne des Paulus, auf die wir schon am Anfang Bezug genommen haben (1,1-15; 15,14 – 16,27).

RÜCKBLICK: PAULUS UND DAS GESETZ IM RÖMERBRIEF

Die Haltung, die Paulus im Römerbrief dem Gesetz gegenüber einnimmt, ist der Einstellung des Hebräerbriefes gegenüber den priesterlichen Gesetzen sehr ähnlich. Es war von Gott gegeben worden, um die Israeliten zu unterweisen und sie auf das vorzubereiten, was mit Christus kommen sollte; nun aber war es übertroffen worden durch das überfließende Leben im Geist, das er gebracht hat. Ein griechisches Wort, das Paulus in Gal 3,24 gebraucht, faßt seine Sicht des Gesetzes sehr schön zusammen: *paidagogos*, womit so etwas wie ein Nachhilfelehrer oder Erzieher gemeint ist (Luther: 'Zuchtmeister'). So nannte man damals einen gebildeten Sklaven in einer reichen Familie, der mit der elementaren Erziehung der Kinder betraut war und sie später zum weiterführenden Unterricht in die Schule begleitete. Seine Aufgabe bestand darin, den Kindern die grundlegenden Dinge vorbereitend beizubringen und sie zur gegebenen Zeit einem ordentlichen, qualifizierten Lehrer zu übergeben. Für Paulus übte das Gesetz genau diese Funktion aus: es war ein *paidagogos*, der zu Christus hinführte, ein vorläufiger Lehrer, der uns auf den eigentlichen Lehrer, Christus, vorbereitete.

Indem er dies sagt, bestreitet er das Gesetz in seiner Bedeutung nicht. Im Gegenteil, er bestätigt es – jedoch nur in seiner Vorläufigkeit gegenüber dem umfassenden Dienst Christi; so wie auch die Fortbildung nicht den Wert der Grundausbildung in Frage stellt, sondern bestätigt – aber nur in ihrer vorläufigen Funktion zugunsten der nachfolgenden, umfassenderen Ausbildung. Das Gesetz lehrt uns vieles, aber Christus weit mehr. Auch verfügt Christus über eine Kraft, die dem Gesetz völlig fehlt. Das Gesetz konnte uns nur die Notwendigkeit der Erlösung vor Augen führen; Jesus dagegen schenkt uns diese Erlösung.

SECHSTER TEIL

SCHLUSSFOLGERUNGEN

13

Glauben bedeutet Vorwärtsgehen im Gehorsam

– HIN ZUM PARADIES UND ZU GOTT

Die Heilsgeschichte begann, als Gott Abraham berief, sich auf den Weg zu machen und der Vision zu folgen, die er ihm vor Augen gestellt hatte. In den folgenden Jahrhunderten vernahmen auch andere diesen Ruf, griffen die Vision auf und verließen ihre Sicherheiten, um ihr zu folgen. Für einige brachte dies größere Herausforderungen mit sich als für andere. Der Weg Isaaks unterschied sich sehr von dem Josephs, der Jakobs sehr von dem Moses, aber alle mußten zwei grundlegende Haltungen lernen, die sich für die Erfüllung ihrer Berufung als entscheidend erweisen sollten: Glaube und Gehorsam – Glaube an Gottes Absichten und Verheißungen, Gehorsam gegenüber seiner Berufung und seinem Befehl.

'Diese alle sind im Glauben gestorben und haben die Verheißungen nicht erlangt, sondern sahen sie von fern und begrüßten sie' (Hebr 11,13); aber sie lernten den Segen des Herrn kennen, als sie im Gehorsam ihrer Berufung gegenüber vorwärtsgingen – und ebenso den Fluch des Ungehorsams, wenn sich sich davon abwandten. Die Versuchung bestand immer darin, sich nach hinten umzuwenden, nach Ägypten zurückzukehren, wieder zu den alten Sicherheiten Zuflucht zu nehmen oder einfach aufzugeben, in der Verzweiflung stehen- oder sitzenzubleiben. Aber nach und nach begriffen sie, daß der Glaube danach verlangte, weiterzugehen, und wenn sie gehorchten, wurde ihr Glaube belohnt. Das Rote Meer teilte sich erst, als sie daraufzugingen, und das Verheißene Land schloß sich erst für sie, als sie sich zurückwandten.

Der Ruf zum Glauben ist heute noch derselbe. Natürlich hat sich vieles geändert, vor allem, daß der Brennpunkt unseres Glaubens heute nicht nur in der Zukunft, sondern auch in der Vergangenheit liegt, weil Christus gekommen ist. Der Glaube Abrahams war noch fast ausschließlich zukunftsorientiert, vorausschauend auf das, was Gott zur Erlösung der Menschheit erst noch tun würde, während unser Glaube vergangenheitsorientiert ist, zurückschauend auf das, was Gott zu unserer Erlösung durch Jesus Christus getan *hat*. Gleicherweise war der Gehorsam, der von Mose im Gesetz verlangt wurde, insofern zukunftsorientiert, als sein Zweck darin bestand, das Volk Gottes in einem heiligen Lebenswandel zu unterweisen und es so auf die Lebensweise vorzubereiten, die der Messias eröffnen sollte. Dagegen ist unser Gehorsam insofern vergangenheitsorientiert, als er seinen Ausdruck in der dankbaren Erwiderung jener Liebe des Einen findet, der uns zuerst 'geliebt und seinen Sohn gesandt hat als Sühnung für unsere Sünden' (1. Joh 4,10).

Dennoch hat sich das Wesen des Glaubens nicht geändert, immer noch fordert er uns zum Weitergehen auf, wie Paulus in Phil 3,12-15 schreibt:

> *Nicht daß ich es schon erreicht hätte oder daß ich schon vollendet wäre; ich jage ihm aber nach, daß ich es ergreifen möge, weil auch ich von Christus Jesus ergriffen bin. Brüder, ich bilde mir nicht ein, daß ich es schon ergriffen hätte; eines aber tue ich: Ich vergesse, was hinter mir liegt, und strecke mich nach dem aus, was vor mir ist, und jage auf das Ziel zu, hin zu dem Kampfpreis der himmlischen Berufung Gottes in Christus Jesus. Soviele nun vollkommen sind, laßt uns darauf bedacht sein!*

Wer zur Zeit des Neuen Testaments treu war und solch eine Sicht der Dinge hatte, entdeckte in seinem Leben die reiche Frucht seines Gehorsams. Wir müssen nur einmal die Apostelgeschichte überfliegen, um diese Wahrheit bestätigt zu finden. Dort lesen wir von Männern und Frauen, die ein Leben in einer anderen Dimension führten, die vom Geist erfüllt und geführt waren, die in ihren Herzen Gott lobten, für die die Welt zu einem Ort der geheimnisvollen und wunderbaren Ereignisse wurde, die mit eigenen Augen sahen, wie Kranke geheilt wurden, Lahme gingen, Tote auferweckt wurden, die zusehen konnten, wie das Leben von Menschen anders wurde durch den Namen Jesu und die Kraft des Heiligen Geistes, die am Ende ihres Lebens nicht den Tod vor Augen hatten, sondern 'die Herrlichkeit Gottes ...

den Himmel geöffnet … und Jesus zur Rechten Gottes stehend' (Apg 7,55f).

Der Ruf des Glaubens, nach vorne zu schauen, hat seinen Zielpunkt in der Wiederkunft desselben Christus, dessen Leben, Tod und Auferstehung den ersten Brennpunkt des Glaubens bildete. Schon jetzt treten wir durch das Blut Jesu und die Taufe mit dem Heiligen Geist in ein Leben ein, das den Duft vom Garten Eden atmet. Aber noch haben wir das Paradies nicht völlig wiedererlangt. Wir leben heute zwischen zwei Zeitaltern. Das Zwielicht des alten ist vergangen, die Geburt Jesu hat die Morgendämmerung des neuen angekündigt. Schon leben wir im Licht dieser Morgendämmerung, aber noch nicht im hellen Tageslicht des Paradieses, bis 'die Söhne Gottes offenbar werden' (Röm 8,19) und Christus wiederkehrt, um die uneingeschränkte Herrschaft seines endzeitlichen Reiches herbeizuführen, in dem es keinen Tod mehr gibt, noch Trauer, Geschrei oder Schmerz, wo wir wiederum die Freude des Gartens Eden kennenlernen und uns an seinem lebenspendenden Strom wiederfinden, mit seinem Baum des Lebens, wo es keinen Fluch mehr gibt, und wo wir endlich das Angesicht Gottes schauen (Offb 21,1-4; 22,1-5).

Wir befinden uns also gewissermaßen in einer Zwischenzeit, in der wir in einer zweifachen Dimension leben. Mit dem ersten Kommen Christi berührte der Himmel die Erde, trat die Ewigkeit in die Zeitlichkeit ein, kam Gott zum Menschen. Abraham sah all das kommen und frohlockte bei dem Gedanken, Jesus zu sehen (Joh 8,56); Mose wurde gezeigt, welche Vorbereitungen er dafür treffen sollte, und er erhielt das Gesetz, das der 'Zuchtmeister' sein sollte, der uns zu Christus führt (Gal 4,24). Aber diese Alten lebten nur mit den vorläufigen Schattenbildern des Kommenden in der Verheißúng, im Gesetz und in den Opfern. Mit Christus jedoch kam die himmlische, ewige, göttliche Realität. Christus ist der 'Mittler eines neuen Bundes, damit … die Berufenen das verheißene ewige Erbe erhalten' (Hebr 9,15) und es nicht nur von ferne sehen.

Es sind fast 2000 Jahre vergangen, seit es uns das Opfer Christi möglich gemacht hat, mit dem Vorgeschmack der endgültigen Erfüllung dieser Verheißung zu leben. Es gibt heute Millionen und Abermillionen von Christen, und ihre Zahl nimmt täglich zu, mancherorts mit einer erstaunlichen Geschwindigkeit. Wir sind in diesem Jahrhundert Zeugen davon geworden, wie Gott seinen Geist auf eine Weise ausgegossen hat, wie man es seit der Zeit des Neuen Testaments kaum mehr gehört hat. Die Gaben von Pfingsten haben in den Gemeinden weithin Freiraum, wir erleben Kraftausgießungen, die sich in Zeichen und Wundern äußern, Menschen berichten über Visionen von Gott und Begegnungen mit Engeln, das Evangelium erreicht Menschen auf der ganzen Erde mit einer bisher ungekannten Kraft, Millionen strömen unter die Herrschaft Gottes. In unserer Zeit herrscht eine Atmosphäre wie in der Bibel zur Zeit Moses, Elias und Jesu. Schließlich 'ist unsere Errettung jetzt näher, als zu der Zeit, da wir gläubig wurden … der Tag ist nahe' (Röm 13,11). Wir fragen uns nur, *wie* nahe!

AMEN, JA KOMM, HERR JESUS.

Zur Chronologie

Die Datierung biblischer Ereignisse ist oft nur annähernd möglich und bisweilen sehr umstritten.

Was das Alte Testament angeht, so ziehen es z. B. manche vor, den Auszug in das 15. Jahrhundert oder Joel in die vorexilische Zeit zu datieren. Die Regierungszeiten der Könige von Israel und Juda sind bekanntlich schwer festzulegen.

Auch in bezug auf das Neue Testament gibt es viele Probleme: Es gibt verschiedene Ansichten über den Zeitpunkt der Geburt Jesu, die Kreuzigung kann man irgendwann zwischen 29 und 33 n. Chr. ansetzen, die Datierung der Ereignisse im Leben des Paulus ist sehr umstritten usw. Dennoch betragen die Abweichungen selten mehr als drei Jahre.

Die hier verwendeten Daten haben eine breite Annahme gefunden und ergeben, trotz gewisser Unsicherheiten, einen angemessenen Rahmen, in den die biblischen Geschichten einzuordnen sind. Erfreulicherweise hat die genaue Datierung biblischer Ereignisse selten einen großen Einfluß auf die geistlichen Wahrheiten.

Im allgemeinen kann man auch über die Datierung außerbiblischer Ereignisse streiten. Die Gelehrten legen der Geschichte des 2. Jahrtausends v. Chr. unterschiedliche Systeme zugrunde, aber die Abweichungen voneinander betragen selten mehr als 10 bis 20 Jahre. Die Datierungen werden immer genauer, je näher wir an die christliche Zeit herankommen, obwohl auch hier viele Unsicherheiten bestehen bleiben.

Zeittafel

DAS ZWEITE JAHRTAUSEND V. Chr.

	PALÄSTINA	ÄGYPTEN	MESOPOTAMIEN
3000			Sumerische Stadtstaaten
		26.-25. Jahrhundert: Bau der Pyramiden	
			2360-2180: Reich von Akkad
2000			
	Die Patriarchen		1950 Fall von Ur Bildung von Stadtstaaten: Mari, Babylon usw. Entstehung Assyriens
1720		Die Hyksos ('fremdländische Herrscher') kommen an die Macht	
	Die Hebräer übersiedeln nach Ägypten		
1570		Vertreibung der Hyksos	
			Vormachtstellung Assyriens
1400		1400-1350: Amarna-Zeit	
1290		1290-24: Ramses II.	
	Der Auszug Die Landnahme		
1224		1224-11 Merenptah; er kämpft gegen die Seevölker	

	Die Richter		(Ende des Hethiterreiches in Kleinasien)
	Ansiedlung der Philister	1183-52 Ramses III. Kämpfe gegen die Seevölker	
1100		Niedergang der ägyptischen Macht	Schwächeperiode in Mesopotamien
	Zerstörung von Silo		
	Samuel		
1050			
	Saul		
1010			
	David		

DAS GETEILTE REICH

	JUDA	ISRAEL	UMWELT
970	Salomo	Salomo	
931	Rehabeam 931-14	Jerobeam I. 931-10	
	Abija 914-11		
	Asa 911-870		
		Nadab 910-09	
		Bascha 909-886	
			Beginn der assyrischen Expansion
		Ela 886-85	
		Omri 885-74	
		Ahab 874-53	
	Joschafat 870-48	***Elija***	853 Schlacht von Karkar; Salmanassar III. besiegt u.a. Ahab
		Ahasja 853-52	
850	Joram 848-41	Joram 852-41; ***Elischa***	
	Ahasja 841		
	(Atalja 841-35)	Jehu 841-14	841 Jehu zahlt Tribut an Salmanassar III.
	Joasch 835-796		
800		Joahas 814-798	

		Joasch 798-82	
	Amazja 796-67		
		Jerobeam II. 782-53	
	Usija (=Asarja) 767-42	***Amos***	
		Sacharja 753-52	
		Schallum 752	
750	***Jesaja***	Menahem 752-42	
	Jotam 742-35	***Hosea***	
	Micha	Pekachja 742-40	Tiglat-Pileser III. erobert 732 Damaskus
		Pekach 740-32	
	Ahas 735-15		
		Hosea 732-22	
		________722	Sargon II. deportiert 722 die Bevölkerung von Samaria
	Hiskia 715-687		Sanherib belagert 701 Jerusalem
700			
	Manasse 687-42		
650			
	Amon 642-40		
	Josia 640-09		Erstarken Babylons
	Jeremia		
	Zephanja		
	Nahum		
	Habakuk		Einnahme von Ninive 612
	Joahas 609		
	Jojakim 609-598		
600			
	Jojachin 598/7		Nebukadnezar erobert 597 Jerusalem
	Zedekia 597-587/6; ***Ezechiel***		
	________587/6		Erneute Eroberung und Zerstörung Jerusalems 587/6
	Obadja		
550	***Jesaja 40-55***		

DIE NACHEXILISCHE ZEIT

	PALÄSTINA	UMWELT
	DIE PERSISCHE ZEIT	
539		Kyrus erobert Babylon
538		Das Edikt des Kyrus erlaubt den Verbannten die Rückkehr
537	Die ersten Verbannten kehren zurück; Scheschbazar wird Statthalter	
535(?)	Serubbabel wird Statthalter	
520-15	Wiederaufbau des Tempels; ***Haggai & Sacharja; Jesaja 56-66?***	
522-486		Darius I.
486-465	***Joel?***	Xerxes I.
465-424	***Maleachi***	Artaxerxes I.
458	Esra kommt mit weiteren Rückkehrern nach Jerusalem	
445	Nehemia wird Statthalter	
423		Xerxes II.
423-404		Darius II.
404-358		Artaxerxes II.
	DIE GRIECHISCHE (HELLENISTISCHE) ZEIT	
336-323		Alexander der Große errichtet das griechische Weltreich
323		Nach seinem Tod wird das Reich unter seinen Generälen aufgeteilt
	Palästina kommt unter die Herrschaft der ägyptischen Ptolemäer	
200	Die Seleukiden übernehmen die Herrschaft in Palästina	
		Antiochus IV. Epiphanes 175-63
168	Entweihung des Tempels; Beginn des Makkabäeraufstandes	

164	Wiederweihe des Tempels; der Makkabäer Judas begründet die Dynastie der Hasmonäer	
	DIE RÖMISCHE ZEIT	
63	Pompeius erobert Jerusalem	
39-4	Herodes der Große	
27		Kaiser Augustus (bis 14 n. Chr.)
7/6	Geburt Jesu Christi	
4	Palästina wird unter den Söhnen des Herodes aufgeteilt: Archelaus (Judäa und Samaria), Herodes Antipas (Galiläa und Peräa), Philippus (Ituräa und Trachonitis)	

DIE ZEIT DER URGEMEINDE

	BIBLISCHE GESCHICHTE		WELTGESCHICHTE
27	Anfang des Wirkens Jesu	14-37	Tiberius Kaiser
30	Kreuzigung Jesu	26-36	Pilatus Prokurator von Judäa
35	Bekehrung des Paulus		
38	Paulus besucht Jerusalem	37-41	Caligula Kaiser
38-45	Paulus in Syrien und Zilizien	41-54	Claudius Kaiser
43	Verfolgung durch Herodes (Apg 12)	41-44	Herodes Agrippa I. König von Judäa
45	Paulus und Barnabas in Antiochien		
45/46	Unterstützung der Hungernden in Judäa durch die Gemeinde in Antiochia		
46-47	Erste Missionsreise		
48	Apostelkonzil in Jerusalem; ***Galaterbrief?***		
48-51	Zweite Missionsreise; ***1. & 2. Thessalonicher***	49	Vertreibung der Juden aus Rom
51-3	Paulus wieder in Antiochien	51-52	Gallio Prokonsul von Achaia

	Galaterbrief?	52-60	Felix Prokurator von Judäa
53-59	Dritte Missionsreise; ***1. & 2. Korinther, Römer***	53-90	Agrippa II. König über das nördliche Palästina
		54-68	Nero Kaiser
59	Paulus wird in Jerusalem verhaftet		
59-61	Gefangenschaft in Cäsarea		
61	Reise nach Rom	60-62	Festus Prokurator von Judäa
62-64	Gefangenschaft in Rom; ***Philipper, Kolosser, Philemon, Epheser***		
64-67	Paulus wieder frei, Reise nach Spanien? Markusevangelium; Rückkehr des Paulus nach Kleinasien? ***1. & 2. Timotheus, Titus***	64	Christenverfolgung unter Nero
67	Martyrium von Petrus und Paulus in Rom? Die Jerusalemer Gemeinde geht nach Pella; ***Matthäus*** und ***Lukas/Apostelgeschichte?***		
70	Zerstörung Jerusalems	70-79	Vespasian Kaiser
74	Fall von Masada		
		81-6	Domitian Kaiser
95	***Offenbarung***; die Briefe des Clemens von Rom an die Korinther	95	Christenverfolgung unter Domitian
95+	***Evangelium und Briefe des Johannes***		

Zusammenfassende Übersicht und Leseplan

Die folgenden Seiten dienen einem doppelten Zweck:
1. Sie geben einen Überblick über den Inhalt der biblischen Bücher, die wir in diesem Band behandelt haben.
2. Sie teilen diese Bücher so ein, daß man sie in einem Zeitraum von etwa einem halben Jahr durchlesen kann.

Die zu lesenden Abschnitte weichen in ihrer Länge sehr voneinander ab. Wenn sie verhältnismäßig lang sind, kann man sie eher überfliegen, ohne sich in Einzelheiten zu verzetteln. Kurze Abschnitte dagegen sollen gründlich gelesen und auf ihre Bedeutung hin durchdacht werden.

Seien Sie beim Lesen stets offen für das, was der Heilige Geist Ihnen sagen möchte. Lassen Sie es zu, daß er durch die Bibel ganz persönlich zu Ihnen spricht.

Achten Sie sorgfältig auf das, was Gott tut und sagt, und wie die Menschen des Alten und des Neuen Testaments darauf eingehen, denn darum geht es schließlich beim 'Weg des Geistes'.

Fragen Sie sich auch, welche Lehren Sie aus der Erfahrung jener Menschen für sich ziehen sollen, und wie Sie diese in Ihrem eigenen Leben als Christ anwenden können.

(Der folgende Leseplan bildet die Grundlage für den Bibelstudienkurs.)

1. Woche

Die biblische Geschichte im Überflug
1. Mose 1-3: Schöpfung und Sündenfall
1. Mose 12,1-9 + Kap. 15: Der Bund Gottes mit Abraham
2. Mose 20 + 3. Mose 19: Der Bund Gottes mit Mose
2. Sam 7: Der Bund Gottes mit David
Jer 31,31-34; Hes 36,24-29: Ein neuer Bund
Jes 9,2-7; 11,1-5; Kap. 53; Mk 1 + 14-15: Der Messias
Apg 1-2: Die Verheißung des Vaters

2. Woche

Das verlorene Paradies (1. Mose 1-11)
1: Die Schöpfung
2-3: Das Paradies und der Sündenfall
4-5: Kain, Abel und Seth
6-8: Die Flut
9-10: Noah und seine Nachkommen
11: Von Babel bis Abraham

3. Woche

Abraham (1. Mose 12-25)
12: Berufung und erste Herausforderung
13-14: Weitere Herausforderungen
15-16: Der Glaube gilt als Gerechtigkeit
17,1 – 18,15: Gott wartet auf den Glauben
18,16 – 20,18: Sodom und Kanaan
21-22: Isaak, der Sohn der Verheißung
23-25: Die Belohnung des Glaubens

4. Woche

Jakob (1. Mose 25-36)
25-26: Die Kindheit Jakobs
27-28: Jakobs Flucht und 'Bekehrung'
29-30: Jakob auf Labans Bauernhof
31: Jakob verläßt Laban

32-33: Jakob begegnet Gott, danach Esau
34-35: Wiederansiedlung im Land
46,1-7: Jakob zieht nach Ägypten hinab

5. Woche

Joseph (1. Mose 37-50)
37-38: Die Brüder in Kanaan
39-40: Joseph im Gefängnis
41: Joseph herrscht über Ägypten
42-45: Die Familie wieder vereint
46-47: Die Übersiedlung nach Ägypten
48-50: Im Glauben vorausschauen

6. Woche

Mose und der Auszug (2. Mose 1-18)
1-2: Mose in Ägypten
3-4: Mose wird berufen
5-7: Erste Konfrontationen
8-11: Die Plagen
12-13: Der Auszug
14-15: Durch das Rote Meer
16-18: Weiter zum Sinai

7. Woche

Am Berg Sinai (2. Mose 19 – 4. Mose 9)
2. Mose 19: Gott kommt zum Sinai
2. Mose 20-24: Der Bund
2. Mose 25-31: Der Entwurf für das Heiligtum
2. Mose 32-24: Das goldene Kalb
2. Mose 35-40: Das Heiligtum
3. Mose 8-10: Der Gottesdienst im Heiligtum beginnt
4. Mose 1-2 + 7-9: Das Lager wird geordnet

8. Woche

Vom Sinai in die Ebenen von Moab (4. Mose 10-36)
10-12: Auf nach Kanaan
13-14: Abkehr an der Grenze
15-19: Vierzig Jahre des Umherwanderns
20-21: Von Kadesch nach Moab
22-24: Balak und Bileam
25 + 31: Die Sünde und ihre Folgen
26-27 + 32-37: Letzte Vorbereitungen

9. Woche

Mose predigt Glaube und Gehorsam (5. Mose 1-16)
1-3: Rückblick auf die Geschichte
4-5: Gehorsam und Gesetz
6-8: An Gott festhalten
9-11: Alles ist Gottes Gabe
12-14: Ungeteilt für Gott da sein
14,22 – 16,20: Sorge für die Armen

10. Woche

Herausforderung zum Gehorsam (5. Mose 17-34)
16,18 – 18,22: Die Leiter des Volkes
19-21: Krieg und Frieden
22-25: Verschiedene Gesetze
26: Denke daran und sei gehorsam
27-28: Segen und Fluch
29-30: Wähle das Leben
31-34: Die letzten Tage Moses

11. Woche

Das Gesetz:
Die Zehn Gebote (2. Mose 20,1-17), das Bundesbuch (2. Mose 20,22 – 23,33), das Heiligkeitsgesetz (3. Mose 17-27), kultische und äußerliche Reinheit (3. Mose 11-15; 4. Mose 5)

2. Mose 20,1-17: Die Zehn Gebote
2. Mose 21,1 – 22,17: Verschiedene bürgerliche Gesetze
2. Mose 22,18 – 23,33: Vermischte soziale, moralische und religiöse Gesetze
3. Mose 18-20: Seid heilig
3. Mose 24-25: Liebe Gott und deinen Nächsten
3. Mose 26-27: Gehorche Gott und erfülle deine Gelübde
3. Mose 11-15: Kultische Reinheit und Hygiene

12. Woche

Das Heiligtum und seine Priester:
Das Heiligtum (2. Mose 25-27; 30-31; 35-40)
Die Priester (2. Mose 28-29; 39; 3. Mose 8-10; 21)
Die Leviten (4. Mose 1; 3-4; 8; 16-18; 35; 5. Mose 18; 27; 31)
2. Mose 25-27; 30-31: Der Plan des Heiligtums
2. Mose 35-40: Die Errichtung des Heiligtums
2. Mose 28-29; 39; 3. Mose 8: Die Weihe der Priester
3. Mose 9-10; 21-22: Priester müssen heilig sein
4. Mose 1,47-53; 3-4; 8,5-26: Die Leviten
4. Mose 18 + 35: Rechte und Pflichten der Priester und Leviten

13. Woche

Opfer und Feste:
Opfer (3. Mose 1-7; 17; 22; 4. Mose 15; 5. Mose 12)
Feste (2. Mose 12; 23; 34; 3. Mose 16; 23; 4. Mose 9; 28-29; 5. Mose 16)
3. Mose 1-3: Dankopfer
3. Mose 4-7; 4. Mose 15,22-31: Sündopfer
3. Mose 16-17: Die sühnende Kraft des Blutes
3. Mose 22: Heiligkeit der Opfer
2. Mose 23,14-17; 3. Mose 23; 4. Mose 28-29: Die Feste
5. Mose 16: Freude und Liebe

14. Woche

Jesus in der Kraft des Geistes (Markus 1-5)
1,1-13: Jesus und der Geist
1,14-45: Anfänglicher Dienst
2: Anfänglicher Widerstand
3: Wachsende Bekanntheit und Opposition
4,1-34: Die Verkündigung des Reiches Gottes
4,35 – 5,20: Jesus im Kampf
5,21-43: Totenauferweckung

15. Woche

Jesus, der Mann des Glaubens, der Messias (Markus 6-10)
6: Wer ist dieser Jesus?
7,1-23: Das Problem der jüdischen Religion
7,24 – 8,26: Jesus geht zu den Heiden; Abschluß des Dienstes in Galiläa
8,27 – 9,13: Die Augen der Jünger werden aufgetan
9,14-50: Die Herausforderung, Jesus nachzufolgen
10,1-31: Auf dem Weg nach Jerusalem
10,32-52: Der Sohn Davids

16. Woche

Das Opfer Christi (Markus 11-16)
11,1-11: Sonntag
11,12-19: Montag
11,20 – 12,44: Dienstag
13: Dienstagabend
14,1-11: Mittwoch
14,12-72: Donnerstag
15: Freitag
16: Sonntag

17. Woche

Die Erhabenheit Jesu (Hebräer 1-4)
1,1-4: Die Gottheit Jesu

1,5 – 2,4: Eine höhere Offenbarung
2,5 – 3,1: Die Menschheit Jesu
3,2-6: Der Knecht und der Sohn
3,7 – 4,2: Glaube und Gehorsam heute
4,3-13: Gehe heute zur Ruhe Gottes ein

18. Woche

Jesus, unser Großer Hohepriester (Hebräer 5-10)
4,14 – 5,10: Jesus ist als Priester qualifiziert
5,11 – 6,20: Wende dich nicht zurück
7: Jesus und Melchisedek
8: Der Priester des Neuen Bundes
9,1-10: Im alten Heiligtum
9,11-28: Im neuen Heiligtum
10,1-18: Zusammenfassende Wiederholung

19. Woche

Standhafter Glaube (Hebräer 11-13)
10,19-39: Ihr müßt standhaft bleiben
11,1-16: Dem Glauben hingegeben
11,17 – 12,3: Der Glaube in den verschiedenen Zeiten
12,3-13: Erziehung im Glauben
12,14-29: Wir sind zu der ewigen Wirklichkeit gelangt
13,1-17: Leben im Glauben und in der Liebe
13,18-25: Abschließende Grüße

20. Woche

Zorn und Gerechtigkeit (Römer 1-4)
1,1-17: Einführung
1,18-32: Die Sünde der Heiden
2: Sind die Juden im Vorteil?
3,1-20: Alle haben gesündigt
3,21-31: Gerechtigkeit und Glaube
4: Der Glaube Abrahams und unser Glaube

21. Woche

Das neue Leben in Christus (Römer 5-8)
5,1-11: Zusammenfassung der Segnungen in Christus
5,12-21: Adam und Christus
6,1-14: Für die Sünde tot
6,15 – 7,6: Herrschaftswechsel
7,7-25: Sieg über die Sünde
8,1-17: Neues Leben im Geist
8,18-39: Hoffnung und Sieg

22. Woche

Christus und die Geschichte (Römer 9-11)
8,18-25: Die Schöpfung wartet noch
9,1-13: Das Volk Gottes nach der Verheißung
9,14-29: Ist Gott ungerecht?
9,30 – 10,13: Das Volk des Glaubens
10,14-21: Das Evangelium muß verkündigt werden
11,1-10: Der Überrest
11,11-36: Die Heiden und die Juden

23. Woche

Das Herzstück des neuen, geistlichen Gesetzes (Röm 12-16)
12,1-8: Ein Leben als Christ führen
12,9-21: Die Liebe
13,1-7: Die Staatsgewalt
13,8-14: Noch einmal die Liebe
14: Liebe deinen Bruder, der schwach ist
15,1-13: Ermutigt einander
15,14-33: Die Reisepläne des Paulus
16: Grüße zum Schluß